林初梅
黄英哲
編

民主化に挑んだ台湾

台湾性・日本性・中国性の競合と共生

風媒社

民主化に挑んだ台湾

台湾性・日本性・中国性の競合と共生

目次

序論　台湾の民主化運動——虚構との闘い

林　初梅

台湾の民主化は一般的に一九七〇年代末に出発点があり、一九九〇年代になって以降実現し始めたと捉えられている。一九九〇年三月の野百合学生運動を契機に、「萬年国代」と揶揄された国会議員は一九九二年に全面改選され、また総統の直接選挙も一九九六年に行われたため、今に至る四十年間の奮闘により、民主化は名実ともに実現したと認識されている。

この民主化の過程について本書は集まった十篇の論文を、Ⅰ「民主化への道のり」、Ⅱ「民主化の前夜」、Ⅲ「民主化が生み出した「台湾」」の三部構成で配置し、様々な角度から台湾民主化運動を立体的に描き出そうとしている。

私から見れば、台湾の民主化には、もう一つの意味がある。虚構の世界から現実の社会に向かって展開していく過程だということである。本書は民主化を主題としつつ、実はその展開を明らかにしたものと言える。しかし、民主化が始まって以降に生まれた人たちには、私のいう虚構の世界がどのような世界だったかは想像できないかもしれない。それどころか虚構の世界があったことも知らないかもしれないのである。四十年前以前も、台湾はずっと民主的な世界だったと思っている人さえいるであろう。虚構の世界が発生し、維持されてきたのは、台湾が共産主義陣営に対する資本主義陣営の尖兵だったということに起因しているかもしれない。しかし、その虚構から脱するには様々な困難があった。虚構の世界とは何か。虚構から脱するとはどのようなことなのか。その答えは本書十篇の論文にあり、読者に読んでいただくことを願っているが、ここでまず私の経験を通して読者にその一端を知っていただきたい。

中学校時代に学校で三千字ほどのＢ４判一枚に印刷された「南海血書」を読まされたことがある。南ベトナムの難民・阮天仇という人物が死の直前に自分の衣服に血で綴った三千字ほどの文章である。

自分は、北ベトナムが南ベトナムを統一した後、共産党政権の迫害から逃れるために船に乗って逃亡した。不幸なことに、船は難破して小島に漂着したが、自分の子どもはまもなく死んでしまった。飢えに耐えきれず、十何人かの人たちはその子の肉を食べた。またしばらくして一人、一人となくなり、自分も四十何日か生き延びたが、もう無理だ。死ぬ前に、共産党政権から、自分の家族がどのような迫害を受けたかを書き残しておきたい。

当時は冷戦の時代だった。世界は資本主義陣営と共産主義陣営に分かれて覇権を争い、経済交流はなく、両陣営の間には、鉄のカーテンがあると言われていたのである。ベトナムは共産主義陣営の一角の北ベトナム、資本主義陣営の南ベトナムに分断されていたが、北ベトナムがベトナム戦争で勝利して、南ベトナムを鉄のカーテンの向こう側に吸収したのである。「南海血書」は、阮天仇が、その鉄のカーテンから脱出して航行中に遭難し、死に瀕したときに、自分の衣服に鮮血でしたためたのだという。

一九七八年末、米国から一方的に断交を言い渡された台湾の国民党政府は、共産主義への恐怖感を若い人に植え付けるという政策をとった。中国語訳の「南海血書」は大量に複写され、各地の小中学校に送付された。当時中学生だった私は「南海血書」を読まされただけでなく、暗記までさせられた。「電信柱でも脚があれば、鉄のカーテンから絶対に逃げ出す」という共産主義世界の恐ろしさを語る一文があり、今でも鮮明に覚えている。当時の児童生徒は、ただただ悲しい思いで読んだのである。しかし死の直前の人間がどのようにして自分の血で三千字ほどの文章を衣服に綴るのか、あまり疑問を感じなかった。

私たちの親や祖父母世代の人たちは疑っていただろうが、言えなかった時代だった。現在では、「南海血書」が捏造だったことが明らかにされている。台湾社会が民主化した二〇〇三年、立法委員（日本の国会議員に相当）の調査により、翻訳者が現れて謝罪した。原文は存在せず、阮天仇は架空の人物だったのである。この文章の創作から捏造の判明までの過程は、台湾のウィキペディアに詳述されているので、読者の方々にもお読みいただきたい。

「南海血書」の捏造は、当時の国民党政府が米国から見捨てられることをどれだけ心配していたかを示している。そこで、人々に、台湾が南ベトナムと同様の運命を辿ってはいけないと思い込ませようとしたのである。権威統治時代の台湾は、そのように国民党が映画や文章を用いて虚構で人々をまとめようとしていた。

その目的は何だったのか。国を守ること、自分たちの社会を守ること、資本主義陣営の一翼を担うことであった。私たちが生まれ育った民主化前の台湾は、虚構の観念を持ち、虚偽の事実で埋め尽くされた社会だった。そのことは、社会学的には興味深いことであろう。戦後の台湾社会しか知らない私たちは、台湾社会に自信を持っていた。台湾は政府の指導の下でどんどん発展し、遅れていた社会を新しい社会に作りかえ、西側陣営の一国として自由と民主のために、中華人民共和国と対峙している。国家の枠さえ踏み外さなければ思う存分に活動でき、それなりに収入を得ることが出来、そしてそれなりに幸福感を得ることができる。私たちは混乱のない穏やかな世界に生きていて、西側世界の文明を享受し、思う存分自分の力を発揮している。――そんなふうに信じていた。

かつてのそのような社会と現在は、どう違うのか。権威統治から民主的政体へという変化は政治の基本の違いであるが、庶民にはその実感はないかも知れない。現在の台湾は民主化されたとは言っても、選挙の度に争いが起こり、族群（エスニック集団）対立はさらに目立っている。見ようによっては、むしろ悪くなっている。台湾人の中には、かつてのような静寂の時代を懐かしむ声がある。そのような台湾を密かに懐かしんでいる人たちも今なおいる。

しかし、安穏な静寂の背景には私の年代の人たちに隠されていたことがあった。その代表的なものが一九四七年の二二八事件とその後の白色テロである。二二八事件では台湾人が三万以上も殺されたという。しかし、私が二二八事件を知ったのは一九八九年に公開された侯孝賢《ホウシャオシエン》監督の映画『悲情城市』を見たときであった。封印された歴史に触れ、衝撃的であった。白色テロでは、日頃のふとした言動で共産主義者などのレッテルを貼られた人が、処刑されたり、島流しとなって二〇年以上も意味のない労働と講習を受けさせられたりした。虚構の世界はそれらを隠し通す世界でもあった。

人びとが気付きやすい虚構は、国民大会代表や立法委員が中国の各省それぞれを代表して選出されているという程度のものだった。人数比から見ても、台湾省の代表はごく少数であったが、その程度の認識だったため、我慢ができるかな、という程度の認識だった。台湾が遅れているのは、日本時代に日本から農業地域に陥れられていたからだ。だから私たちは頑張っているのだ。虚構の世界では、そんなふうに現実を理解して、台湾の虚像を見、現状を我慢していたのである。

そのため、私は、台湾の民主化運動は虚構の世界を脱却して現実の台湾に向かうという展開であると捉えている。本書に収録された論文は、虚構が台湾から消えてきた過程で、台湾社会に現れた諸相を捉えようとしている。

三部に分かれている本書では、第Ⅰ部は、一九九〇年代に台湾社会がどのように民主化に向かったのかを、三篇の論文が異なる角度から論じている。自由民主体制への展開及び移行期正義の問題、日本教育世代台湾人の民主化に対する貢献、そして民主化と本土化（台湾化）の同時並行的な進行である。第Ⅱ部は民主化前夜の台湾の状況を取り上げる。日本時代に行われた台湾研究や、戦後日本の漫画文化が、国民党政権の政策に合わせてどのように作り替えられて、虚構の一角を担わせられていたか、という問題に注目する。また、映画『牯嶺街少年殺人事件』に収められている音楽も取り上げ、その背後に隠れる台湾社会、族群の複雑性を論述する。さらに詩人楊牧の作品をとおして、一九八〇年代の台湾人の族群意識の揺れと葛藤を取り上げる。第Ⅲ部では民主化が台湾にもたらしたものは何かを語る。民主化と台湾化が同時に進行した一九九〇年代は、言論の自由が生み出され、歴史認識、郷土研究に変化が生じたばかりでなく、それらは言語意識をも一新することになった。

すなわち、本書は、虚構が取り除かれていく過程で、台湾の政治だけでなく、文化や教育がどのように変化し、深まってきたかを捉えようとしている。副題の「競合と共生」は、台湾民主化が進行する四〇年の間で現れている現象であり、また、私が本書所収の十篇の論文に触発されて付したものでもある。十篇は、台湾性、日本性、中国性が重なり合っている様子に光を当てながら台湾の民主化を捉えている。

本書の各論文が述べるように、台湾には、伝統的な台湾要素のほかに、歴史に由来する漢民族要素、戦前から伝わる日本要素、戦後外省人が持ち込んだ中国要素があり、しかも戦後になって流入した日本要素もあった。そうした文化の多元的要素は、中国本位の言論の下ではふたをされ、押さえつけられ、また作りかえられていたのである。

言い換えれば、一九八〇年代までの台湾は、国民党政権が、中国本位の考え方を台湾人に植え付けた時期であった。また四〇年間は、台湾知識人がその思想と闘い、民主化を追求し、台湾の主体性を実現しようとした時期であった。

民主化・自由化とともに、虚構の世界から現実へ向かうその過程において、抑圧されていた多様な文化はようやく自由に語られることになった。多様な文化は、民主化が始まってから今に至るまで、競い合ったり、ぶつかったりして対立するような状況もしばしばあったが、それらのいずれも台湾を構成する一要素として機能しており、不調和でありながらも、共有されてゆく。そのように多元的にして一体性があることこそ、民主化によって台湾の社会に誕生した新しい価値観ではないかと、私は考える。

闘いの過程で、蓋をされ押さえつけられてきたそれらの主張はぶつかり合ったが、四〇年間は、その対立を止揚させて、あらたな深まりを見出そうとしてきた時期でもあった。虚構のベールをはごうとしたその四〇年間は、わくわく感の強い時期であったともいえる。

本書は、わくわく感の一端を確認しようとするものといってもよいかもしれない。わくわく感を経験した私は、かつての平穏な時期に後戻りすることを受け入れることはできないともいえるのだが、その感覚をより多くの人たちに共有してもらいたいと思う。

過去は、過去という意味では繰り返されることはないが、かつてと同種の世界が改めて出現する可能性はなきにしもあらずだ、ということを私たちは警戒しなければならないと思う。なんらかの理由で後戻りのきっかけがあった時、中には、目先のことに目を奪われて後戻りはたいしたことはない、と、受け入れてしまう人も出てくるかもしれないのだ。香港で起こってきたことは、そのような不安を私に感じさせる。香港は、政治体制が異なっているが、他人事とばかりは言っていられない。台湾の主権者が自らそのような道を選んでしまうことはないだろうか。ひまわり運動の時そのことに気づいた人も多かったであろう。

本書は、台湾の今を支える一助になると信じている。四〇年間の経験を共有することが防波堤になるに違いない。

【付記】本書は大阪大学大学院言語文化研究科に設置された台湾研究講座（研究期間：二〇一九年四月〜二〇二二年三月）による成果の一部である。助成してくださった台湾教育部に感謝の意を表す。

第Ⅰ部

民主化への道のり

第一章　台湾民主改革過程の再検証と解決が待たれる歴史問題

薛　化元
村上享二　訳

台湾の自由・民主に関する研究はすでに多くの成果をもたらしている。本論文は主に、既存の研究成果を基礎とした上で、改めて戦後台湾の権威主義体制から自由・民主体制への発展の歴史を検証するものである。また、この改革の過程において残された、解決すべき歴史問題を検討する。[1]

一、第二次世界大戦後の台湾統治体制の構築

一九四五年八月一五日、天皇の「玉音放送」は日本国内に向け敗戦を知らせ、植民地としての台湾は日本の統治から脱することを告げた。[2] しかし、日本の投降を受けた戦勝国は、日本統治領を接収する権利、接収した土地で統治権を行使する権利を得たにも関わらず、主権の移転を行わなかった。英国は戦後台湾の主

権移転問題に対し次のように表明している。「台湾島の中国への返還に関し、英国政府は一九四三年一二月一日のカイロ宣言に従うべきだと考える。同盟国のこの宣言の意図は、台湾の主権は日本から中国へ、自ら移転することはなく、日本との講和条約の締結、その他正式な外交手続きをもって可能である、ということである」。[3] このことは、中華民国政府の高官も了解していた。一九四九年一月、蔣介石は中華民国の総統として、陳誠へ台湾統治の方針を電報で指示した際、「対日講和条約締結前の台湾は、我が国が管理を託された地域に過ぎない」[4] としている。

主権は移転されなかったが、戦後の接収により国民政府はすでに台湾の統治権を行使していた。一九四五年一〇月から、国民政府は連合国最高司令官第一号指令に基づき、陳儀行政長官兼台湾省警備総司令が台湾を接収し、国民政府およびそれに続く中華民国政府が長期にわたり台湾を統治している。国民政府が台湾で始めた統治体制は、中国国民党の「一党訓政」体制の枠組みのもとに展開され、自由で民主的な憲政体制の様相は全くなく、「人治」の色彩が濃く、「依法行政」（法に基づく行政）は常に困難であった。

一九四六年一月の政治協商会議開催後、国民政府は憲法制定の準備を進め、正式に日程を定めた。近代立憲主義の基本原則に適合していない「五五憲草」を根本から修正し、近代民主憲法の色彩が濃い「五五憲草修憲十二原則」を作成し採択している。憲政体制実施への準備作業として、国民政府主席兼国民党総裁の蔣介石の指示により、孫科は最高国防会議を開催して「現行法令中の人民の身体・信仰・言論・出版・集会・結社の自由などに関する法令の廃止および修正事項」を討議している。[5] しかし当時、行うべき改革や修正は完全には実施されなかった。一九四六年一二月二五日、「政協憲草」を原型とする、現行の中華民国憲法が憲法制定国民大会で採択された。[6] また同時に、違憲法令の修正などの問題に対し、憲法制定国民大会は「憲法実施準備程序」を制定し、「行憲」（施行憲法）の段取りと日程を明らかにしている。その中で、既存の法律と「憲法」、相互に抵触する部分に対し、「憲法」発布の日より国民政府は速やかに、それぞれ修正、廃止を行うとした。[7]ただし、歴史の進展はこのような方向へ向かわなかった。

一九四七年に台湾で二二八事件が起きた時、国民政府の統治は、依然として前述のように、近代民主憲政による人権保障が欠けている状況にあった。統治当局は公権力を人権の抑圧と暴力に用い、人治の色彩が濃い国民政府体制の下、統治者の意思と部下の軍政長官の指示により人権は保障されず、ひどく侵害されたことは歴史問題として存在する。

一九四七年七月、国民政府は「動員戡乱」（反乱鎮定動員）の命を下して「総動法」（国家総動員法）を実施し、台湾は動員戡乱体制となった。換言すれば、国民政府が一九四七年七月一九日に公布した「動員戡乱完成憲政実施綱要」により、「行憲」の準備はわずか半年ほどで、一方で動員戡乱、一方で「行憲」という実施方針に改められたといえる。[8]この結果、前述の最高国防会議の決議、さらに「憲法実施準備程序」が定めた憲法に抵触する法令の修正は行われず、かえって厳しさを増した。当時の台湾は、二二八事件後の殺伐とした雰囲気の下にあり、一般の人々や知識人はこの統治体制の変化を深くは理解してはいなかった。しかし、現実には国民政府の統治（その後、引き継がれる中華民国体制）はすでに別の段階へ進んでいた。一九四七年一二月の中華民国政府の憲法施行は、動員戡乱体制を変えることなく、逆に、一九四八年の第一回国民大会で承認された「動員戡乱時期臨時条款」は、動員戡乱体制「憲法」という形式合法性の根拠を与えた。[9]

一九四九年五月二〇日、台湾省主席兼警備総司令の陳誠の指令による「臨時」戒厳が台湾で敷かれ、[10]更に、一九四九年一二月二八日、総統代理の行政院長である閻錫山は、台湾を臨戦地域とするという戒厳令[11]を敷いた。これは、台湾の人権抑圧に関する重要なマイルストーンであり、その後この非常時体制の下、特別刑法や軍情報機関の介入により、台湾で人権が正常に保障され発展することは、長期に渡りなかった。

二、一九四九年の統治体制とその問題

（一）戒厳体制と白色テロ[12]

一九四九年、中華民国政府が中国で行っていた動員戡乱は大きな挫折に遭遇し、最終的に一二月七日、台湾に撤退する命令が下された。中華民国政府の統治領域は本来「中国大陸」であったが、内戦敗退で本来の領土を失い、主な統治領域は主権が未だ移転されていない台湾となった[13]。

台湾に撤退した後、中華民国政府は中国大陸の統治権を失ったが、依然として中国の唯一の合法政府を自任し、これをもって台湾統治の正当性の基礎とした。この基礎のもと、中華民国政府は戦時体制を継続し、中央民意代表の任期満了後に実施されるべき選挙を凍結している。そして「万年国会」をもって、意のままに国民党当局が掌握する統治体制を維持した。一方、中華民国が憲政に移行した時期の民主や「自由中国」のイメージは、民主国家の支持を得るための中華民国対外宣伝の重要な一部をなしていた。いわゆる「自由中国」のイメージを形作り、国際的な共感と支持を得るために形式上「自由・民主」を強調しなければならず、そのため人民がある程度の政治参加可能な選挙を実施している。上述の二つは互いに表裏をなしている。基本的に中華民国が外部正統性を維持している時、つまり中国代表権を有する時、自由・民主の改革は執政者にとってあまり重要ではなく、ただ形式だけのものである。改革の程度はかなり限られ、特に人権の制限は強化される状況にあった[14]。

動員戡乱や戒厳など非常時体制の下、国民党当局は高圧的な統治によって、長期に渡る白色テロを台湾に形成した。台湾の白色テロの時代は一般的に一九五〇年代に始まったと捉えられている。当時、頻繁にみら

れたのは、中共関連団体や中共に傾倒する社会主義思想の人々を中心に粛清する、政治的鎮圧行動であり、被害を受けた人数や件数は当時が最も多かった。後に研究者は、戒厳令下で人権が厳しく抑圧された法体制に注目していった。また、少数の中国共産党員以外の多数の逮捕者や受刑者、あるいは左翼文書を閲覧した者、あるいは国民党当局や執政者を批判した者、これらの言論をもって反乱と認定された人々にも注目していった。このような認識のもと、本論文は、白色テロ時代の審判基準である戒厳体制下の軍事裁判、および言論反乱罪の検討を進める。換言すれば、白色テロとは「刑法一〇〇条」を根源とし、「懲治反乱条例」・「戡乱時期検粛匪諜条例」などの非常時刑法を補助として、主に「言論反乱罪」に関し構築された恐怖社会である。このうち戒厳時期の「懲治反乱条例」に違反した犯罪者は軍事法廷で裁きを受けた[15]。白色テロが「言論」を主な弾圧の対象としていたが（少数の中国共産党員や武装組織を除き、実際（武力）の反乱行動はなかった）、政府の鎮圧行動は往々にして、身体の自由・集会結社の自由・居住転居の自由など、憲法が保障する基本的人権を侵害した。そして逮捕や裁判、服役から出獄後の監視なども全て違憲であり、まったくの非合法であった[16]。

この時期、受難者が受けた罪は、「刑法一〇〇条」や前述の非常時刑法に依拠したものであり、大法官会議の解釈、特に釈字六八号と一二九号に依拠する解釈は、反乱行為の認定範囲を拡大させた。釈字六八号では「かつて反乱組織に参加していて未だ自首していない者、またはその他の事実により、すでに組織を確実に離脱したことを証明できない者は、継続して組織に参加しているとみなす」[17]としている。さらに釈字一二九号では「十四歳未満で反乱組織に参加した者が、十四歳に達したとき、未だ自首せず、またはその他の事実をもって確実に離脱したことを証明していない者は刑事責任を負う」[18]としている。したがって、組織に参加した年齢にかかわらず、参加した時にその組織が合法と認められていなく、「自首」または「その他の事実をもってすでに組織を確実に離脱したことの証明」という要件を満たしていなければ、反乱と認定されてしまう。

長期にわたる白色テロの時代、不当な公権力の運用により、相当数の冤罪・でっち上げ・誤審が生まれたことも歴史的な問題である。この恐怖社会の正当性は、主に台湾が中国共産党による武力の脅威に晒されているという、重大で明白な国家安全保障問題に依拠している。しかし、一九五〇年六月に朝鮮戦争が勃発した際、米国大統領トルーマンは第七艦隊を台湾海峡に派遣して、台湾海峡中立化政策を推し進めた。それにより、台湾海峡の制空権や制海権に中国人民解放軍は関与できなくなり、台湾の安全保障問題は大幅に改善された。一九五五年「米華相互防衛条約」が発効された後、台湾はより明白に米国の軍事相互防衛圏に組み込まれていった。[19] そして一九五〇年六月以降一九七〇年代まで、台湾や澎湖諸島周辺で、中国人民解放軍と中華民国国軍との軍事的な接触は一切なかった。別の角度から見ると、一九八七年に台湾が戒厳令を停止するまで、中国人民解放軍と中華民国国軍の軍事衝突は、全て中国大陸沿岸で発生している。このような状況の下、国民党当局は台湾で長期にわたり「臨戦地域」の戒厳を継続したことの正当性が問われる。

(二) 強固な権威体制下での改革の叫び

基本制度上の規範で人権の保障が得られないだけでなく、民主憲政下における人民の参政権や地方自治の実現も厳しい制限に晒された。地方自治の選挙があろうとも、地方自治団体である省・県・市は、みな自主権をもたず、また省以上では人民が選挙により執政権を得る可能性はなかった。中央に至っては更に、長期に渡り改選されない万年国会体制であり、中国大陸で選出された長期未改選の中央民意代表が主導する国会運営により、民主化はまさしく蜃気楼であった。人民は定期的な選挙により誰が執政を担うか決定することができず、民主的な定期選挙が持つ競争や政党間の牽制もなかった。

権威主義体制の長期抑圧の下、改革を求めた台湾本土の政治エリートを主として、中国大陸から来た、言論において自由派思想を有している政治エリートを含めた、これらの人々による主張は、戦後台湾の自由化、民主化が展開できた重要な背景であった。一九五〇年代の雑誌『自由中国』、一九六〇年代末期から一九七〇年代初期の『大学雑誌』、一九七〇年代の『台湾政論』、及びそれらに続く八〇年代の『美麗島』など、一連の党外雑誌は皆、台湾の自由・民主を実現しなければならないと主張する重要な言論刊行物であった。そして多くの場合、違憲である国民党の統治体制に対し、さまざまな批判や非難をする立場をとった。しかし、基本的に冷戦下で米国の支持を得ていた国民党当局は、自由を標榜し全体主義への対抗を主張していたが、蔣介石・蔣経国および国民党統治体制が必要だったのは、自由・民主の形式上の看板だけであった。米国の支持を得られていたとしても、その内実は高圧的な権威主義統治体制であった。その明確な一つの例は、一九六〇年に起きた雷震の事件である。雷震の逮捕により、台湾の言論の自由は国民党当局の抑圧に遭遇しただけでなく、この事件は中国民主党設立計画の重大な挫折であり、台湾の自由・民主改革の発展に大きな影響を及ぼした。当時、国民党当局を支持していたドラムライト大使は、この事件に対し米国国務省が柔軟に対応するよう、積極的にワシントン当局を説得している。国民党当局に対する、有効な国際的圧力はほぼ存在しなかった[20]。

別の角度から見れば、米国が形式上主張する自由・民主の理念と、それと歩調を合わせる最高位の実定法である「中華民国憲法」は、その一部を実施することが出来ないにもかかわらず、台湾の自由・民主の改革に必要な正当性や合法性の基礎を提供した。そして、自由・民主を唱える人々が要求する改革の重要な根拠をも成していた。したがって、米国の支持の下、国民党当局は具体的な政治改革を僅かしか進めなかったが、権威主義体制下の政治改革を要求する声は常に絶えることはなかった。

三、一九七二年の外部状況の変化と改革の契機

中国を代表するという中華民国の立場に疑義が生じ、中国を代表するという中華人民共和国の主張は徐々に優位になっていった。特に国際社会において中華人民共和国政府が中華民国政府を「継承」し、中国の唯一合法な代表だと認められると、中華民国政府が台湾を統治するための「外部正当性」論は弱体化した。そして統治の基礎を強化するため、ある程度の政治改革を通じて、内部正当性の強化を重要な政策方針とした。一九六九年に実施された初めてであり唯一の、中央民意代表増員・補欠選挙の他に、一九七二年に開始された中央民意代表の定期増員選挙は民意の支持を増強するものであった。これは統治の正当性議論の中で重要な役割を演じた。[21]

一九七一年、中華民国政府は国連における中国代表権を失い、中国の唯一合法な代表であるという台湾統治の外部正当性の基礎、そしてこれをもって台湾で民主政治の実施を拒否する根拠は大きく弱体化した。そして、台湾の統治体制を強固なものにするため、蔣経国は革新保台（改革して台湾を保持する）の政治路線を選択せざるを得なくなった。革新保台の政治路線は、自由化や民主化と相当な距離があり、蔣経国は台湾本土文化や反対派への高圧的対応の手を緩めることはなかった。しかし、定期的な選挙（中央民意代表の増員）は反対派の人々が徐々に党外政治勢力を集結するに足りた。[22]

一方、不利な国際情勢は、逆説的に台湾内部の改革要素となった。一九五〇年代、一九六〇年代、米国は冷戦中の封じ込め政策において、台湾は重要な戦略的位置にあると考えており、たとえ自由・民主を強調し

ようとも、実際には「自由世界」の民主制度を回避し、権威主義体制の統治を遂行できるよう、国民党当局を支持していた。[23] しかし、一九七〇年代に米国の政策は変化し、中華人民共和国との関係は強化され、台湾の戦略的意義は以前に比べ重要視されなくなった。そしてまた、海外台湾人のロビー活動は、一部の米国議員に台湾の自由・民主・人権に対する関心を呼び起こした。米国議会公聴会もしくは上下両院の決議文において、台湾の人権に対する関心を呼び起こし、戒厳を解くことを求め、台湾の民主化を求める内容が絶えることなく現れた。一九七九年に制定された「台湾関係法」は次の条項を明記している、「本法律に含まれるいかなる条項も、人権、特に約一千八百万人の台湾全住民の人権に対する合衆国の利益に反してはならない。台湾のすべての人民の人権の維持と向上が、合衆国の目標であることをここに再び宣言する」。[24]「台湾関係法」の制定後、この条項により、台湾の自由・民主・人権の発展に関心を集め、ある意味で米国の法律は米国政府に責任や義務を課した。そして、米国の支持を積極的に得ようとしている国民党当局は、米国との友好関係を失いかけない台湾の人権問題を慎重に処理しなければならなくなった。

蔣経国時代、政治改革を経て民意の中央政治に対する関与は増加したが、依然として言論や台湾本土文化に対し、抑圧的基調を維持していた。[25] 特筆すべきいくつかの事例がある。例えば、一九七四年、礼拝中の教会に警察が踏み込み、タイヤル語の聖書を強制的に持ち去っている。また、一九七五年一月、台湾警備総司令部は、中華民国聖書組合が新訳した台湾語ローマ字聖書を没収している。[26] 一九七四年一月、『大学雑誌』は再度、改組の運命に直面し、[27] 言論空間は再び委縮した。他にも『台湾政論』など党外雑誌は、国民党当局の許容レベルに抵触し弾圧に遭遇している。[28] 雑誌以外の政治への反対運動に対する態度も同様であった。その中で、一九七九年一二月一〇日に起きた高雄美麗島事件は、最大規模のものだった。[29]

「台湾関係法」の下にあった米国は、高雄美麗島事件のその後の処理に大きな影響を及ぼした。例えば、上院民主党議員のエドワード・ケネディ（Edward Kennedy）は「公正な裁判」を強く要求し、国際人権保護団体や在米台湾人団体は積極的に活動した。他にも、行政の面では、米国在台湾協会所長のデビット・ディーンが直接蔣経国に会い、だれも死刑判決を受けない、逮捕者の多くは軍事法廷の審判を受けないという言質をとっている。その後、海外の強力な圧力により、国民党当局は軍事法廷を公開し、審判を外国メディアや人権団体に傍聴させ、審理の様子を新聞に掲載することを許した[30]。

このような背景の下、一九七九年の美麗島事件による党外エリートの大量逮捕は、台湾民主運動の進展に重要な影響を与えたが、メディアによる大量の報道は、当時の台湾民衆に大きな啓蒙作用を及ぼした。そして、一九八〇年代台湾の自由化・民主化の展開に、かなり重要な効果を与えた。

四、自由化・民主化改革と統治体制

(一)「一つの中国」と改革の限界

すでに述べたように、一九八〇年代における台湾の自由化・民主化の展開には、基本的に重要な外的要因があった。それは、米国が再び中華民国を承認することはなく、「台湾関係法」体制により、台湾の自由・民主・人権の発展を、より重視するようになったことである。行政当局の背後で圧力を加え、議会の公聴会を通じて決議案を可決させ、台湾に自由・民主・人権保障の改革を進めなければならないと要求し、国民党に改革を求める大きな力となった。

一方、一九七二年のニクソンと周恩来の「上海コミュニケ」を機に、国際社会は若林正丈が指摘する「七二体制」を形成した。この「七二体制」下の国際社会は、中華人民共和国が中国を合法的に代表するという

「一つの中国」体制を構築した。そして、台湾の「中華民国」を国家として承認せず、台湾が政府として国際機関に参加することに反対した。しかし、台湾問題は、平和的な手段で解決しなければならないと米国が強調することで、台湾は中華人民共和国の外にある、独立した政治実体であるという条件を、外部から維持することになった。米国は台湾が自ら「中華民国」と名乗ることを認めず、台湾がこの名称を破棄する動きにも反対した。「七二体制」は「中華民国台湾化」の外的環境であり、台湾政治の発展方向に制約を加えたが、一方で、台湾民主化改革に衝撃をもたらした。[31]

(二) 蔣経国改革の限界

台湾内部では、経済発展に伴い成長した中小企業主・弁護士・会計士などの中産階級が、台湾社会での影響力を徐々に発展させ、改革を要求する勢力となっていった。これは、国民党内部が改革へ向き合わなければならなくなる、大きな圧力となった。さらに、国民党統治体制で人権抑圧を含む一連の不正事件が発生し、国外からの更なる圧力を招いた。江南事件を例に挙げれば、中華民国の軍事情報局は竹聯幇（裏社会組織）の構成員を米国に送り、米国籍を持ち米国公民である劉宣良を暗殺させている。事件発生後、この事件は国際的事件へと発展していった。

米国が加えた圧力は、もともと蔣経国が後継にしようと考えていた蔣孝武を権力の中心から追いやった。蔣経国もまた、蔣家の一員は再び選挙を経て次の総統になることはできないことを認識した。ある意味で、これは蔣介石・蔣経国親子の世襲統治体制の終わりを示すものに他ならなかった。そしてまた、蔣経国も戒厳解除の改革を進めることを受け入れ、台湾自由化改革への重要な一つの発端となった。

しかし、蔣経国は国会の全面改選を行おうとせず、民主化の実現は改革の方向には進まず、さらなる動きを待たなければならなかった。また、蔣経国には政治体制の維持安定が必要であり、過去の長期にわたる人権抑圧を省みることを望まなかった。よって、戒厳令を解除したにもかかわらず、「戒厳法」の規定解除を拒み、戒厳時期に軍事法廷の審判を受けた一般人の件について、あらためて審判を正当だとした。「戒厳法」第十条の規定では、戒厳令下で第八条と第九条の規定により軍事法廷の審判を受けた国民は、「戒厳令解除の翌日より、法に則り上訴できる」とある。よって、本来「戒厳法」は戒厳令解除後の体制内で「転型正義」(移行期における正義)を、ある程度追求できる可能性を有していた。しかし、蔣経国は制定以来戒厳令に取って代わる「国安法」を堅持しようとした。「国安法」第九条の規定では、軍事法廷の審判を受けた国民は、「刑事判決がすでに確定したものであり、法院への上訴、抗告はできない」とあり、これは「戒厳法」よりさらに厳しく国民の司法救済権を制限している。「戒厳法」の制定は「中華民国憲法」の制定より早く、憲法のない時代に制定されており、その救済制度も憲法に保障される国民の権利問題を考慮していなかった。現在、戒厳令が解除され憲政体制の下にあるが、もし引き続き「戒厳法」が保障する司法救済権が剥奪されれば、改革の限界を示すだけでなく、「転型正義」の実現不可能を明確にする。蔣経国総統が率いた国民党当局は、負の歴史の責任をとらなければならない[32]。

一方、まだ戒厳令が解除されていない一九八七年、鄭南榕は陳永興、李勝雄らとともに、『自由時代』雑誌社、台湾人権促進会および長老教会系組織を通じて二二八名誉回復運動を展開した。これもまた、過去の人権への不当侵害に対する名誉回復に向き合い、蔣経国時代後の改革をさらに要求する圧力の一つであった。

(三) 李登輝の自由化と民主化改革

一九八八年一月、蔣経国は死去し、李登輝副総統が総統を引き継いだ。蔣経国に比べ李登輝は比較的強い改革への意思と姿勢を示していたが、当時、その権力は強固なものでなく、李登輝は基本的には蔣経国の政治路線を継承した。二二八事件を含む白色テロの名誉回復には触れず、保守的態度を維持していた。

一九九〇年、李登輝が総統に当選した後、後に続く改革を次から次へと展開した。国内外から民主改革を要求される状況の下、李登輝は先ず動員戡乱の停止を毅然として決定し、「動員戡乱時期臨時条款」を廃止した。一方、民意の改革要求の下、立法委員の請求により大法官会議は、第一期中央民意代表は一九九一年末までに全員辞職しなければならないという釈字第二六一号判断を下した。「動員戡乱時期臨時条款」の廃止により制定された「憲法増修条文」は、第二期中央民意代表選挙に法的根拠を与えた。このように、一九九一年末から一九九二年末にかけ、次々と国民大会代表や立法委員の改選が行われ、第二期国会の展開は台湾民主化における重要なマイルストーンとなった。そして一九九六年の総統民選は台湾内部で主権在民の実現をさらに進め、人々は選挙を通して国家の統治者を決定できるようになった。

また、動員戡乱体制の法的根拠がなくなった後、特別法や非合法統治常規など、白色テロ事件を引き起こした法律規定も、民主改革の過程で終結した。人権を抑圧した「懲治反乱条例」、「戡乱時期検粛匪諜条例」および「刑法一〇〇条」も、独台会事件勃発後の約一年で、次々と廃止、修正された。反乱という言葉は歴史上のものとなり、白色テロはなくなり、台湾の自由化、民主化の改革は大きな成果をあげた。

しかし、動員戡乱体制の終結は、中華民国政府が内戦の終わりを宣言することも意味し、中華人民共和国政府が中国大陸を統治しているという現実を承認するものであった。その結果、台湾国家定位の問題は、直面する政治課題となり、さらに、台湾民主化の展開により、前述の「七二体制」の枠組みに衝撃を与えた。李登輝総統は中華民国憲法の改憲手続きに従い、政治改革や中華民国の台湾化という政治路線を推し進め、この衝撃をあまり目立たないものにしていった。しかし、内部で主権在民を実現した後、台湾は国際社会への参与を求めて「一つの中国」構造から抜け出すことを試み、かえって前述の衝撃をより顕在化してしまった。元来、李登輝総統の「国統綱領」（国家統一綱領）は、台湾海峡両岸は二つの対等な政治実体を成すと主張するものであり、ある程度、国家定位の曖昧性を維持するものであった。李登輝総統が一九九九年、前述の改憲体制下で「特殊な国と国の関係」という「両国論」を公表した後、米国の積極的な介入を招いている。米国の圧力により、二〇〇〇年、陳水扁総統は政権交代による総統就任演説の中で、「四不一没有」（四つのノー、一つのなし）という指針を示し、李登輝政権の末期に達成できなかった、「両国論」の憲法への明記を推進しないと表明している。

五、なお解決が待たれる課題――結論に代えて

（一）転型正義の追求

前述の、自由化・民主化改革が生み出した結果は、台湾の民主化全体にとり必要な、自由・民主の価値を深く掘り下げてはいない。過去の人権侵害事件の反省や名誉回復、責任追及、これらもまた一つの問題である。

李登輝総統は民間の要求に応えるため、まず二二八事件から着手し、二二八事件の調査を進めた。調査報告が提出された後、政府は遺憾の意を表し、制度として補償を提供する二二八記念基金会を設立している。二二八事件に続く白色テロの名誉回復運動もまた、民間の圧力の下に展開し、国民党当局は再び立法的手段により白色テロの補償を進めた。これらの補償作業は、基本的にある程度の真相調査に伴い進められたが、公文書が全て公開されることはなく、真相解明は大きな困難に直面し、更なる責任追及も困難になった。

全体として、台湾は受難者やその家族へ、ある程度の金銭的な慰撫を与え、後の陳水扁総統時代でさらに形式上名誉回復の措置をとった。しかし、人々が受けた被害の更なる探求や、加害者へのさらなる追求、特に主要な政治家たちへの政治責任の追及は、ある程度の困難に遭遇した。二〇〇六年、二二八事件に関する責任帰属の研究報告が完成し、この基金会により完成された責任帰属研究報告は行政院に審査を仰いでいる。しかしこれは、政府の正式報告ではなく、政府に対し拘束力を生むものでもなく、また民間においても多くの異なる意見が存在した。民主化改革の後に残された、解決が待たれる歴史問題は、台湾にとり重要なものの一つであることは疑いがない。過去の権威主義体制による人権侵害の名誉回復と歴史責任の追及により、歴史の繰り返しを避け、台湾の自由・民主は深化に至る。

（二）自己の定位と外争主権（対外的に主権を獲得する）

戦後初期の台湾の歴史は大きな問題を有していた。それは、台湾主権の帰属問題である。一九四五年一〇月二五日、台北で実施された降伏受諾式典は、平和条約締結前に戦勝国が敗戦国の土地を接収管理することを意味するものであった。第二次大戦中、英・米両国も参加したカイロ会談では、米国は蔣介石が指導する中国を支持し、「カイロ宣言」に於いて、日本の敗戦後、中華民国が台湾と澎湖諸島の主権を得ると表明した。ただし、このような戦争期間中の同盟国間の協議は、戦後の正式な国際条約を待って実現されなければならない。

しかし戦後、中国内戦の進行に伴い、国際情勢は大きく変化した。一九五一年の「サンフランシスコ講和条約」、一九五二年の「日華平和条約」（台北和約）、これらはみな台湾主権の移転を明確にしておらず、ただ日本に放棄を要求するのみだった。よって、台湾の主権は、第二次大戦の終結をもってなされる、国際法上の最終的な処置がなされなかった。

中華民国政府は長期にわたり台湾を統治し、中華民国政府と中華人民共和国政府は長期にわたり「一つの中国」という論争を続けた。そして中華民国政府は漢賊不両立という方針により、中華人民共和国政府の国際社会における政策に圧力を加えている。一方、中華民国政府は一九七一年に正式に敗れただけでなく、逆に「一つの中国」は中華人民共和国政府が国際社会において、中華民国を抑圧する重要な基礎となった。このように中華民国政府は国際社会において、重大な生存空間の問題に直面している。

台湾は主権上、けっして中華民国に属するものではないが、中華民国政府の実質的な統治下にあり、現実の国際政治における中華民国生存問題という国際的な危機は、台湾の国際的な危機へと転化されてしまう。

自由化改革、民主化改革の後、台湾人民は選挙を通じて執政者を決定できるようになった。一般的な民主憲政のもとでは、人民は総意の表明をもって、自国の前途に対し国民主権を行使することができる。このように、台湾人民は自決権の行使をもって台湾の国家定位問題の解決を望む。このことは、「国連憲章」や民主的原則に従えば、理解でき且つ十分な根拠がある。しかし、国際政治の現実的な圧力のもと、また中国の躍進、国際影響力の増大という背景のもと、台湾の正常な政治発展は大きな抑圧に直面しており、これもまた台湾が直面する解決が待たれる歴史課題である。二〇一八年以降、中華人民共和国は強権的な姿勢を現し、香港の改革要求を強烈に抑圧している。これは「一国二制度」の約束を反故にすると宣告したのも同然で、香港の地位に関する英国との合意を否定するものである。また、周辺の国際情勢を支配するという野心を積極的に現し、さらに「武漢肺炎」は国際信用に大きな影響を与えた。このような状況のもと、米国をリーダーとする民主国家も、この「一つの中国」政策と台湾の関係をあらためて検討することで、国際社会が台湾と中国の関係を処理するための新たな可能性を提供することになる。

全体をまとめれば、次に通りである。台湾には自由化、民主化改革を経ても解決できない、転型正義や国家定位の問題などが存在する。これらの問題は、理論上あるいは実務上、民主憲政における自由・民主・人権の基本原則に従い解決するべきであり、それが正当である。さらに言えば、台湾は未解決の国家定位問題に対し、普遍的な人権を基本とすることを要求し、台湾人民は自己の前途を決定する権利があることを強調する。民主的な手順に従い、民意により処理が進められることで、人権にとり、学理にとり、正当な解決の道筋となる。台湾は中国から独立した主権国家になることを求める。すでにある国際秩序に衝撃を与えるため、初めは強国の支持を得られないかもしれないが、自由・民主・人権の価値を抱く民主国家は、その発展を必ず正視することになり、自由・民主の正当な選択こそが実現される。

＊注

1 本論文は筆者の過去の研究を基礎として、既存の研究成果を参考に増補したものである。

2 薛化元『戦後台湾歴史閲覧』五南、二〇一五年、二一頁。

3 外交部亜東司収文字第五四四九号影本、林満紅『猟巫、叫魂与認同危機：台湾定位新論』黎明文化、二〇〇八年、一三九頁に掲載。林満紅以外に英国外務省が一九四六年八月三一日に中華民国駐英大使に送った書信を引用。林満紅「界定台湾主権帰属的国際法：簽訂於五十年前的『中日和約』」『近代中国』一四八、二〇〇二年四月、六四頁を参照。

4 〈（一九四九年一月一二日）蒋介石総統致台湾省主席陳誠子侵電〉、国史館典蔵号：〇〇二—〇七〇二〇〇—〇二四—〇五八。台湾の主権帰属に関する蒋介石の論述で数回の改変があった。ここで強調しているのは、彼が領土主権の正式な移転は、条約を根拠とすることが必要だと認めていたことである。

5 『大公報』一九四六年一月二九日、二版。薛化元・楊秀菁・林果顕編註『戦後台湾民主運動史料彙編九　言論自由（一）』国史館、二〇〇四年、六—一〇頁。

6 薛化元『民主憲政与民族主義的弁証発展—張君勱思想研究』稲郷出版社総経銷，一九九三，一八八—一八九頁。

7 『国民政府公報』二七一五、一九四七年一月一日、一二頁。

8 『国民政府公報』二八八一、一九四七年七月一九日、一—二頁。

9 前掲『戦後台湾歴史閲覧』、四六—四七頁。

10 「戒厳法」第三条によれば、地区最高司令官のみが「臨時戒厳」を宣言する権限を有す。

11 『台湾省政府公報』三九年春五、一九五〇年一月九日、四五頁。

12 本論文の戒厳及び白色テロに関する記述は主に以下を参照。薛化元「白色恐怖的始与終」、http://sch.nccu.edu.tw/cgi-bin/gs32/gsweb.cgi/ccd=uY0mXw/record?r1=8&h1=2（二〇二〇年一〇月一日アクセス）。

13 蔣介石の考えは、戦後、国民政府が台湾を統治し、同盟国軍が日本本土を統治するというような廖文奎の考えとは同じではないが、似たような考えで、中華民国は台湾を統治するが未だ主権を得ない、というものであった。〈（一九四九年一月一二日）蔣介石総統致台湾省主席陳誠子侵電〉、国史館典蔵号：〇〇二—〇七〇二〇〇—〇二四—〇五八参照。

14 中華民国政府統治の「外部正当性」と「内部正当性」の議論は、若林正丈『台湾：分裂国家と民主化』東京大学出版会、一九九二年、一一—一七頁、前掲『戦後台湾歴史閲覧』、一一—一二頁を参照。

15 前掲『戦後台湾歴史閲覧』、六〇頁。

16 白色テロに関し、主に以下を参考とした。薛化元「白色恐怖的始与終」、http://sch.nccu.edu.tw/cgi-bin/gs32/gsweb.cgi/ccd=uY0mXw/record?r1=8&h1=2（二〇二〇年一〇月一日アクセス）。

17 「司法院大法官会議議決釈字六八号解釈」『総督府公報』七六二、一九五六年一一月三〇日、二頁。

18 「司法院大法官会議議決釈字一二九号解釈」『総督府公報』二二一九、一九七〇年一一月一七日、四—六頁。

19 若林正丈『台湾：分裂国家と民主化』、六九—七四頁。

20 *Foreign Relations of the United States, 1958–1960, China , Volume XIX.*, Washington: United States Government Printing Office, 1996, pp. 724-727.

21 薛化元『戦後台湾歴史閲覧』、一一—一二頁。若林正丈『台湾：分裂国家と民主化』、一八二—一八五頁。

22 前掲『台湾：分裂国家と民主化』、一九一—一九三頁。

23 ここに雷震事件勃発以降、米国政府が取った態度の端緒がみられる。前田直樹「米国の冷戦政策と台湾における政治的自由化」第九回現代台湾研究学術討論会、二〇〇五年九月三・四日、於関西大学飛鳥文化研究所。

24 前掲『台湾：分裂国家と民主化』、一九九—二〇二頁参照。李大維『台湾関係法立法過程』洞察出版社、一九八八年、三二—三頁、三二五頁参照。

25 薛化元「国家定位与政治改革：李登輝与蔣経国総統執政時期的比較」『台湾風物』六三：二、二〇一三年六月、七七頁。

26 一九七〇年代、台湾長老教会総会の職に就き、総会議長を務めたこともある王南傑牧師は、当時の国民党当局、特に警察や情報機関が、台湾本土の各種文字で記された聖書などを没収した事件に対し記録を残している。王南傑口述・定稿、薛化元・林果顕・呂智恵訪問記録『王南傑牧師与台湾基督長老教会口述歴史』稲郷、一九九一年、五九―六一頁。呉仁瑟、「査禁羅馬字聖経」、http://taiwanpedia.culture.tw/web/content?ID=3974（二〇一一年四月二七日アクセス）。

27 李筱峰『台湾民主運動四〇年』、一〇六頁。

28 同右、一一七頁。

29 井原吉之助『台湾の政治改革年表 覚書（一九四三―一九八七）』帝塚山大学、一九九二年、二三九―二四一頁。ここに至る前、積極的に党外勢力の終結に関与していた前高雄県長の余登発は「スパイ呉泰安の反乱に参与したという嫌疑」により、一九七九年二月二一日に警備総指令部により逮捕された。余登発親子の支援のため、許信良・林義雄らは高雄の橋頭郷や鳳山などに人を集め、デモ行進を行い不満の意思を示した。その結果、桃園県長の許信良も定職処分を受けた。これらは全て関連する例である。前掲『台湾民主運動四〇年』、一二二頁、一三八―一四一頁。『総督府公報』第三五三二号、一九七九年七月二日、一八―二六頁。

30 前掲『台湾：分裂国家と民主化』、一九九―二〇一頁。Bush, Richard, *At Cross Purposes—U.S.-Taiwan Relations Since 1942*, N.Y.: M. E. Sharpe, 2004, p.78、これは、王景弘「『進両歩、退一歩』：美国政府及媒体看高雄事件」張炎憲・陳朝海主編『美麗島事件三〇周年研究論文集』呉三連史料基金会、二〇一〇年、一八一頁からの引用。

31 「七二体制」の議論に関し、若林正丈の研究成果を主に参考とした。若林正丈『台湾の政治：中華民国台湾化の政治史』東京大学出版会、二〇〇八年、特に第八章。

32 蔣経国総統就任期間における政治改革の限界や戒厳解除の有限性に関し、主に以下を参考とした。薛化元「蔣経国与台湾政治発展的再評価：以解除戒厳為中心的深討」『台湾風物』六〇：四〇、二〇一〇年一二月、一九五―二二六頁。

第二章　台北高等学校と台湾の民主化
――辜振甫の姿をとおして

所澤　潤

一、はじめに

筆者の記録不備で年月日が特定できないのだが、一九九三年から一九九五年までの間のある日の午後、筆者は台北市内で旧制台北《たいほく》高等学校（以下、台北高校）の同窓会・台高会の会合に、同校出身の医師張寛敏《ちょうかんびん》氏に誘われて出席した。貸し切りの会場で、夫人同伴で五〇人くらいが出席していた。その時、海峡交流基金会（以下、海基会）の董事《とうじ》長辜振甫《こしんぽ》（董事長は日本の理事長に相当）の異母弟の辜寛敏《こかんびん》氏による日本語の講演があった。辜寛敏氏は、独立運動家として知られており、辜振甫とともに台北高校の卒業生である。

日本の演説でも滅多に聴くことのないほどのすばらしい日本語の講演であったが、その内容に驚かされた。「海峡交流基金会について、大陸との統一へ向かうのではないか、との心配の声があるが、そのようなことはない、大丈夫だ。」という内容の話だった。「兄・辜振甫に会う機会があったので、訊いてみた。何故秘書長が毎年交代するのか。すると、兄はこう説明した。有能な事務職員は統一に賛成反対に関係がなく、交渉をまとめようとする。最初は様子がわからないので何もしないが、一年務めるとよくわかるようになり、仕事の成果を上げようとする。事務職員の仕事とはそのようなものだ。すなわち中国との間で話をまとめようとする。そこで更迭したのだ。[1]」

辜振甫は一言も、自身が独立の方向性にあることは述べていないとしながら、辜寛敏氏は、自分の解釈として、辜振甫の本心は、中台統一を達成しようとするものではない。だから安心せよ、という解釈を示したのである。

その話を聞き、その場に居合わせた台北高校の卒業生と、同伴の夫人たちの間に、安堵の雰囲気が流れたことを覚えている。筆者は、辜寛敏氏の話に衝撃を受けただけでなく、その安堵の雰囲気にも驚きを感じた。辜振甫の立場が中台統一ではない、ということだけではなく、その内容は、政権における李登輝《りとうき》と辜振甫の関係を示すものだと思われたからである。そしてまた、このぐらいの社会的地位になると兄弟間でも気軽に話し合うことができないのだ、ということを感じたことを覚えている。そして、その場を覆った安堵感に、同窓の結びつきを感じさせられた。

以上の話題には海基会が出てくるが、それは次のような状況で設けられた民間団体である。よく知られているとおり、一九四九年に中華人民共和国が建国され、対立した中華民国は台湾に移動し、二つ政府が対峙する形となって現在に至っている。中華民国は中国の代表として国際連合に常任理事国として議席を持っていたが、一九七一年に中華人民共和国が中国の代表として国連に加盟した時に脱退した。その後中華人民共和国は中華民国に対して、中台統一を呼びかけ続けており、中華民国は、その対応策として一九九〇年一一月に海基会を設けたのである（一九九一年三月に財団法人化）。それに対して中華人民共和国は一九九一年一二月に海峡両岸関係協会（以下、海協会）を設けた。一九九三年四月にシンガポールで、台湾側の辜振甫董事長と、中国側の汪道涵会長のいわゆる第一回辜汪会談が行われた。辜寛敏氏の講演は、董事長辜振甫が第一回辜汪会談に臨んだ後に行われたものである。

この辜寛敏氏の講演は、筆者に、台湾の民主化を生み出した原動力の中心的な一つが、台北高校の存在であったことを強く感じさせた。台北高校は一九二二年に創設され、一九四五年の日本の敗戦によって台北高級中学に改組され、一九四九年七月卒業を最後に廃止になった学校である。本稿は、台湾の民主化においてその台北高校の存在が果たした役割を示すことを目的としたい。辜振甫と李登輝の関係、そして会場を覆った安堵感は、台湾の民主化の基盤の一つとしての台北高校の重みを理解するための一つの糸口だと思われるからである。

講演の意味は、様々な解釈が可能だが、本稿ではこの講演を糸口に、台湾の民主化に、かつて存在していた台北高校がどのような貢献をしたかを述べてゆきたい。講演の話題の中心にあった辜振甫と、当時既に総統であった李登輝とは、台湾社会をリードする地位に就いていたが、一般大衆の多くは、その実績だけでなく、彼らの学歴をも加えて判断して、二人がそのような役割を担って当然だと思っていたとみられる。そのことをより深く理解するために、本稿では、二人の行動様式に現れた旧制高校卒業生に共通する「矜持《きょうじ》」と呼ばれる、ある種の心の持ち方に注目したい。「矜持」は、「矜持」と書かれることも多いが、本稿では引用以外は「矜持」と書くことにする（注31参照）。

その「矜持」が、辜振甫の場合に、李登輝との関係においてどのように姿を見せていたかを確認することによって、辜振甫の民主化への貢献の質、そしてその二人の母校である台北高校の台湾民主化における貢献を語ることができるのではないかと考えている。本稿では、併せて台北高校卒業生であるというステータスを受け入れ、彼らを支持していく台湾の多くの人たちの歴史的心理的背景をも探っていく。

しかし、その論を展開する前に、台湾で台北高校が最近まで忘れられた存在であったという現実をふまえ、次の三点を説明してゆくこととしたい。第一に、辜振甫と李登輝が卒業した台北高校の存在が、社会から忘れられていたという一九九〇年頃の台湾の社会状況という点である。第二に辜振甫と李登輝が卒業した台北高校とはどのような学校であり、卒業生はどのような人物として社会に位置づけられていたのか、という点である。第三に、台北高校が忘れられていたことにより、辜振甫と李登輝がどのような人物であると理解されていたか、そして、辜寛敏氏の講演がその理解をどう崩すものであったかという点である。台北高校同窓であることと「矜恃」とに注目しながらそれらを説明することで、台湾史における台北高校の存在の重みを浮き立たせることが可能ではないかと考えている。

なお、台湾の民主化は一つの学校のわずかな数の卒業生の存在だけで達成されたものではない、ということを前提としての行論であることは付言しておきたい。台湾の民主化は多くの人々のほとんど無意識の思い、そして日々のちょっとした行動や言動などが集積されて結実したものである。皆がその時代の一端を担ってきた。そのような意味では、辜振甫は李登輝とともに、民主化していくその時代を代表するような決定的な場に際会した時、その重責を果たし、民主化の進行する時代を象徴するような礎石の役割を果たしたにすぎないといってよいかもしれない。ただ、幸いにして二人はそのような重責を十分に担える能力のある人材であり、その二人を卒業生として送り出したのが台北高校であった。

台北高校は、そのような台湾人の人材を台湾のなかに複数生み出し、しかもその人材の活躍を受け入れられるような素地を台湾社会に醸成したのである。卒業生の「矜恃」に注目するのは、それを糸口に、台湾の民主化に貢献した同校の教育の本質的価値に迫れるのではないかと思うからである。

二、世代の懸隔 ― 台北高校が忘れられた背景

一九九〇年頃の台湾は、社会の恐らく半分以上の人々が、台北高校の存在を知らない状況にあった。その背景には、日本の高等教育機関であった台北高校が中華民国の中等教育のレベルに相当する学校だと誤解されて、接収とともに台北高級中学に改組されたことがある。[2] その敷地校舎に設けられた省立師範学院（現・国立台湾師範大学）もその誤解の上に立って、台北高校との学校としての連続性を認めず、それが二〇一八年まで続いていたことに大きな原因がある。[3] しかし、もう一つの隠れた要因は、台湾社会が、日本教育世代と戦後教育世代とに二分され、戦後教育世代に、日本教育世代の経験が継承されなかったことである。

戦後の台湾は、公的な場ではほとんど「国語」と呼ばれる北京語を使う社会となっていった。それは、中華民国が一九四五年一〇月二五日に台湾を接収して以降、公的な場での言語の切り換えを強力に推し進めたことによる。台湾は、数年のうちに、行政の言語、政治の言語、学校の言語、新聞雑誌の言語などが北京語に切り換えられた。ここでいう戦後教育世代とは、戦後の中華民国の教育を受けた世代であり、終戦時に台湾全土にかなりのレベルで普及していた日本語は継承されなかった。そればかりか、歴史教育の内容も、台湾における日本統治時代の存在を極力無視するようなものであった。

日本統治時代に設けられていた中学校、高等女学校の多くは同窓会を組織しているが、そうした状況は、日本教育世代と戦後の時代の同窓会を別組織とするような状況も生み出した。生徒構成が戦前は主に内地人

（当時日本本土から来る日本人をそのように呼んだ）、戦後は主に台湾人の学校となったところはそれもやむを得ない印象だが、日本統治時代に生徒の大半が台湾人であった台北州立台北第二中学校でも、同窓会は、戦後の台北市立成功高級中学と別になっている。

同窓会だけでなく、日本教育を受けた人たちだけが集まって話題を共有するような場も生まれていた。日本教育世代の多くは、戦後教育世代の人たちと話題を共有することが難しかったからである。逆にそのことは、戦後教育世代の側から見れば、日本統治時代の経験を伴う文化面や記憶が継承されないということにつながっていった。

台湾の最難関校台北高校の記憶も、そのような社会的事情があって戦後世代には語り継がれなかったのである。

鄭麗玲の著書『躍動する青春』にはそのことがよく書かれている。同書の口絵には、「一九三〇年代から四〇年代は二〇世紀台湾の黄金時代だった。現在の台湾のように活力にあふれていたことを私たちは知らない。」[4]という表現が見られる。「日本語版への序」では、「一九二〇年代から三〇年代の台湾は現代台湾のパラレルワールドのような、輝くようなはつらつとした社会であ」ったとしている[5]（以上に二つの年代が見えるが、これは大正の終わりから太平洋戦争が始まるころの台湾のことを、昭和で書かずに西暦で書いた結果のずれなのだろうと思われる）。鄭は、さらに「著者まえがき」で、自分が帝国大学をテーマとして研究するうちに、「当時のもう一つの学制―高等学校―の神秘的な世界にも引き込まれた。」という。「台北の高校生が過ごした青春は夢のようで、彼らの生活様式や物事に対する姿勢は、私が戦後国民党時代（一九七九～八九年）の教科書で学んだ日本統治時代の歴史とまったく異なるパラレルワールドのようだった。」とも書き、自分が知り始めた日本統治期の台北高校の生徒の学校生活に対する驚きを隠さない。さらに「私は突然合点がいった。子どものころ日本統治時代のことを口にするたびに、大人たちがガっかりしたような目で私を見たのは、私がその頃の台湾をわかっていなかったからだと。」[6]という。

ただ、旧制高校が今ではあまり知られていないことは、統治者が交代したわけではない日本でも同様である。日本では、二〇二〇年七月に李登輝が亡くなった時、『朝日新聞』『産経新聞』の追悼記事は旧制台北高校で学んだことに言及していたが、多くは、京都帝国大学（以下、大学名の場合は帝大）に在学していたことしか報道していなかった。それに対して、一九八八年一月、中華民国総統の蒋経国の逝去によって李登輝が総統になった当時の各紙の李登輝紹介記事を見ると、政治家としての将来性については期待されないような見通しを書いているが、ほとんどが旧制台北高校の出身であることを基本情報として明記していた。隔世の感があるというほどではないが、時代の差を感じさせられる報道であった。

三、台北高校の教育

（一）台湾の近代教育の中の台北高校

辜振甫と李登輝が卒業した台北高校は、一九四七年三月までの日本の学校系統の中で大学入学の直前の段階にある高等教育機関として設けられていた高等学校の一つであり、一九四七年四月に施行された学校教育法が規定する後期中等教育の高等学校とは全く異なる教育機関であるため、それと区別する必要があるときは旧制高校と呼ばれている。一九四五年度まで男子のみに受験資格を与えており、一九四五年当時、官公私立合わせて全国に三四校設けられていた。ほかに宮内省管轄の学習院高等科が大学入学に関して旧制高校と同等と見なされていた。帝国大学に設置されていた大学予科が三校あり、その三校はその帝国大学に無試験で入学できることとされており、それらが旧制高校に準ずるものと見なされていた。そこで旧制高校は合計三八校とされることが多い。[7]ちなみに、帝国大学は、法令上は官立（今の国立）の総合大学を指す名称である。当時は綜合大学と書き、綜合大学は二学部以上を持つ大学とされ、一学部のみの場合は、官立大学と呼ばれていた。[8]

旧制高校は入試の難関校であったうえに、帝国大学への優先的な入学資格を与えられていたために、今日ではエリート教育機関として語られることが多いが、[9]法令上はエリート教育機関として規定されたことはなく、大学に入る一つ前の段階の教育を行う機関という位置づけだった。

台湾の社会は、日本統治が一八九五年に始まって以後、日本の学校制度を組み込んで築かれ、一九二二年公布の第二次台湾教育令によって、台湾人の通う学校が日本内地の学校制度に連結されたことにより、高等学校が設置された。

本稿で注目する台北高校の教育について、汪知亭は次のように指摘している。「内容的な面で、多くの点が言及に値するとてもすばらしいものがあった。……そのような様々なことから同校は必然的に多くの成果を生み出した。ただし、台湾人生徒で入学する幸運を得たものは少数中の少数であったといえる。[10]」

本稿では、その僅かな数の台湾人しか教育を享受できなかった高等学校に注目しているが、それは、辜振甫、李登輝だけにとどまらず、狭き門をくぐって入学しえた人たちが、台湾史を動かすほどのことを達成したため、その教育の影響を台湾史の問題として分析することに意味があると考えられるからである。[11]つまり、単に高等教育の就学機会を提供されたということには止まらなかったのである。

（二）高等学校の制度

日本統治時代の台湾の学校制度は、今日の六—三—三—四制の学校制度に例えて書けば、六—五（四）—三—三制になる。当時の名称で書けば、尋常小学校六年（一九四一年度から国民学校初等科）、中学校五年、高等学校三年、大学三年である。但し、尋常小学校は五年修了で中学校に進学することが可能であり、中学校は五年制であったが、四年修了で高等学校に進学することが可能であった。高等学校には、中学校に相当する四年制の尋常科もつくられたが、小学校を終える段階での入試に合格すると帝国大学まで無試験で入学できるため入学難関校となった。中学校四年修了で高等学校に進学した者はかなり多く、「四修」という語もしばしば用いられたので、（　）内に四と入れた。

当時の大学は、定員を超えなければ高等学校卒業者が、原則として無試験で入学できるように制度設計されていた。原則として理系（当時は理科といった）はどの大学の理系学部にも、文系（当時は文科といった）はどの大学の文系学部にも、無試験で入学できることになっていた。大学入学は、進学志望者が大学入学前に所属していた校種によって条件が異なっていた。ここでは煩瑣を避けるため帝国大学に限って説明しておきたい。予科の設けられた帝国大学の場合は、高等学校卒業者に優先させて、その大学の予科出身者を全員入学させたが、彼らに他の大学への進学機会は原則として与えられなかった。

なお、帝国大学全体の入学定員は、高等学校卒業者数を上回る数になっていたため、高等学校と大学予科出身者だけでは定員に満たない帝国大学の学部と官立大学も多く、その場合に限って、専門学校（高等専門学校とも呼ばれる）卒業者、高等師範学校卒業者、あるいは他大学の予科出身者などを競争試験または銓衡（現在の選考に相当する）で入学させることになっていた。[12]

つまり、当時の大学制度の中では、高等学校卒業者は、無試験入学という優先権を与えられた特別の位置を占め、専門学校等の卒業者とは別格の存在であった。

高等学校の起源は一八七四年九月の東京開成学校予科の改組に遡る。同年三月学監兼同校教頭の職にあったダビッド・モルレーの建言によって（但し、その時点は五月七日の校名変更前で、開成学校）、東京開成学校予科が専門教育を行う直前の段階の普通教育を行う予備教育機関に改められたのが始まりである。[13] 一八七七年に東京大学法理文学部が東京開成学校を改組して設けられたとき、予科の部分が東京大学予備門に改組された。その学校が発展して、台北高校が設けられていた時代の高等学校となった。台北高校は、一九一九年に新「高等学校令」によって増設された学校の一つで、一九二二年に設置された。

すでに述べたことのほかに、新高等学校令よる改革として、台北高校もその一つであった七年制高等学校に触れておく。尋常科四年、高等科三年からなる学校で、台湾では、台北高校尋常科が中等教育レベルでの入学最難関校となった。中学校課程に対応する尋常科から高等科への進学が無試験入学だったからである。

辜振甫は、その台北高校尋常科に入学した人物である。

当時、高等教育は、高等学校や大学予科と大学との二段構造になっていた。高等学校は入学の難関であったため、中学生は全国各地に設けられた高等学校から受験先を選んで受験して入学することになっていた。そして、高等学校を卒業すると進学の第二段階として全国のいずれかの大学を選んで進学していったのである。本稿で取り上げる辜振甫は台北高校尋常科、高等科を経て台北帝大文政学部進学であり、李登輝は私立の淡水中学校から台北高校高等科を経て京都帝大農学部進学であった。

（三）台北高校における人格の形成と学業の厳しさ

台北高校は、文部省管轄でなくて台湾総督府管轄であるということ以外には、他の高等学校と制度的な違いはなかった。従って、日本内地からも台北高校に多くの受験者があった。

高等学校は入学の難しさ、学業の厳しさ、教養主義、蛮カラ、そして自由な校風が概ね共通しており、またその特性として生徒に「矜恃」(または矜持)を持たせる教育が行われていたといわれている。例えば岡崎冬彦は旧制高校には「自負と矜持」を持たせる教育を行っていたと指摘しているが[14]、「自負」も「矜持」も法令に規定されたものではない。また、喜多由浩は、「自治」と「自由」を掲げた寄宿寮での共同生活があったことを指摘しているが[15]、やはり法令に規定されたものではない。その点については全寮制でない高等学校も多かったので高等学校すべてに共通しているかどうかは筆者にははっきりしない。ただ、七年制高等学校には蛮カラ風俗に染まっていない例もあったが[16]、台北高校は蛮カラの校風であり、全寮制ではなかったが、李登輝は台北高校について「自由と自治の気風にあふれ」ていたことを語ったという[17]。

台北高校は、一九二二年にまず尋常科が設けられて一、二年生が入学、一九二五年に高等科が設けられた[18]。高等科各学年には文系と理系それぞれに英語を第一外国語、ドイツ語を第一外国語にするクラスが一クラスずつ設けられた。生徒数は、尋常科が約四〇名で一クラス、高等科は約一六〇名であり、高等科入試を受けた入学者数は約一二〇名であった。

台北高校には、台湾人(日本国籍を持つ漢民族。戦後の本省人)の子弟も入学していた。台湾人子弟は全国のいずれの高等学校にも日本人として入学することができたが、台北高校高等科の場合全生徒の二割ぐらいを占めており、高等学校の中で際だっていた。但し、尋常科約四〇名中では約一割であった。創立以来の卒業者数は秦郁彦が引用している『台高創立八十周年記念文集』によれば、卒業者数総計は二四七二人、そのうち台湾人は五五八人で[19]、二二・六パーセントであった。

人格の形成と学業の厳しさについても他の高等学校と基本的には同様であった。人格の形成という点では、教養主義と蛮カラとが当時の旧制高校の代名詞のような文化であるが、ここでは蛮カラに触れておきたい。

蛮カラは全国で愛された風俗で、台北高校でも同様であった。前出の鄭麗玲『躍動する青春』には、台北高校生の風俗についてはこんな話も紹介されている。「受験戦争を勝ち抜いた台北高校の学生たちは、肩を組み弊衣破帽姿で腰に手ぬぐいをぶら下げ、下駄の音を響かせて西門町の映画館街を闊歩した。」「学寮ではバンカラが放歌高吟する『ストーム』があり、寮歌はよく歌われ、学寮に住んでいない学生も一緒に歌った。」「仮装行列は学生や知識人にも受け入れられ、いつもは大まじめな紳士たちが、寮祭になると女装コンテストをして優勝者を選んでいた。」[20]

筆者は、台北高校台湾人卒業生から、受けた学校教育を中心とした回想を聴き取ってきたが、太平洋戦争が始まるまでに教育を受けた人たちの回想にはそうした蛮カラを懐かしむ気持ちがあふれていたという印象がある。

辜寛敏氏の講演の場に筆者を案内した張寛敏氏は、一九三八年四月に尋常科に入学し、一九四二年四月から高等科で学んでいるが、次のような思い出を語ったことがある。「高等科に入った頃はまだ、バンカラの自由主義がある程度、その尻尾みたいなのが残っておった（笑）。［…略…］私が高等科に入った頃の三年かな、二年かの連中にね、女給さんなんかついた「西門一番」（せいもんいちばん）なんていうビアホールで、気炎上げた連中が下駄履きでマントをひっさげてね、総督府の前の大道を闊歩しておった訳だよ、道の真ん中をね、夜。そしてそこのポリボックスの前でね、連中横一列に並んでポリボックスに向かって立ち小便やったんだよ（笑）。普段からの腹いせだと思うけど。」

この事件は、張寛敏氏には如何に高等学校が尊重されていたかを示す事件として印象に残ったようである。その続きを次のように語る。

「あそこの派出所のやつが追っ掛けたのを、連中は下駄を脱いでぱーっとまっしぐらに高等学校の校舎まで逃げて帰ったんだよ。で、あとポリの方は校長の方にその人たちを引き渡せと来たんですよね。その時の校長（谷本か）がね、『何を言ってるんだ、一歩でも立ち入りならん』とやったんだ。ね。『ここはお前、台北高等学校校舎だぞ』、だから物凄い鼻息だ。『誰であるかは、俺自分で取り調べやる、処分する。お前ら入ってくることはあいならん』とやったんだ。もう大喝采だ、全部がね。[21]」

以上の事例は、内地人が引き起こしたと思われるかなり大胆なものだが、しかし、それほど極端な例を除けば、一般的な日本風の高校生、大学生の生活の様子は台湾人社会にも受け入れられていた。

張寛敏氏が語ったのは、ストームといわれる出来事らしいが、鄭麗玲はストームを次のように紹介している。「ストーム（storm）とは集まって大騒ぎをすることである。ストームでは台北高校（現在の〔国立台湾〕師範大学）を出発して台北市中心の栄町（現在の衡陽路）まで歩き、栄町では応援団の先導で数人ずつ並んで肩を組んだ学生たちの行列が歌い踊りながらゆっくりと練り歩いた。見物する人たちで道路はふさがったが、警察はそれを止めることもなく、交通の秩序を維持した。これが台北高校開校以来の伝統であり、台北市民の生活の一部分にもなっていた。[22]」

高校生の風俗が台湾に定着していたことは、一九四一年四月に台北高校尋常科に入学した呂燿樞《ろようすう》氏（入学時は改姓名により宮本毅恒）の回想からうかがえる。日本の敗戦後の一九四六年九月に国立台湾大学医学院に入学するが、一九四七年の二二八事件の直後、市内の児玉町で中国の兵隊に誰何された。その時の自分の恰好を次のように語っている。

「あの時僕。下駄履いてね、腰にタオルをぶら下げてね、で、あのルンペン帽を被ってるんですよ、終戦した頃の台湾人の大学生の恰好はあんなですよ。[23]」

ここでは、学生服を着ていたかどうかは話されていないが、下駄、腰にタオル、という出で立ちは、当時の日本国内の高校生や大学生と同じである。すでに日本の学生文化は台湾人の間に深く浸透しており、日本統治が終了した後も存続していたのである。

一方で、学業の厳しさは、呂燿樞氏がしばしば筆者に語ったエピソードに現れている。高等学校三年になると、当時毎年入学試験が実施されていた東京帝大理学部を目指す理科の生徒たちの中には、数学の授業で教師に難題の解答を挑むものが現れたという。一人の数学の教師はそれに対応することができず、精神的にまいってしまい、某高等女学校の校長に異動したということであった。学業の熾烈さは、生徒同士の競争ではなく、教師の実力を確かめる方向に向かったのだという。[24]

以上に述べたような台北高校の教育は、台湾人生徒も同様に享受しており、精神面も鍛えられた。また、台北高校は台湾のなかで一旦入学してしまえば、台湾人が差別を全く受けない唯一の学校であったという。[25]そのような中で、全国の高等学校教育に共通する「矜持」、そして台北高校の気風である「自由」と「自治」の理念が台湾人生徒の中に育ったとみられる。

（四）矜持

筆者は、民主化が進行していく過程での辜振甫の国政への携り方、そして李登輝との関係の取り方に「矜持」が現れたとみて、本稿で注目している。そのことこそが、台北高校卒業生ならではの、後掲するところの李登輝の言う「国家と、国民のために奮闘する」[26]姿だと感じているからである。さきに引用した鄭麗玲の文章中に、「彼らの生活様式や物事に対する姿勢は［…略…］教科書で学んだ日本統治時代の歴史と全く異なるパラレルワールドのようだった。」という表現があったが、ここでいう「矜持」とは、そこに書かれた「物事に対する姿勢」（原文は「処事態度」[27]）にあたるように思われる。学術研究でしばしば用いられる「学歴エリート」は、進学の難易度を指標とする選抜によって規定できるため、ある程度的確な学術用語とされているが[28]、それでは捉え切れていないものがあると思われるのである。そして、ざっくりとした表現で台北高校の場合の姿勢のあり方をいえば、「自由」と「自治」の気風である。それが民主化を目指す彼らの「矜持」に込められているといってよいのではないかと考えている。

「矜持」という語の示す概念はまだ確立されたものとはいえないが、「矜持」または「矜持」という語が、旧制高校卒業生に比較的共通するそうした特性を表す用語として、一般的な文章で用いられていることに注意したい。岡崎冬彦は一九九二年に発表した文章で、「エリート教育　高校大学一貫制で」で、「エリート意識」を肯定的なものとして捉え、その言い換えとして前述のように旧制高校生の「自負と矜持」という表現を使っている。喜多由浩も二〇二〇年に書いた文章では「矜持」という語を使っている。喜多は二〇一二年から二〇一三年にかけて『産経新聞』に連載したコラム記事をまとめた『旧制高校物語　真のエリートのつくり方』を二〇一九年に著しているが、「文庫版のまえがき」で旧制高校について、「矜持」という語は用いずに「国家を背負って立つ気概と責任感をはぐくみ、いざとなれば一身をなげうって、国と国民を守る『真のエリート』を育成するのが旧制高校教育の神髄であった」と書いている。その中の「神髄」の部分が[29]、二〇二〇年一〇月の『産経新聞』連載コラム記事である喜多の書いた「台湾日本人物語」では、「国家と国民のために命をもなげうつ覚悟で闘いの先頭に立つ」ことこそ、「旧制高校生の矜持である」と、「矜持」という学ぶ側の語に置き換えられている。そして李登輝の談話として、国のリーダーに必要なことは二つのことしかないとして、「国家と、国民のために奮闘することだ」と語ったことが書かれ、喜多はそれこそ「矜持」だと表現しているのである[30]。

筆者も、二〇一七年六月の愛知大学・大阪大学・国立政治大学（台湾）主催のシンポジウムの際に、本稿のもとになった発表で、旧制高校生の「矜持」と表現した。岡崎、喜多の「矜持」が示そうとしているところと同じものである。「恃」が常用漢字に入っていないため「持」に置き換えられている場合が多いのではないかと思われる。しかし、「矜持」の場合、「自分をおさえ慎む」という意味合いがあり、[31]「矜持」にはその意味がなく「自分のおこないに誇りを持つ」という意味合いがあるため、「恃」を用いることとしたのである。

なお、エリート育成と教養教育の問題を旧制高校の観点から論じた市川昭午の著作によれば、本稿で注目してきた三人の姿勢・態度は、「ノブレス・オブリージュ」（高貴なる者は義務を負う）[32]すなわち「エリートたる者が負わなければならない社会的責任感」に該当するように感じられる。[33]しかしなお、辜振甫、李登輝の二人が取り組んだ様子には、社会的責任感で表現されるものに止まらず、さらに機会があればそれを発揮していこうとする姿勢・態度があったように感じられる。本稿では、それらを試みに「矜持」という語で呼んでいるが、台北高校の場合、前述のように姿勢・態度に「自由」「自治」の志向が加わっていたように感じられる。今後より適切な表現が見つけ出され、適切な再定義がなされる可能性は残っている。

そのような台北高校の台湾人卒業生たちの多くは、日本の敗戦後の中華民国移行後の困難な時期に、台湾社会を背負って立つという暗黙の共通感覚を持ち続けていたと思われる。

（五）台北高校台湾人生徒が形成した社会階層

旧制高校の卒業生は、一般にその学歴によって日本社会の中にある種の社会階層を作っていたといえるが、台北高校の台湾人在校生、卒業生は、内地人の入り込めない台湾人の社会階層にも属していたと筆者はみている。台湾人は、台湾を離れて日本本土や中国大陸で内地人とともに仕事をする限りにおいては、内地人の属する旧制高校出身という社会階層の中にあったが、台湾人の社会の中では特殊な位置づけがあったと考えられる。

それは主に二つのことから生まれたものと思われる。第一に、台湾人の台北高校への入学の合格点が、内地人よりも高かったとみられることである。そして第二に、清国の時代から台湾のなかに生まれていた「社会的リーダー」のイメージが台北高校台湾人入学者に重なったということである。もちろん第二の方は第一があってのイメージである。

第一の点は、台湾人の入試に関して、採点は内地人と同様でも合否判定が内地人と独立して行われ[34]、その一方で、台湾人同士の判定はきわめて公正に行われていたとみられていたことである[35]。そしてその結果、台北高校が台湾人の間で超難関校になっていたと捉えられるのである。

台湾人の間で漠然と信じられていたことは、第一高等学校、第三高等学校などの内地の高等学校のトップ校は別として、それ以外の高等学校は台北高校より容易に合格できるということであった。台北高校はそのため却って、台北とその周辺の中学生にとって、あこがれの的となっていた。日本内地の高等学校を受験するのは、その難関から逃げたような印象さえ与えていたようである。終戦当時、台北高校は台湾人の間で特に高いステータスが確立していたように思われる。

ステータスの高さについては統計的な検証は容易ではないが、特に台北とその周辺で高かったとみられる。台南の人にとっては台北に行って高等学校に入ることも、日本内地に行って地方に設置されている高等学校に入ることも実は経済的負担はそれほど違うものではなく、それならば入学制限がない内地に行こうと考えたらしいという[36]。

その現れを具体的にまとめると、台北高校進学に関しては、次の二つの現象が起こっていた。

（一）台湾人の受験競争は、内地人が受験するよりも熾烈な入学競争が生じた。当時、入学の容易な内地の高等学校ではなく、あえて台北高校を受験するものが現れていた。

（二）内地の高等学校への進学が、入学の容易な学校を選んで台北高校受験の困難を回避したかのように感じられる風潮が現れ、不合格を覚悟で台北高校を受験するものが増えた。[37]

高いステータスは、戦後の学制転換によって、一段と高められたのではないかということにも注意したい。一九四六年、台湾は六―三―三―四制に、日本に先だって一気に切り換えられたが、それが中華民国の六―三―三―四制への切り換えであったため、日本とは違って不連続性がとても強く現れた。そのため台北高校の卒業者たちに対しては、一方では単なる中等教育を受けただけだという誤解が生まれ、一方では日本の特別なすばらしい教育を受けた特殊な集団という見方を生みだした。後者の見方をした戦後教育世代の人たちにとっては、中華民国との制度の違いから、自分の世代では努力しても決して手の届かない教育であったという印象を作り出したと思われる。[38]

第二の点の「社会的リーダー」のイメージとは、台北高校に入学できた台湾人たちが、清国時代に形成されていた「社会的リーダー階層」（原文では「社会領導階層」）の一員とみられるようになったということである。呉文星は日本統治期の「社会的リーダー階層」について克明に調査分析を行っている。[39] 日本統治初期の台湾の場合は、清国時代に清国で行われた科挙試験でなんらかのレベルの資格を得た人たち、及び豪商、地主などの資産家、さらにはいわゆる読書人が構成していた社会階層を指す。彼らは官職を持つ持たないにかかわらず、地方社会でリーダーの役割を果たしていた。呉文星はその階層を「社会的リーダー階層」と呼び、その階層が日本統治時代にどのように変化し、どのような功績を残したかを明らかにした。ただ、同研究は、台北高校卒業者を「社会的リーダー階層」の中心とは位置づけていないが、それは戦後教育世代の呉文星が同書のもとになる学位論文を台湾で執筆していた一九八〇年代は、まだ台湾では台北高校について研究上注目されておらず、研究の蓄積もなかったことが関係している。

「社会的リーダー」は、学校制度の入学試験の難易度と、一般人の支持の上に成り立ったものであると捉えられる。台湾における社会的リーダー階層の構成は、台湾が日本の領土となって科挙の試験がなくなったことと、次第に世代交代が進んだこととから、日本の制度における高等教育を受けた者に、その中心が移っていく。初期には日本の学校制度と連結していない国語学校などいくつかの学校がその供給源となっていた[40]が、一九二二年公布の第二次「台湾教育令」により、台湾内部の学校が日本本土の学校階梯に連結され、内地人と同じ学校に通う制度が導入されると、高等教育機関である台北帝大、台北高校だけでなく、日本全土の高等教育機関に進学した人たちに、「社会的リーダー」のイメージが収斂していったと捉えられる。特に、台北高校は、その進学先の一つである台北帝大よりもはるかに入学の難関であり、台湾人卒業生も多かったため、その中心的な位置を占めるに至ったと考えられる。

もちろん当時の台湾総督府が、そのような理解を公認していたわけではなかったが、台湾人の社会には、そのように特別に秀でた人物を「社会的リーダー」として、そしてその集まりを「社会的リーダー階層」として受け入れていくような、清国時代以来の文化的素地があったといえる。従って、高等学校の入学試験のように、科挙試験の難度に勝るとも劣らない入学試験であれば、合格したものを「社会的リーダー」に位置づけることは、台湾人の社会では受け入れやすいものであったと思われる。

入学試験の難易度という点で別格の台北高校は、台湾人社会ではかなり徹底した受験勉強が初等教育段階から行われていた。筆者が収集した回想の中に次のようなものがある。前出の張寛敏氏は、一九三八年に台北高校尋常科に入学したが、受験勉強については、小学校で行われていた六年生対象の進学対策の補習は受けず、通いの内地人家庭教師を夜七時頃まで付けて勉強し、受験前の三ヶ月は毎晩一二時頃まで自分で受験勉強を行っていた[41]。一九四一年に同じく尋常科に入学した呂燿樞氏は、新竹州関西庄石光《せっこうし》子の石光公学校の児童であったが、一年生の時から小学校用の教科書を入手し、高学年では『木山の国語』『木山の算術』『模範算術』『模範国語』などの参考書をなんでも勉強したという。家庭教師は付けず、質問は公学校教師であった父親に受けてもらっていた[42]。二人のそのような受験勉強は、当時の台湾に住む内地人より苛酷であった。ただ、筆者がかつて調査した東京市本郷区誠之《せいし》尋常小学校の同時期の受験実態もきわめて苛酷で、同程度だったのではないかと思われることは付記しておきたい[43]。

台湾人は合格しにくいというイメージが生まれていたこともあって、そのような関門を突破して入学するということは、内地人に打ち克って入学したということをも意味するものであった。しかも入学した学校が、「国家を背負って立つ気概と責任感をはぐく」むという方向性のある教育を行っていた高等学校[44]なのである。つまり、台北高校の入試の困難さも教育内容も、そして教育の理念も、台湾に根付いていた「社会的リーダー階層」という観念に通ずるものであったため、その入学者をその階層の一員と位置づけやすかったと思われる。

高等学校高等科の台湾人卒業者の数自体は台湾人社会全体としてみれば少数であったが、少数であったからこそ、周囲はそのような位置づけを与えたとも考えられる。初等教育を受けただけで職業に就いた者にはそのことは必ずしも実感できたわけではなかったように思えるが、その人たちも、中等教育入学者の大半があこがれて進学できない学校であることは知っており、尊重すべきものであることも知っていた。また戦後教育世代の人たちには、学校制度による印象はほとんどなかったと思われるが、年長者の影響から卒業生たちに別格な印象をもったと思われる。

そして、「矜恃」が培われた背景には、生徒と一般の人々との間の意識の往還があったということも重要である。鄭麗玲は当時の高等学校について次のように書いている。「高校高等科の厳しい入試に合格すると、学生たちは学術、技術の殿堂で学ぶエリートとみなされた。学校では自由を与えられ、時に『バカ騒ぎ』に近いことをしても社会の多くの人々はそれを寛容に受け入れていた。」[45]もちろん、「社会の多くの人々」には、台湾人も含まれている。つまり、台湾人を含む生徒たち（訳文では学生たちとなっている）を、市井の台湾人も身近な存在と感じ、その文化を寛容に受け入れていたのである。そのことは、内地人が敗戦に伴って日本に引き揚げたあとも、台湾人社会の中に旧制高校卒業生に対する評価が残った一因である。

辜振甫と李登輝は、そのような集団に属し、台湾の財界のトップと政界のトップの座についていたのである。二人がその地位にあることは、日本統治時代の教育を知る年齢層の人々にとって受け入れやすいものであった。そして、辜振甫も李登輝に指名されたことによって、李登輝とともに国家のために働く表舞台に身を置くことになった。

一九九三年当時、司馬遼太郎は台湾に行き、『台湾紀行』を執筆したが、李登輝と会ったときに、李登輝を旧制高校生のイメージで捉えている。

「話しているうちに敬語が面倒になってきたのか、それとも私に親しみを覚えてくれたのか、旧制台北高校の学生ことばになった。」という部分が出てくる。さらに三月末に台湾をまた訪れるという話題になったとき、「『こんどは、どこへゆく?』と、〝旧制高校生〟がきいてくる。」という叙述が現れる。[46]

司馬遼太郎は、同時代に大阪外国語学校の生徒であったので、李登輝に備わっている「矜恃」や「自由」「自治」の気風を感じ、それが旧制高校生にダブって見えたのではないだろうか。一九九〇年代という、日本でその雰囲気を漂わせる人が非常に少なくなった時期にであったので、司馬の琴線に触れたのかもしれない。李登輝のその雰囲気は、日本教育世代、戦後教育世代を分かたず、台湾人社会では台北高校の教育のイメージに抵抗がなかったことが反映していたためだと考えられる。

四、辜振甫と李登輝の人物像

筆者が、辜寛敏氏の講演で衝撃を受けた理由の一つは、当時、辜振甫の海基会での真の役割の不透明さが、この講演で払拭されたことにあった。講演では辜振甫の考えがかなり明瞭に示唆されたからである。すなわち辜振甫に中台統一を実現する意思がない、という説明であった。これは弟である辜寛敏氏の説明によるものであったので、説得力があったのである。講演を聴いた台北高校卒業生たちに安堵の気持ちが広がったのも同様の理由である。

しかし、筆者にはもう一つの衝撃があった。辜振甫と李登輝が台北高校の同窓であるということが政治的に大きな意味をもっていることにも気づかされたのである。つまり辜振甫と李登輝の間柄に、台北高校教育に由来する「矜持」と同窓ならではの阿吽の呼吸とが感じ取れたということである。そして、その「矜持」には、中台統一の意思がないという基本的な考えと結びついていた。

そのことを読み解くには、当時、辜振甫と李登輝がどのように理解されていたか、そして対中国関係がどのように理解されていたかを知ることが必要である。幸いなことに、ちょうど一九九三年三月に日本で発行された『台湾百科　第二版』（以下、『百科』）で、当時の基本的な理解を拾い出すことができる。

当時、対中国関係についての総統李登輝の政策は次のように理解されていた。前総統・蒋経国晩年の路線を継承し、慎重に交流を拡大して安定した平和共存の関係を築こうとしている、というものである。但し、同書では「李登輝の意図のようである。」と、「ようである」という表現が用いられており、当時、李登輝の真の意図は読み取れていなかった[47]。

李登輝は、行政院政務委員（農政担当）、台北市長、台湾省主席、副総統（一九八四年）を歴任し[48]、蒋経国の死によって八八年一月一三日に総統に就任し、九〇年三月二一日に国民大会[49]で当選して五月二十日に総統就任式を迎えた[50]。その時、『百科』によれば「中国当局が民主政治と自由経済制度を推進し、台湾海峡での武力行使を放棄するなら、『一つの中国』という前提の下で中国との対等な立場で話し合う用意があると言明した」[51]。

台湾では「国家統一綱領」「台湾地区と大陸地区の人民関係条例」（両岸関係条例）が採択され、組織としては九〇年九月に総統府に「国家統一委員会」、九〇年一一月に中華人民共和国と中華民国の関係を調整する窓口として海基会を設け、九一年一月に行政院に「大陸委員会」、二月に海基会を財団法人化した。その法人の初代董事長（日本の理事長に相当）に李登輝が選んだのが、辜振甫であった[52]。中国もそのカウンターパートとなる海協会を設立し、民間機関の形で交渉を行おうとしていた[53]。

辜振甫は中国に親近感があるという印象を多くの人にもたれていたため、中台統一を推進しようとしていると理解されていた。政商のイメージも強く、国民党に取り入りながら、私腹を肥やすために中華民国政府に関わるようになったというイメージが先行していた。従って当時、辜振甫は李登輝との関係を利用して中華人民共和国との交渉で巨利を手にするのではないか、と一部の政治勢力から疑われていたわけである。

それどころか、『百科』では、台湾セメントの会長兼社長、中国信託グループの総帥、大地主出身の財界代表者であるとして、次のように批判的に紹介されている。父親は辜顕栄《こけんえい》で、鹿港《ろくこう》の豪族であり、台湾統治の最初に、日本軍の台北入城に協力した。その功績によって屈指の大地主、政商となり、一九三四年には貴族院議員に勅選された。辜振甫は、一九五三年に、農地改革で台湾セメント会社含む四大官業が地主に払い下げられたのを機に商工業界に転身し、地歩を固めた。業界、財界及び政府・国民党の要職を歴任し、政治活動にも深く関わっている。そして次のように書く。「いわば親子二代にわたり、二つの時代の権力と癒着して名利を博した政商的企業家である」[54]。まさに罵倒である。

伊藤潔によれば、一九九三年当時、民進党も辜振甫に対して「台奸」「売台一族」と批判していた[55]。そのため、辜振甫が中華人民共和国との統一交渉を加速させるのではないか、という観測が一般的だったと思われる。講演の会場に列席していた同窓生とその夫人たちの多くも同じ気持ちを持っていた。しかし、伊藤潔の論考は、辜振甫について「『海基会』の理事長に就任したときから、すでに余生を国家に捧げる決意を固めており[56]」と書いており、その評価に疑問を投げている。なお、当時筆者は、旧制高校教育のありかたから見て、卒業生の辜振甫が台湾を裏切るようなことがありうるだろうか、という疑問は持っていた。

以上のように、当時、李登輝は、中台統一問題を不透明にしながら、中華人民共和国との平和共存の関係を築こうとしていると理解され、一方の辜振甫は、「台奸」「売台一族」と批判されていた。

本省人の多くは、李登輝は台湾生まれの本省人であるので、統一を推進するようなことはないだろうと、漠然と信じていたが、中華人民共和国との関係を統一に向けようとするのかどうかは、実のところ読み取ることができておらず、そこへ一九九〇年に海基会董事長に本省人辜振甫を選んだわけである。李登輝の真意を理解していた人は少なく、多くの人は不安感を持った。しかも、多くの外省人たちは、李登輝は中華人民共和国との統一を目指していると信じていたのである。

しかし、辜寛敏氏の講演によって、筆者には、前述のように、辜振甫と李登輝の間に台北高校の同窓であればこその共通意識が感じられたのだった。それは、中華民国を、というよりも台湾を中華人民共和国に飲み込ませないという基本的な感覚である。当時、筆者はまだ、台北高校のことを「自由」と「自治」の面では理解していなかったため、台北高校の校風の影響ということには思い至らなかったが、今ふりかえってみると、二人の台湾意識の根本には「自由」と「自治」という、台北高校由来の共通の理念があったのではないかと思われる。

そのような台北高校という視点を加えて辜振甫をみると、伊藤潔の論考中の説明は納得のいくものである。辜振甫は日本との経済関係を維持するための「東亜経済人会議」の台湾側の委員長で、日本の財界にも知られていたが、日本との商取引関係は一切持っていなかった。その「地位の利用を潔しとしない性格」は台北高校卒業生の「矜持」であったように感じられるが、伊藤は、李登輝がそれを評価したのではないかとみたのである。[57] 伊藤によるその情報が正しいとすれば、李登輝から期待されたことは、いわば「国家を背負って立つ気概と責任感」という旧制高校の教育[58]の成果を体現することであったとも理解することができる。

もちろん台北高校出身者であるからと選んだのではなく、条件を満たした人材が、必然的に台北高校出身者しかいなかったということだろう。当時の台湾では、この難しい大役をこなせる本省人で、社会的地位が高く、かつそのポストを商機としない人材を選ぶとすれば、辜振甫しかいなかったということであろう。

五、辜振甫の矜持

辜寛敏氏の講演は、漠然と広がっていた辜振甫に対する不安感を台北高校の同窓生たちから払拭するものであった。しかしそれとともに、筆者に感じられたのは、辜振甫が李登輝との間の暗黙の合意の下に、中華人民共和国と交渉をしようという強い意志がある、ということであった。この点については、先に辜寛敏氏の提起した話題を分析してから説明することとしたい。

講演の話題は、両岸問題と辜振甫の本心という非常に微妙な政治的話題が語られていた。言論が自由になった台湾とはいえ、それがいつまで続くのかまだわからないような状況の中で、このようなことが、台北高校卒業者とその同伴者の間で行われ、情報が共有されている、ということに驚きを感じたとともに、政治的な危険がないのか、ということも気になった。

講演の主要な点は、辜振甫が董事長を務める海基会の秘書長の更迭の解釈であった。当時、一年経つと、秘書長が交代するということが繰り返されていた。辜振甫の董事長時期すなわち、辜振甫の亡くなる二〇〇五年一月[59]までの歴代の秘書長は、ネット情報で確認できる範囲[60]で、陳長文（一九九一年二月～）、陳栄傑（一九九二年二月～）、邱進益（一九九三年三月～）、焦仁和（一九九三年一二月～）、許恵祐である。一九九三年の時点ですでに三人目となっていた。そのため、中国側との交渉で不十分な点があるため、秘書長を交代させているのではないか、と多くの人が疑っていた。

伊藤潔によれば、一九九三年四月のシンガポールでの第一回辜汪会談の前に、総統府副秘書長邱進益を三段階降格させて海基会の秘書長に就任させ、三月、四月の二回にわたる予備会談に臨んだという。つまり無理に起用したほど有能な事務職員だということである。しかし邱進益は、シンガポールからの帰国後日を経ずして辞意を表明したという。その状況は、交渉の過程を通じて、「台湾側があまりにも多くの制約に苦しんだことを示すもの」だという。辜振甫は一九九三年七月の時点で李登輝とともに邱進益の慰留に努めていると書かれている[61]。

伊藤が述べたこの展開は、秘書長の更迭は交渉を進めないためだ、という辜寛敏氏の説明と矛盾していて興味深い。邱進益も一九九三年末に辞職しているので、辜寛敏氏の説明が正しければ、実は有能な人材を退職に仕向けるという辜振甫の意図があったと考えられる。伊藤潔が表面的にしか把握していなかったか、あるいは正確に把握していても公表できなかったというところであろうか。

辜寛敏氏の講演は、参加していた台北高校の卒業生たちに辜振甫に統一の意思なし、ということをぎりぎりの線で伝えたものであったと解釈できる。同窓生である上に、戦後、日本で台湾独立運動に携わっていたこともある同氏の講演であるため、この講演は会場で信頼性が高いと理解されたように思う。[62] 辜寛敏氏は一九二六年一〇月生まれ、一九四四年四月台北高校高等科入学、一九四六年三月卒であり、[63] 先輩でもある兄辜振甫を支援しようとする意図もあったのかも知れない。辜振甫は、さきの「台奸」「売台一族」という批判を自分にした民進党立法委員（日本の国会議員に相当）に対して、「人間は才能のほかに、人徳もそなえなければならない」と伝えるにとどめていたが、[64] 弟の辜寛敏氏は、その批判に当時記者会見の席で怒りをあらわにしたと伝えられているからである。[65]

辜振甫と李登輝の間に筆者は暗黙の合意があるように感じたと述べたが、それは、中華人民共和国との向かい方のスタンスである。辜振甫に備わる「矜恃」を李登輝が感じ取り、辜振甫が妥協して統一する方向に交渉を進めることはない、と李登輝が確信していたのではないか、表向きの中台統一推進の裏に、そのような暗黙の合意があったと感じられたのである。

ところが、同窓生にさえ、辜振甫と李登輝が中華人民共和国に向かう時の真意は読み取れていなかった。今でなら、そのように隠し通したということに、辜振甫だけでなく李登輝の「矜恃」をも感じ取ることができる。しかし当時は、台湾のためには人々から誤解されることも覚悟の上というところだったのだろう。辜寛敏氏はおそらくそのことを察して、講演でこの話題を述べた訳である。台北高校出身者の間ではこの講演一つで誤解が解けた人も多かったのではないだろうか。

二人は台北高校の同窓であったが、辜振甫が先輩で、李登輝は同じ時期に在籍したことはない。但し、李登輝が台北高校の生徒であったときに台北帝大卒業直後の辜振甫と接点があった可能性はある。李登輝は、一九二三年一月生まれで、淡水公学校高等科を経て、私立の淡水中学校から四修で一九四〇年四月に台北高校文科甲類に入学している。戦時下による在学期間短縮のため一九四二年十月に京都帝大農学部農業経済学科に入学した。終戦後、一九四六年四月一日に国立台湾大学農学院農業経済学系に編入され、卒業後一九四九年八月一日から農学院の助教となった[66]。辜振甫は、六年早く一九一七年一月生まれ[67]、台北高校尋常科を経て高等科を一九三七年三月に卒業しており、台北帝大文政学部政学科を一九四〇年三月に卒業している[68]。

そのような間柄であるにもかかわらず、辜振甫と李登輝の間にどの程度の合意があったかは、興味深い問題である。中華民国が中華人民共和国に飲み込まれないようにするという目的に沿った対話は緊密になされていたと思われるが、一九九〇年代前半はまだ李登輝の政治基盤が安定しておらず、台湾独立についてはお互いに本心は知らず、探ろうとしなかった可能性が高い。政権の中枢にいる人間は、私的な場でも本心を語ることは危険な状況であったと思われるからである。台湾独立の方向性については同窓ならではの阿吽の呼吸があり、暗黙の合意に任せていたのではないか、と筆者は推測するのであるが、どうであろうか。

台湾は言論が自由になったといわれていたとはいえ、彼らは監視下に置かれ、思想的な問題はまだ危険な状況だった可能性が十分にあった。そうしたことはあり得ないと思う人も、恐らく現在はいると思うが、一九九〇年代半ばの台湾は、民主化されているようでいて国民に対する監視網がなお生き続けていた。一例をあげれば、筆者の友人の一人は、陳水扁が一九九四年から一九九八年に掛けて台北市長の任にあったとき、台北市の要職に就いていたが、あるとき自宅の電話が常時盗聴されているということに気づいたと語っていた。

一九九〇年半ばでも、まだそのようなことがある状況であったので、一九九〇年代はじめに、李登輝と辜振甫が台湾独立に関わる内容を話し合って露見すれば、政権運営に支障を来すどころか、失脚する可能性が高かった。李登輝の台湾独立志向は、総統在任中は全く表明されることがなく、民主化の推進者とは理解されていても、将来にどのような展望を持っているかは不明だったのであった。

その後の展開を知っている現在から見ると、辜振甫は、登用した李登輝の期待に十分に応えたことは明かである。そしてそれは次第に台湾のなかでも理解されていった。一九九三年四月の第一回辜汪会談の時点では、多くの人が辜振甫の意図を警戒していたが、一九九八年一〇月の第二回辜汪会談（上海会談、北京訪問）では、むしろ多くの人が辜振甫なら中国との距離が縮まることはあるまいと安心感を持っていたことに気づかされる。

第二回会談直後の一〇月二〇日付けの『産経新聞』には、辜汪会談の特集記事に次のような部分がある。台湾の李登輝総統は「辜振甫氏と二人三脚で外交巧みな中国と厳しい交渉を続けているのが現状だ」と解説し、国民党幹部の言葉として、李登輝の総統在任中は現状が大きく変わることはないだろうが、「頼れるこの二人がいなくなった後が心配だ。大陸当局もそれを待っているはずだ」という談話が掲載されている。[69]一〇月一六日夕刊の『産経新聞』は、一五日の夜、上海市内の劇場で京劇を鑑賞した辜振甫を「京劇ファンである」と紹介し、上海では舞台で京劇「国のため」など三曲の謡を披露し、「文字通り台湾を代表して会談に臨んでいる意気込みを表していたとみられている」と伝えている。[70]中国文化を深く理解する辜振甫は、中国としては交渉のしにくい相手であったと思われる。

辜振甫の中国を相手にした一連の行動の様子には高度な交渉能力を感じさせられる。交渉の展開は、総統と董事長が台北高校同窓という間柄でなくても理屈の上では可能ではあったろうが、その役割は、現実には当時他の誰にも担えず、台北高校がなければ台湾には担える人材がいなかったとさえ思わせられる。

辜振甫は、李登輝政権から陳水扁政権への移行の際にも更迭されず、董事長を務め続けた。このことはかつて強く批判していた民進党の側でも、辜振甫がどのようなスタンスで中国と向き合っているかの理解が進んでいたことを示していると思われる。

二〇〇五年一月三日に亡くなるが、国立国父紀念館で行われた政府による追悼式では、陳水扁総統が「台湾の社会が最も尊敬した人物」と最大級の賛辞を送り、国家への貢献を称える「褒揚令」が読み上げられたと伝えられている。[71] つまり辜振甫は、「統一」を推進する役職にいながら、着実に台湾を中国から引き離していたと理解されるようになっていたわけである。亡くなる時点での辜振甫は、わずか一〇年ほど前に「台奸」「売台一族」と罵倒していた民進党側から、中国との統一交渉を滞らせた功労者と理解されるに至っていたのである。

評価が逆転したことは、終戦前後の台湾史の研究が進んだこととも関係しているのかもしれない。現在の日本のウィキペディアには、「〔辜振甫は、〕日本降伏時に日本軍の中宮悟郎や牧沢義夫らと台湾独立を画策、台湾総督の安藤利吉に協力を持ちかけたが拒否され、一九四六年に逮捕、国土不法占拠共謀罪で二年二か月の禁固刑を受ける」という情報が書かれている。[72] 海基会の董事長に就任した一九九〇年当時、そのような情報が共有されていれば、あるいは同窓生たちも心配はしなかったかもしれない。伊藤潔が一九九三年七月に『文藝春秋』に書いた文章にもほぼ同様の独立画策の事実が書かれているのだが、[73] 台湾ではまだしばらくは理解が進んでいなかったように思われる。尤も、その情報が台湾で広く共有されていれば、一九九〇年に海基会の董事長になることもなかったかもしれない。

さて、ここまで述べてきた辜振甫の姿勢・態度は、前述の「ノブレス・オブリージュ」すなわち「エリートたる者が負わなければならない社会的責任感」が機会を得て発揮されているように感じられる。[74] 本稿で使っている「矜恃」は、「ノブレス・オブリージュ」そのものではなく、それを発揮しようとする心のあり方だといってもよいのかもしれない。

六、終わりに

本稿では、台北高校の教育が台湾の民主化にどのように貢献したか、辜寛敏氏の講演を糸口に、辜振甫の活動を例として「矜恃」という切り口から捉えようとしてきた。

民主化が達成され、次第に成熟に向かっている現在、改めてふりかえってみると、その基盤の一つとしての台北高校の存在は、台湾の民主化に様々な面で大きな影響を与えていたように感じられる。台湾に台北高校があり、台湾人の俊才を集めて育てあげたわけだが、それとともにかつて台湾人一般庶民がその生徒たちの学校生活を身近に感じていたことも、一九九〇年頃の台湾社会一般にかなり影響を及ぼしていたことは注目すべきことであろう。さきに引用した鄭麗玲の言葉に「子どものころ日本統治時代のことを口にするたびに、大人たちががっかりしたような目で私を見た」という部分があったが、そのような気持ちを持っていた多くの日本教育世代の人たちが、辜振甫や李登輝を支えていたのである。

現在の民主化された台湾の様子を見て、辜振甫らの台北高校出身者が台湾にいて、戦後教育世代ばかりでなく日本教育世代の人たちによっても支えられたことは、台湾にとって幸運だったのではないかと、筆者は思う。例えば、民進党の闘士による批判に、辜振甫が「人徳」という言葉で切り返すというような場面を紹介したが、制度設計ばかりでない。そのような文化的な厚みが、おそらくは民主化の過程の様々な局面にたびたび現れ、民主的な台湾を練り上げてきただろうと思われるからである。

筆者は本稿を結ぶにあたって、最後に台湾では官公庁や企業の大多数の定年が六五歳に設定されていることと、民主化の達成とが関係していることに注意を向けたい。台湾の定年が日本より五年遅いということは偶然であったが、そのことが一九九〇年代に台北高校の教育、そして日本教育世代の影響を台湾に深く刻みつけた一つの基盤であった。六五歳定年が台湾にとって幸運なことだったということを述べておきたい。

日本では、旧制高校の最後の入試は一九四八年に行われたが、新制度への移行措置があったため、旧制高校生として卒業を迎えたのは一九四七年入学者までであった[75]。一九三〇年頃に生まれた人たちが、最後の旧制高校生となるが、公務員や、企業に勤めた多くの人たちが六〇歳を迎えたのが一九九〇年頃となる。その頃には多くのひとたちが実務の現場から去って行った。しかし、台湾ではそのタイミングが一九九五年頃だったのである。

日本では、旧制高校、旧制専門学校の卒業生の多くが実務から退いた時、日本の社会が大きな変革の時を迎えたと捉える見解は多い。

喜多由浩は、経済の面からこの社会変革を語っている。最後の旧制高校世代が現役を離れた頃から、時期を合わせたかのように日本の凋落が始まり、いわゆる「失われた二十年」がやってきたという見方を提示しているのである。その点に関して、かつて経団連の会長であった今井敬氏は、その見方に疑問を呈した一方で、戦後の平等主義はリーダーがでにくくなった、と語ったという[76]。

筆者も、二〇〇七年一二月一日のシンポジウム「〈戦後〉は終わったか?」で、旧制高校卒業生の現役引退の問題を論じている。[77] 日本の戦後はいつ終わったか、というテーマであったが、筆者は戦後が終わったのは、旧制高校、旧制専門学校の卒業生が社会の一線から退いた一九九〇年から一九九五年までのあたりだという見解を示した。日本の組織の年齢的上下関係から社会の上層部に旧制の学校出身者が占めていた間はその威光が届き、その世代が実務を退いたところで、旧制高校などの教育の遺産が消滅して、戦後が終わったと捉えたのである。

台湾では事情が違い、一九九〇年は、旧制高校、旧制専門学校の卒業生は一九九〇年はまだバリバリの現役であった。一九四五年に一五歳だった人たちは、一九九〇年に六〇歳、一九九五年に六五歳であった。つまり旧制学校制度の育んだ価値観、雰囲気が台湾社会の実務の場に日本よりも長く残っていたのである。日本における社会変革の経験は、民主化によって形成されてゆく台湾社会の姿を、かつての台北高校で育まれた価値観が左右したという見方を投げかけている。

李登輝は、一九八八年一月一三日に副総統から総統に昇格した時に六四歳、国民大会での選出を受けて就任した一九九〇年五月二〇日には六七歳、一九九六年三月の総統選の時は七四歳であった。李登輝が辜振甫を海基会の董事長に選んだ一九九〇年は、かつての台湾の最難関の台北高校の先輩後輩の関係を読み取れる人たちがまだ数多く現役だったのである。辜振甫は一九九〇年九月、海基会の董事長となった時に七三歳であった。

民主化の唯一の機会が一九八〇年代末に訪れたときのことを台北高校に注目してみるならば、卒業生たちが定年前に時を得て活躍し始めた訳である。そして、一九九〇年代前半は、現在の姿の民主化へ向かう方向を決定づけた。司馬遼太郎は、李登輝総統の姿に旧制高校生を見たことによって、多くの日本人に、遠い過去になりつつあった旧制高校を生き生きと思い出させた。しかしそれは決してノスタルジアのレベルの問題ではなかった。一党独裁的な権威主義政治体制世界から民主主義体制への無血の革命という、世界で初めての偉業の達成がその後に続くのである。そして実はその展開の過程には、李登輝一人の存在ではなく、多くの台北高校出身者の存在と彼らを支えるつながりがあった。

付記

本稿執筆にあたって、本書の執筆者である高崎経済大学准教授石井清輝氏から辜振甫に関して提供された資料が大変役立った。また、国立台湾師範大学教授蔡錦堂氏、台北高校の同窓会の一つであるしょうへい会（蕉兵会）の世話人の高橋潤子氏、及び台湾在住の阿部由理香氏からも情報をご提供いただいた。記して感謝の意を表する。

＊注

1 録音に基づくものではなく、記憶で再現したものである。台湾には、台北高校の同窓会として、日本の蕉葉会とは別に、台高会があり、また毎月第三水曜日に「三水会」と呼ばれる会合が開かれていた（『蕉葉会報』一九九三年一二月第六七号、四頁）が、三水会の会合であったかどうかは確認できていない。

2 近年、台湾では台北高校の存在が非常に注目されるようになったが、それは、李登輝をはじめとする台湾人卒業生が行政、実業界、大学で活躍している、という事実が情報として共有されるようになったからである。そしてそのことが多くの人の目にとまるようになったのは、蔡錦堂氏が台北高校を研究テーマとして取り上げたことが大きい。現在は国立台湾師範大学図書館に台北高等学校資料室が作られている。また、台北高校を全体として扱った学術書に、徐聖凱『日治時期台北高等学校菁英養成』（国立台湾師範大学出版中心、二〇一二年、全三〇七頁）がある。

3 二〇一八年一一月二一日には、国立台湾師範大学では、校務会議で台北高校を前身校と認定し、公式に歴史を継承するに至った（公

共事務中心胡世澤報導「校務会議通過校史溯自1922年台北高等学校初創」『師大校訊』二九四期（二〇一九年一月発行）。蔡錦堂教授の教示による）。

4 鄭麗玲（河本尚枝訳）『躍動する青春　日本統治下台湾の学生生活』創元社、二〇一七年、一〇頁。原本は鄭麗玲『躍動的青春　日治台湾的学生生活』蔚藍文化出版、二〇一五年。

5 鄭麗玲、前掲、一八頁。

6 鄭麗玲、前掲、二四頁。

7 秦郁彦『旧制高校物語』文藝春秋、二〇〇三年、三五―三七頁。

8 大学令（大正七年十二月六日勅令第三百八十八号）第四条で、帝国大学、官立大学、公立大学、私立大学が定められた。帝国大学令は、大学令の下位法令で、第一条において「帝国大学ハ数個ノ学部ヲ総合シテ之ヲ構成ス」と規定している。

9 喜多由浩『旧制高校物語　真のエリートのつくり方』（潮書房光人新社、二〇一九年）は書名から明らかなように旧制高等学校をエリート養成機関と位置づけており、「文庫版のまえがき」でも、旧制高等学校について、「国家を背負って立つ気概と責任感をはぐくみ、いざとなれば一身をなげうって、国と国民を守る「真のエリート」を育成するのが旧制高校教育の神髄であった」と書かれている（四頁）。

10 汪知亭『台湾教育史資料彙編』台湾商務印書館、一九七七年、九〇頁。訳文は筆者の訳したもので、次の論文中からとった。所澤潤「社会的リーダー階層と台北高等学校―台湾人生徒にとっての入試と「立身出世」」蔡錦堂主編『台北高等学校創立90週年国際研討会論文集』二〇一四年、国立台湾師範大学台湾史研究所、二三七頁。

11 例えば、黄伯超「台籍台北高校畢業生対戦後台湾発展之貢献」（蔡錦堂主編、前掲、二〇一四年、九―二〇頁）に多くの卒業生の活躍が取り上げられている。但し、高等文官試験で司法省に合格した張有忠氏が取り上げられていないなど、洩れはかなりあると思われる。

12 秦郁彦、前掲、四五、四六頁。

13 所澤潤「大学進学の始まりと旧制高等学校教育の起源―明治七年三月のモルレーの建言のもたらしたもの―」『東京大学史紀要』第一四号、東京大学史史料室、一九九六年、一九―五八頁。東京大学百年史編集委員会編『東京大学百年史　通史一』（東京大学、一九八四年、四一四頁。以下の新谷の論文については四九頁で言及）では、当時の東京開成学校が東京大学法理文学部に改称される際に、東京英語学校を東京大学予備門に改称して東京大学法理文学部の附属にしたと説明されている。一般書ではこの説明に沿っているものが多い。また新谷恭昭はその説明を改め、「東京大学予備門成立過程の研究」（『東京大学史紀要』第三号、一九八〇年、九頁）で、東京大学予備門は東京英語学校と東京開成学校予科の課程を「微妙に組みあわせて編制した」ものと捉えている。筆者（所澤）の論文（一九九六年）は、モルレーの建言によって一八七四年九月に東京開成学校予科の課程が後の高等学校教育の枠組みとなる普通教育に改められており、一八七七年に東京大学予備門と改称される際には、予科の部分を上級、東京英語学校の部分を下級として合体したことを明らかにしている。

14 岡崎冬彦「エリート教育　高校大学一貫制で」（「地球を読む」）『読売新聞』一九九九年一一月二二日（http://www1.cnh.ne.jp/sassaki/kokoro5.htm、二〇二〇年一二月二三日閲覧）。

15 喜多由浩、前掲、二〇一九年、七頁。

16 秦郁彦、前掲、八七―九〇頁。筆者は、東京高等学校が蛮カラとは異なる校風であったと言うことを耳にしたことはあるが、資料などで確認してはいない。

17 喜多由浩「台湾日本人物語　統治時代の真実　15」『産経新聞』、二〇二〇年一〇月一四日、九面、オピニオン欄。

18 『台湾総督府台北高等学校一覧　自昭和二年至昭和三年』台湾総督府台北高等学校、一九二八年、一一四頁。

19 秦郁彦『旧制高校物語』文藝春秋、二〇〇三年、一五八頁。

20 鄭麗玲、前掲、六、八五頁。

21 所澤潤・張寛敏「聴取り調査：外地の進学体験（Ⅱ）台北一師附小、台北高校、台北帝大医学部を経て、台湾大学医学院卒業」『群馬大学教育学部紀要　人文・社会科学編』第四四巻、群馬大学教育学部、一九九五年、一四〇、一六六頁。引用にあたって、誤字や一部の符号を修正した。当時の校長名として「谷本か」と書かれているが、一九四一年八月以降であれば校長は下川履信である。この対応は谷本清心（きよむね）の可能性が高く、一九四二年四月に高等科に進学した張寛敏氏は尋常科にいたときに、このことを経験したのではないかと思われる。下川校長の着任期日は、国立台湾師範大学の開設するホームページ「台北高等学校」の日本語版の「歴代校長」による（二〇二〇年一二月二七日閲覧）。

22 鄭麗玲、前掲、四四頁。

23 所澤潤・呂燿樞「聴取り調査：外地の進学体験（Ⅴ）石光公学校から、台北高校尋常科、台北高級中学を経て、台湾大学医学院卒業」『群馬大学教育学部紀要　人文・社会科学編』第四七巻、群馬大学教育学部、一九九八年、一八三、二五六頁

24 呂燿樞氏談。聴取りの文字化はされていない。

25 筆者が聴取りを行った公学校卒業・尋常科入学の呂燿樞氏（一九四一年四月尋常科入学）は、筆者に出会って、新竹中学校出身の彭錦鷲氏、沈浤淵氏らの聴取りに立ち会うまで、台湾の学校において内地人と台湾人の間で民族的な軋轢があったということは全く知らなかったと語っていた。呂燿樞氏は、内地人児童のいない公学校で学び、その後台北高校尋常科に入ったため、多くの中学校で起こっていた内台人間の対立の洗礼を受けなかったのである。このことは台北高校尋常科がその意味で非常に特殊な学校であったこと

を物語っている。

26 喜多由浩「台湾日本人物語　統治時代の真実　15」『産経新聞』、二〇二〇年一〇月一四日、九面、オピニオン欄。

27 鄭麗玲、前掲（原本）、二〇一五年、三九頁。

28 市川昭午『エリートの育成と教養教育 ― 旧制高校への挽歌』東信堂、二〇二〇年、一六八頁。

29 喜多由浩、前掲、二〇一九年、四頁。

30 喜多由浩、前掲、二〇二〇年。

31 貝塚茂樹ほか編『角川漢和中辞典』角川書店、一九五九年初版（一九七九年一八七版）、七六四頁。矜恃の項目は「①自分のおこないに誇りを持つ。②矜持③に同じ。」、矜持の項目は「①自分をおさえ慎む。②みずから自分をかざる。③頼みとするところがあって尊大にかまえる。」

32 喜多由浩（前掲、二〇一九年、八頁）に用いられた訳語を使用した。

33 市川昭午、前掲、一〇、二六一―二六九頁。

34 台湾の中等教育機関、高等教育機関では、台湾人の入学を制限していたことが、入学者数の著しい少なさから見て明らかな学校がほとんどであった。その中で台北高校高等科は、比較的入学者が多いため、実態が不明であった。筆者が二〇〇四年、亡くなる直前の呉守禮氏（一九三〇年三月卒業）に会った時、呉守禮氏は、台湾で唯一入学差別のない学校だと、それが台北高校の誇りであるように話していた。しかし終戦時に台北高校に教授として在職していた高峯一愚氏は、最後に書類を始末していて、台北高校でも入学制限をしていたことを知ったと語っている（所澤潤・高峯一愚「聴取り調査：外地の進学体験（Ⅸ）・特別篇　台北帝国大学学生主事補・台北高等学校教授の体験を中心に」『群馬大学教育学部紀要人文・社会科学編』第五三巻、二〇〇四年、七六頁）。なお中等教育、高等教育機関の入学制限に関しては、明確な規定や通達のようなものは今の時点（二〇二〇年一二月二七日）では全く発見されていない。

35 辜振甫の台北高校尋常科入学には政治的判断があったのではないか、と一九九〇年代前半、筆者はなんとなく疑念を持っていた。父の辜顯栄は、日本が台湾を領有した際の最大の功労者とも言われる人物で、貴族院議員にまでなっていたからである。一方で、台北高校の尋常科はすでに述べたように、台湾人の入学が一割ほどで、極度の難関であり、並外れた能力がなければ合格できなかったからである。筆者は、この点について、知り合った台北高校の何名もの台湾人卒業生に尋ねてみたが、皆一様にその疑念を否定した。もちろん、そのような地位に上り詰めた同窓生を悪くいうということは通常はないと思われるが、同時期に在籍していた、一九三二年四月高等科入学の蔣松輝氏も、一九三三年四月高等科入学の陳漢升氏も、辜振甫はきわめて能力が高く、尋常科に入学したのは当然だという印象を持っているということであった。

36 台北第一高等女学校出身の陳瑳瑳氏談。

37 所澤潤、前掲、蔡錦堂主編、前掲、二三五頁。
38 この点は、所澤潤（前掲、二〇一四年、二六〇頁）で、既に述べた見解である。
39 呉文星著・所澤潤監訳『台湾の社会的リーダー階層と日本統治』、財団法人交流協会、二〇一〇年、二八―二九頁。
40 呉文星、前掲、二二八、二九四頁など。
41 所澤潤・張寬敏、前掲、一五二―一五三頁。
42 所澤潤・呂燿樞、前掲、一九二、二〇九―二一〇頁。
43 所澤潤・木村元「日本の近代小学校と中等学校進学―東京市公立進学有名小学校の変化の事例に即して―」『東京大学教育学部紀要』第二七巻、一九八八年、三三一―三五一頁。
44 喜多由浩、前掲、二〇一九年、四頁。
45 鄭麗玲、前掲、四二頁。
46 司馬遼太郎『台湾紀行』（街道をゆく四十）、一九九四年、一〇八、一一〇頁。
47 若林正丈・劉進慶・松永正義編著『台湾百科　第二版』大修館書店、一九九三年、九頁。
48 若林正丈・劉進慶・松永正義編著、前掲、七二頁。
49 若林正丈・劉進慶・松永正義編著、前掲、五七頁では、次のように権限等がまとめられている。国民の政権行使の最高機関。総統、副総統の選出および解任、憲法改正、立法院の提案する憲法改正の承認などを行う権限を持つ。
50 伊藤潔、前掲、一九九六年、一一一―一一二頁。
51 若林正丈・劉進慶・松永正義編著、前掲、八九頁。
52 若林正丈・劉進慶・松永正義編著、前掲、九〇頁。
53 若林正丈『台湾の政治―中華民国台湾化の戦後史』東京大学出版会、二〇〇八年、三八二頁。
54 若林正丈・劉進慶・松永正義編著、前掲、一三三頁。劉進慶執筆部分。その情報にウィキペディアなどからの情報で補足した。
55 伊藤潔「中台和解「台奸」と呼ばれた愛国者」『文藝春秋』一九九三年七月、三一五、三二〇頁。
56 伊藤潔、前掲、一九九三年、三二三頁。
57 伊藤潔、前掲、一九九三年、三一八頁。
58 喜多由浩、前掲、二〇一九年、四頁。
59 「辜振甫」維基百科（自由的百科全書）、二〇〇五年一月三日歿とある。
60 歴代の順序は「新聞背景：台湾海峡交流基金會」二〇一三年六月一九日「中國新聞網　發表于財經」より。原文網址：https://

kknews.cc/finance/v9x5xg4.html（二〇二〇年一二月五日閲覧）。また各人の任期は「維基百科」（自由的百科全書）（二〇二〇年一二月五日閲覧）。

61 伊藤潔、前掲、一九九三年、三三二―三三三頁。

62 若林正丈ほか、前掲、一九九三年、二三一頁（劉黎児執筆項目、若林正丈訳）。

63 張炎憲・曾秋美主編『逆風蒼鷹―辜寛敏的台独人生』、台北、呉三連台湾史料基金会。

64 伊藤潔、前掲、一九九三年、三一八頁。

65 伊藤潔、前掲、一九九三年、三一八頁。

66 伊藤潔『李登輝伝』文藝春秋、一九九六年、一八、三二、三四、四一、五四、六四、六五、二三二―二三八頁。同書によれば、以降の概略は次の通り。一九五二年からアイオワ州立大学に留学し、一九五三年四月に修士号を取得。帰国後農学院講師の傍ら、農林庁技師兼農業経済分析係長に就任し、行政に関わるようになった。一九六五年九月にコーネル大学に留学し、一九六八年五月に同大学で博士号を授与された。一九七八年六月に台北市長に就任、台湾大学兼任教授を辞任した。

67 「辜振甫」維基百科（前掲）（二〇二〇年一二月二五日閲覧）。

68 『台北帝国大学一覧　昭和十六年度』台北帝国大学、一九四一年、二七五頁。

69 「中台対話再開　両岸異夢　中」『産経新聞』一九九八年一〇月二〇日、一五版、五面。

70 「戦わずして…統一アピール　中国がシグナル?　台湾側は「謡」で〝回答〟　中台「民間」トップ京劇鑑賞」『産経新聞』一九九八年一〇月一六日夕刊、五版、二面。

71 「辜振甫」『ウィキペディア（Wikipedia）』、前掲、二〇二〇年一二月七日閲覧。

72 「辜振甫」『ウィキペディア（Wikipedia）』、前掲、二〇二〇年一二月七日閲覧。この情報に近い情報が、伊藤潔、一九九三年、前掲、三一七頁に書かれているが、「辜振甫」『ウィキペディア（Wikipedia）』（前掲）の情報は伊藤の情報より詳しい部分がある。

73 伊藤潔、前掲、一九九三年、三一七頁。

74 市川昭午、前掲、一〇、二六一―二六九頁。

75 秦郁彦、前掲、二五一―二五二頁。

76 喜多由浩、前掲、六三頁。

77 所澤潤「戦後は終わったか　―新制大学と旧制高校の観点から」二〇〇七年一二月一日講演、政策研究大学院大学。（『シンポジウム「〈戦後〉は終わったか?」速記録』中に収録。）『口述記録と文書記録を基礎とした現代日本の政策過程と政策史研究の再構築』平成一七年度〜平成一九年度科学研究費補助金　研究成果報告書（研究代表者　伊藤隆）二〇〇八年三月、七九―八六頁、政策研究大学院大学。

第三章　台湾民主化と本土化の合流と共生

李　福鐘
村上享二　訳

一、「本土化」とは

一九九四年四月、李登輝は日本の著名な作家である司馬遼太郎の訪問を受けたとき、国民党政権を素直に「外来政権」と呼んでいる。[1]当時、李登輝は国民党の現職総統であり、この発言はメディアの報道を経て、台湾の世論を騒然とさせた。二〇一六年六月一七日、九十三歳になった李登輝は国立台北教育大学で開催された「打破暗暝見天光」（暗闇を打ち破り天の光を見る）人権講座に参加した際、四百年来台湾を統治した六つの外来政権のうち、国民党政権は最後の一つだと指摘している。李登輝は一九九六年の総統直接民選選挙に至って、やっと外来政権の統治から正式に抜け出せたと認識していた。[2]

四百年にわたる台湾の歴史に関する李登輝の考えを受け入れるのかどうかは、本論文の主旨ではない。本論文が主に論じようとしているのは、一九四五年に台湾を接収した国民党政府、その「外来政権」の特徴とは何かである。そして、一九八八年の蔣経国の死去後、李登輝から陳水扁さらに馬英九総統の任期を含む、三十年に及ぶ台湾民主化の過程はどのような特徴を有するのか、また政治と社会、文化に表れる「本土化」の趨勢を明らかにすることである。

語意上「外来」と「本土」は反義語であり、前者はもともとそこで生じたのではなく、外部から移入、移植された物や対象を指している。後者はある特定の土地や、その固有の生態に属することを指す。我々が国民党政権を「外来政権」と呼ぶとき、一九四五年以前の、その政権の誕生と発展の歴史は、台湾の土地や人民、社会とは無関係であることを意味する。一九九〇年以降の三十年間、顕著に現れた「本土化」現象では、台湾の政治・社会・文化に「本土」概念が密接に結びつく状況が現れている。このような状況のもと、政治面では「台湾本位」の考えによる政策策定が、より強く求められた。国民教育の面では、台湾の土地・人民を重要な集団記憶とすることが、ますます重視されている。文化領域では、台湾を根源とする文学作品や芸術表現が、長年にわたる中国文化中心の表現領域と徐々に取って替わるか、その一部となっていった。要するに、本土化の本質にとって、民主化は論理上必然的な関連性がないにも関わらず、一九九〇年から二〇二〇年における台湾政治の発展の中、明白な両者の「共生」(symbiosis)関係が現れたと言える。この現象は目下の台湾政治、及びその未来の発展を理解する上で重要な要因となっている。本論文の目的は、この民主化と本土化の共生関係の形成に対し、初歩的な見解を示すものである。

本土化の概念は、どのような翻訳をもって、その含意を明確にできるだろうか。台湾学術界では、共通の認識に未だ達していないようである。しかし現在のところ〝indigenization〟が比較的多くの支持を得ているようである。[3] 一方、同意しない翻訳者もおり、すでに亡くなったオーストラリアの学者ヤコブ(J.Bruce Jacobs)は、本土化を直接「台湾化」(Taiwanization)と翻訳することを主張している。なぜなら、彼はその他のいくつかの候補、〝nativization〟、〝localization〟、〝indigenization〟などは語意上十分ではなく、〝

nativization〃は意味が不明確で、〃localization〃は本土化の語意を「地方化」や「地区化」のように、軽視する懸念があるとしている。また、〃indigenization〃は「原住民族」（indigenous or aboriginal population）を強調しすぎているようであり、全ての台湾人民をカバーする本土化に適した表現に達していないとしている[4]。本論文は本土化という単語をいかに翻訳するかということについて、直ちに判断を下すつもりはない。この問題を提起した主な理由は、いわゆる「本土化」の概念は、現代台湾の特殊な現象であることを読者に示すためである。そしてまた、発展中である、政治環境と文化の密接な関係は、現在の台湾を理解する上で重要な議題であるからである[5]。しかし、この関係の研究は、まだ少しずつ積み重ねている最中である。そのため最も基本である用語の定義、内包する概念は、より明確になるのを待つことになる。

　さらに、「本土化」という単語は、さまざまな政治論述のなかに現れる特別な単語と高度に関連している。例えば「台湾意識」（Taiwan consciousness）、「台湾アイデンティティー」（Taiwanese identity）、「台湾主体性」（Taiwanese subjective）などである。さらに「台湾主権」（Taiwan’s sovereignty）、「ナショナル・アイデンティティー」（national identity）などまである。これらいくつかの概念が内包する語意は同じではないが、一九九〇年代以降の台湾の政治文脈（political context）のなかで、似たような意味でも出現する。往々にして、相互に引用し、より完全な論述になるよう組み合わされている。この意味において、台湾における本土化現象の出現は、この三十年来追及してきた主権独立国家のための、政治運動とは切り離せないものである。

二、国民党政権はなぜ外来政権なのか

　上述した、四百年にわたり台湾を統治した六つの外来政権という、李登輝の観点によれば、国民党政権は

その最後の一つである。その政権が一九九〇年代に本土化のうねりにさらされる前、そもそもどのような状態で台湾に存在したのだろうか。

一九四三年一一月、蔣介石は米・英両国の招待を受けカイロ会談に参加し、会談後のコミュニケ（いわゆる「カイロ宣言」）で、戦後台湾の運命は決定された。それは、蔣介石が率いる中華民国政府による接収というものであった。米国大統領フランクリン・ルーズベルト（Franklin Roosevelt）の当初の構想によれば、戦後台湾の主権は対日講和条約により中国へ引き渡されるはずであった。[6] しかし、一九四九年、蔣介石率いる国民党政府は中国大陸を失い台湾へ退却するという、突然の事態が起きた。このとき、同盟国にとり判断の難しい次のような問題が発生している。台北の蔣介石政権は中国を代表できるのか。台湾はカイロ宣言に従い中国に引き渡される必要があるのか。また、台湾の主権問題は対日講和条約のなかでどのように処理されるのか。

純粋に中華民国政府から見ても、同様に後々まで続く厄介な問題が現れた。それは、中央政府の台湾への撤退により、中央政府の所管する領域はほぼ台湾「省」と同じになってしまったことである。金門と馬祖、二つの諸島の約一八〇平方キロメートルの土地を除けば、中華民国の領土範囲は完全に台湾省と同じである。中国の合法政府を代表するのは、依然として蔣介石政権だと自ら述べても、彼が統治する国家は台湾省と九九・五％重なることを、如何に解釈すればよいのか。

蔣介石が、この異常な状態を解決する方法は、台湾に撤退した中央政府の残余機構を保持することであった。それは、まるでミイラ（mummy）やタイムカプセル（time capsule）を作り出すことと同じように三つの国会を改選せず、全ての国会議員（立法委員、国民大会代表、監察委員）の任期を、中国に戻り選挙を実施するまで無期限に延長することであった。蔣介石に「反攻大陸」の約束を実現する方法はなく、したがって中華民国の国会は「万年国会」となり、国会議員は終身職となった。筆者の以前の研究では、この現象を中華民国政府体制の「ミイラ化」(mummification)と呼んでいる。[7]

また、蔣介石は一九六〇年の憲法改正により、憲法が定める総統の任期を一期とする制限を取消して、無制限に総統選挙に参加できるようにした。そして当時、中華民国の総統は人民による投票ではなく、三つの国会の一つである国民大会の代表による投票で選出されており、国民大会が「万年国会」となった後、蔣介石は連続して四回、全て高得票で当選している。[8]国民大会は、蔣介石に忠誠を尽くす、個人的な「御用選民」となっていた。さらに重要なのは、この一千名に及ぶ国民大会代表は皆、台湾で台湾人民に選出されたのではなく、一九四八年初に中国の各省・市・県の選挙区で選出されていることである。一九五四年に国民大会が「万年国会」となった後、これらの人々は、次第に老いていくが永遠にやめることのできない国会議員となることを運命づけられた。台湾で選出され、合法的に中国を統治すると称される総統、この恒久的な総統であろうと徐々に老いていく国会議員であろうと、全て台湾の民意とは一切関係なかった。

これはまさに、中央政府「ミイラ化」後の異常な状態である。この異常な状態が続くなかで蔣介石は、四期連続して総統を務めた後、五期目の一九七五年に死去した。そして、一九九〇年に台湾が民主化を始めようとした時、永遠不滅である国民大会代表の大多数の年齢は八〇歳を超えていた。

蔣介石は一九四九年以降、「ミイラ化」した中央政府が継続して中華民国を統治することを選択したにもかかわらず、台湾省の範囲内で制限された地方選挙も認めている。[9]そして、性質が完全に異なる、凍結保存された中央政府と、かなり開放された民選の地方政府という、四十年に及ぶ平行機構が一九五〇年代に始まった。[10]この「中央/地方」二つの政治体系は明らかに異なり、平行して存在する特異な機構である。これはまさに、上述の中央政府が管轄する領土と台湾省の範囲が九九・五%一致するという、蔣介石が対峙する矛盾を解決する方法であった。この解決策は逃げ落ちてきた「大陸人」（mainlanders）[11]に（注11にあるように、以後「大陸人」を「外省人」と記す）、権力や利益への関与を与える、一種の「方便門」（訳注：本来は仏教用語で、「教えへ導く門」であるが、ここでは「便宜を与える手段」）である。これらの外省人は、台湾で選挙に必要な社会関係や人間関係がなく、彼らは地方選挙を通して県・市・郷・鎮などの地方政府の職に就くのは非常に困難であった。しかし、中央政府の体制は凍結保存された状態に陥っていたので、百万人に及ぶ外省人は、中央政府の人事にとり好まれる集団であった。

相対的に、在地台湾人は比較的多くの社会資源と人間関係を有して地方選挙に参加し、政府機関で職に就いた。しかし、不明確な理由で中央政府の人選、特に重要な高級文官の人選において、ほとんど台湾人は選ばれなかった。最も顕著な例は、蔣経国が一九八八年に死去する以前の国民党政府は、行政院長・外交部長・国防部長・経済部長・教育部長・財政部長・法務部長・新聞局長・経済建設委員会（経建会）主任委員などの内閣閣僚や、軍事・治安を担う高級職に、台湾出身者を選出したことがないことである。さらに、少なくとも一九八三年以前、国民党内のいくつかの重要な職、例えば中央委員会秘書長・組工会主任・青工会主任・文工会主任や政策委員会秘書長に台湾出身者を充てたことはない。[12]国民党政権は、一九四九年から一九八八年の間、党・政・軍・警の主要管理職を、人口の一二％に及ばない外省人に独占させた。この状況は日本植民地政府が台湾を統治していた時期の、人員任用政策と全く同じであると、ある論者は認識している。[13]

政府の重要な職務は外省人が支配した。これは、国家機構の核心権力を、国民党政権と一緒に移動してきた外省人が手中に収めたことを意味する。この状況の背景には、事実上、国民党政権の台湾出身者に対する不信感、さらに軽視と傲慢があった。

政府の体制全体が「中央／地方」の二つに分割されるにつれ、国家機構の中央政府は、外省人が完全に掌握し、地方レベルである県市政府・県市議会・省議会と直轄市議会は、選挙で選ばれた在地台湾人に与えられた。この分割された平行機構は、外来政権としての両蔣政権の最も重要な特徴の一つである。中央政府と国会は殆ど台湾人に開放されず、この中央政府は台湾人の上に君臨することで、台湾人民といかなる関係を生じなくてもよい統治集団となることができた。この統治集団の核心は蔣介石とその腹心、そして永遠に改選の必要のない「万年国会」による、統治権力の合法的形式主義（legal formalism）であり、この「万年国会」により蔣介石は「万年総統」となった。「万年国会」は国民党政権により、ある種の神聖な名器とみなされた。それは国民党政府と中国人民が初めてかつ最後の、投票という儀式により生み出された契りであり、慎重に捧げられ保管される、ある種神秘的な「法統」[15]の象徴であった。また、「万年国会」は国民党政府が「在地化」（indigenize）を拒否するために最も便利に使われた口実でもあった。蔣介石は、実効統治領域が台湾と澎湖諸島、そして中国大陸沿岸の小島のみしか残されていないと認めることを、心理的に常に拒絶していた。この遺憾な現実状況を埋め合わせるため、かつての中国国会を台北で再び復活させることにより、最も簡単で筋の通った方法で「中華民国　≠　台湾」の証明を成し遂げた。しかしまた、このような国民党政権は、一九四九年に中国大陸を撤退する前のある時点での、あるひとつの政府体制であり、時間をカプセルに詰め込んだような凍結されたものである。これが、上述の蔣介石が中華民国中央政府体制をミイラ化するということである。蔣介石と共に台湾に来た中華民国国会はミイラを作り、中国人民との結合の継続を象徴するものとした。しかし現実には、時の流れとともに蔣介石は年齢を重ね、彼の「反攻大陸」という大志の実現は不可能となり、供物となった「法統」は、ますます漠然さを増して現実からの乖離を明らかにするだけだった。ここで述べたことは、台湾の土地、人民と社会の現実である。

これまで述べてきたことは、「外来政権」としての国民党政府の基本的な様相である。外来者は、実際に生存する土地において自己同化（assimilated）することを望まず、「法統」と称する神殿を作り出し、自らミイラに扮して神棚に祀っている。

かつて一九五三年、一人の国民党官吏は米国『ニューヨーカー』誌の記者との対談の中で、彼が中国大陸から台湾に来た後、この島で結局どのくらい生活することになるのかという不安感を話している。

いつも、何かを始めるとき、考えてしまう。菜園を作るかどうか、このような簡単なことでさえも考えてしまう。これらのトマトを植える価値はあるのだろうか。もし、私が木を植えるなら、はっきりと私の絶望を示すことになるのではないだろうか、永遠にこの地にとどまることを求めていると、認めることになるのではないだろうか。[16]

外来政権の外来政権たる所以は、最も素朴で直感的なレベルで、継続してこの土地に属することはないと感じることである。

三、民主化と本土化の合流

少なくとも二〇〇〇年から台湾学術界は、政治民主化の過程において、台湾人民は文化と政治の本土化を進め続けていることに注目し始めた。そしてこの本土化傾向は、台湾人のナショナリズムをしだいに発展させている。[17] この種の研究成果は依然、発展段階にあり、「ナショナル・アイデンティティー」や「台湾ナショナリズム」などの研究テーマと相互に絡み合っている。[18]
本論文は紙幅の関係で、一九九〇年代の民主化過程における政治体制の本土化のみを検討する。この現象の非政治的な面、例えば文化・文学・芸術・メディア・社会などに言及することはできない。
すでに上記でふれたように、一九八八年に蔣経国が死去するまで、国民党政府は台湾出身者を行政委員長・国防部長・経済部長など、中央政府の重要な閣僚の地位や、軍事と治安のいかなる高位の責任者にも抜擢したことはなかった。しかし、否定できないのは蔣経国が行政委員長や総統の職にあったとき（一九七二年から一九八八年）、すでに台湾「本省人」の、内閣や地方行政首長における比率が、大幅に高められたことである。一九七二年に徐慶鐘を行政院副院長に任命し、内政部長以外で、[19]台湾人の二人目の閣僚として、高玉樹を交通部長に任命した。また、政務委員の中で台湾人の比率も徐々に高まっていった。蔣経国が国民党内で、台湾籍の政治エリートを徐々に養成していった政策は「催台青」と呼ばれている。[20]
内閣における台湾人の比重が増えたことと、「本土化」とはまったく異なる性質のものである。中央政府の高官における台湾人の比率の増加は、一部の台湾人がこの政権の権力を少し多く分け与えられただけのことである。国防・外交・経済・教育などの、重大な政策決定に関わらない地方行政職のみの増加であり、国民党政権の全体的な本質は依然、外来のままであった。本土化とは、より多くの台湾人が政府高官に任用されることを意味することだけではなく、地元人民による統治権力（rule of the people）が必要であり、人民の上で君臨しないこと（rule over the people）が必要である。したがって、台湾の民主化は最終的に本土化の進行と結びつき、相互に提携することが必要になる。民主化の追求は、しかるべき権利と自由を人民に取り戻すことである。そしてその過程において、二人の蔣に長年忠誠を尽くす、外省人集団が支配する中央政府の権力を、台湾島において八〇％を占める台湾人の手中に徐々に移転していくことである。これは、政治面ににおける本土化にとり非常に重要な過程である。

しかし、ここで二つの問題が出てくる。一つは、中華民国中央政府はいつ、どのように「外来」を本土化に転換するのか、二つ目は、この転換の過程と民主化との関係はいかなるものかである。

すでにふれたように、外来政権としての国民党政権の最も主要な特徴は、中央政府体制全体のミイラ化である。このミイラは「万年」と称されるが、月日の流れとともに、徐々に、必ず朽ちていく。かつて蔣介石政府は、一九六六年と一九七二年の二回、「動員戡乱時期臨時条款」[21]を改正して、「万年国会」に新たな血を注ぎ込もうと試みた。[22]しかし、これらはひどく老化した国会に新たな人員を補充する方法であり、「万年国会」の絶対多数の議員と台湾人民の完全な乖離という事実を、決して変えることはなかった。もともと、蔣介石が追い求めていたのは、この国会議員が「中国」人民を代表することであった。このミイラは、すでに故郷の中国大陸を遠く離れて久しく、任期の無期延長という苦境のもとにあり、「万年国会」は中国の民意を代表する（いわゆる「法統」）という論理は、すでに合理性を失いつつあり、あきらかに荒唐無稽であった。この中華民国政府は再び中国大陸に戻ることはできず、「万年国会」は完全にミイラのような歩く屍と化した。もし、三つの国会（立法院・国民大会・監察院）の、人民議会としての合法性と合理性の回復を真に望むなら、一つの道しかなかった。それは、もともとの「万年国会」議員をみな退職させ、台湾で国会の全面的な改選を実施することである。一旦、中華民国国会を新たに改選し「万年国会」を終わらせ、ミイラという幾重にも重なった呪縛を直ちに解き放てば、国会と人民意志の結合ができてくる。これはまさに上記で述べたように、台湾の民主化は最終的に本土化と一つになり、国会の民意を土地、すなわち台湾が手にすることで「中国」とのいかなる関係もなくなるということである。

一九九〇年六月二一日、台湾の憲法裁判所である司法院大法官会議は、外来政権にとり最も解決が難しい憲政の難題「万年国会」の呪縛を解き放った。これは、「大法官会議釈字第二六一号解釈」と呼ばれ、下記の指示を出した。

現在の情勢に適切に対応するため、改選していない第一期中央民意代表は……中華民国八十年（一九九一年）十二月三十一日までに、職権行使を終了する。中央政府は憲法に依拠するという原則と、この解釈の主旨及び関係する法規により、適切な時期に全国的な次期中央民意代表選挙を実施し、立憲制の運用を確保する。

この大法官会議の解釈により、李登輝総統は国会の全面改選と、憲法の部分改正を推進し始めた。一九九一年末、第一期中央民意代表（古くからの国会議員）は全て退職し、一二月二一日に第二期国民大会代表を選出した。一九九二年一二月一九日に選出された第二期立法委員とともに、中華民国の二つの国会は、[23]ここにおいて法律上、実際に統治している領土（台湾・澎湖・金門・馬祖）との矛盾を解決した。これは、憲政の発展にとり、台湾民主化の重要な転機であり、まったく疑問の余地のない本土化の歴史的転機であった。

民主化と本土化は本来、性質の異なる二つの概念であるが、両者とも外来政権の消滅や崩壊に関係している。一九九〇年代から、両者間に偶然ではない微妙な結びつきが生じ、最終的に合流に至っている。この両者の合流の要因は、両蔣政権が外来政権というだけでなく、台湾で行った権威主義統治（authoritarian rule）[24]にあると本論文は考える。台湾人民が民主化を追求していた一九九〇年代、国民党政権が打ち立てた権威主義体制を覆さなければならなかったが、それに伴い中央政権の区分「中央／地方」が生み出した二元的な平行政府の構造も自ずと瓦解していった。この点から見れば、権威主義統治の破壊を目的とする台湾民主化は、外来政権が打ち立てた統治構造の崩壊という効果ももたらしたと言える。

この三十年（一九九〇年から二〇二〇年）の台湾政治の発展過程を観察してみれば、蔣介石とその子である蔣経国、そして中央政府統治機構を支配した外省人集団を含む、外来統治機構を打ち立てた第一世代外省人は、時の経過とともに徐々に死去している。しかし、国民党の外来政権としての性格は消えていくことはなかった。外省人集団の第二世代、および国民党に忠誠を尽くす台湾人、さらに依然として中国に対し強いアイデンティティーを抱く台湾人は、一九九〇年代から今日までの三十年間、依然として台湾の政治環境内で極めて大きな発言権を握っていた。そして二〇〇八年から二〇一六年の八年間、再び政権を取り戻している。台湾が民主化に成功した後、本土化は同じような成果を得られなかった。簡単に述べれば、台湾人が手にした民主化の程度が、依然として本土化を受け入れるまで程遠いことを、三十年来の政治発展は明らかにしている。

一九九二年から継続して行われている世論調査によれば、二〇二〇年六月の時点で、二七・五％の中華民国国民は自分が「台湾人でもあり中国人でもある」と認識しており、自分が「台湾人であり中国人ではない」と認識している人は六七％になることが明らかになっている。[25] 長期にわたる世論調査からみれば、本土化は徐々に強化されていく趨勢にある。二〇〇八年に国民党が再び政権を取り戻す一年前（二〇〇七年）、自分は「台湾人でもあり中国人でもある」と認識している人は四四・七％に達し、自分が「台湾人である」と認識している四三・七％よりわずかに多かった。この年の世論調査では自分が「中国人である（台湾人ではない）」と認識している人は五・四％で、二〇二〇年では、自分が中国人であり台湾人ではないと考えている人は、依然として二・四％となっている。[26]

この三十年に及ぶ長期の世論調査は、どちらかというと自身のアイデンティティー（self-identity）、もしくはそれに近いナショナル・アイデンティティー（national identity）に焦点を当てた調査であり、本論文が検討する本土化とは本質的に異なる点がある。しかし、すでに述べたように、過去三十年来の本土化の議論は、常に「ナショナル・アイデンティティー」、「台湾意識」などの概念と交互に絡みあい互いに影響しあっている。特に、「我々」（we）と「他者」（others）の間にある境界は、さらなる本土化に強い影響をもたらす。「中国」はこの過程で徐々に「他者」となっていき、「台湾」は「我々」となり、この関係は絶え間なく堅固なものとなっていく。この点から見ると、国立政治大学選挙研究中心が継続して行っている世論調査が明らかにしているのは、台湾人の「我々」と「他者」の認識と区別である。この区別は、本土化傾向の証左となるだけでなく、現在または未来において、台湾ナショナリズム（Taiwanese nationalism）へと導く駆動力にもなりうる。

四、政治領域以外の本土化

本論文は、台湾民主化の過程における、民主化と本土化の相互共生や合流の現象、および若干の歴史解釈を検討するものである。よって、ここまで検討してきた領域は全て政治領域に集中してきた、特に憲政へ回帰後の政府体制の変化と、その過程における外来政権統治機構の瓦解である。

しかし、本土化の影響は政治領域に制限されるものではなく、本土化の起源もまた、政治領域ではなかった。現在の研究成果からみると、本土化は一九七〇年代に芽生え始め、政治上の要求からではなく、文学における本土文学の根源追求であった。[27] 筆者は以前、一九八〇年代台湾「ニューシネマ運動」の作品に現れた台湾主体意識を、別の論文で分析している。[28] そこでは、思想及び芸術領域における台湾本土化の起源が、一九八八年初めの蔣経国死去とその後の民主化に見られると指摘した。当然、台湾民主化の努力は蔣経国の死去を待って開始されたわけではない。一九七七年の中壢事件、一九七九年の高雄美麗島事件、さらに一九六〇年の大陸から台湾に来た雷震が主導した組党運動[29]、これらは皆、台湾人民が追及した民主化への試みであったが、次々と独裁者の弾圧に遭遇した。よって詳細に根源を確認すれば、台湾人の政治上での民主化の試み、そして思想上、文化上の本土意識の自覚は、二つに分かれ自発的に発展した文脈であった。そして、一九八八年に独裁者が死去した後、二つの文脈は合流と共生に至ったに過ぎない。

このような分析により、一九九〇年代の激しい勢いにあった民主化、その中の本土化に存在する特殊性や特殊事例を理解することは難しくない。そして、一九九〇年代以降の本土化の発展は、民主化に強力な支援を与え、民主化と本土化、両者の合流と共生関係をさらに強固なものとした。この点における最も顕著な例は、一九九七年に国民中学で使われ始めた、『認識台湾』という教材かもしれない。これ以前、台湾の基礎教育における台湾に関する内容は極めて少なく、歴史であろうと地理や文化であろうと、小・中学校の教科書のなかに台湾が占める量は、全中国の三十を超えるその他の省級行政区と同じく、三％にも満たなかった。一九九〇年代、政界・教育界・文化界の人々が絶え間なく陳情を繰り返したことで、李登輝は一九九五年、ついに改正の決定を下した。郭為藩が教育部長を務めていた時、国民中学の課程において『認識台湾』が追加されている。郭為藩は一九九三年教育部長に就任し、彼は中華民国で初めての台湾籍の教育部長であった。上記で指摘したように、両蔣政権は、かつて台湾人をこの職に就かせていない。二人の蔣にとり、教育政策は中国文化の中心であり、このような職務は外省人にのみ与えられるもので、台湾人に与えられるものではなかったのである[30]。

『認識台湾』は三冊に分冊されている。それぞれ歴史編と社会編、地理編となっており、保守派が最も批判したのは社会編である。その理由は、社会編で「我々は台湾人である」、「台湾の政治史は、未だ当地住民が納得、参与していないところのある、悲しい政治史である」、「台湾人は台湾の魂と台湾の精神を継承する」と公言しているからである。一九九七年の政治環境において、国民中学の教科書にこのような言説が初めて公にされ、中国本位思考の伝統的国民党支持者に大きな不満をもたらした。そして当時、批判の矛先は社会編の編集委員会主任委員の杜正勝に向けられ、メディア上で舌戦が繰り広げられた[31]。

本土化の潮流のもと、『認識台湾：社会編』が述べている「私は台湾人」は、確かにそれを体現する宣言である。これは政府が発行した中学の教科書で、初めて学生に自分は「台湾人」であると告げたものであり、「中国人」という重要な語句を削除したものである。本論文がより大きな影響力があると認識するのは、杜正勝がこの教科書を通じ提唱した「同心円史観」である。杜正勝自身の言葉によれば、いわゆる同心円史観は「台湾を中心とする一つの圏域から、外の世界を認識し、歴史を認識する」というものである[32]。杜正勝の考は、中国を認識するにせよ、全世界を認識するにせよ、いずれにしても台湾を核心的な基礎としなければならないというものである。これは非常に台湾本位の考え方であり、これが目指すところは、二人の蔣時代の「中国本位」の世界観を揚棄するものである。一旦、このような教科書による本土化政策が行われれば、若い学生たちの思想の中に新しい世界観が注ぎ込まれ、その影響力は巨大なものとなる。そして、その後の数十年にわたり、継続して若い世代の意識の中に台湾人アイデンティティーを形成し、ナショナル・アイデンティティーの変化をもたらす。

しかし、本論文では再度強調したい。台湾本土化の過程は実に多くの方面で同時に発展しており、政治体制の民主化も本土化へ向かう流れの一つであったように、台湾本位の教科書もその一つに過ぎないと。過去三十年間、教育や政治以外に本土化の勢いは大衆文化（mass culture）・文学・藝術・映画・テレビなど、ことなる領域の作品においても起きている。本土化の発展は全方位であり、多層的であり、教科書の改変もまた、ただの一面的（one-dimensional）な政府の宣伝・洗脳だとみなすことはできないだろう。本土化へ向け推し進める政府の政策は、民間社会の十分な支持を得るためであり、台湾社会における台湾アイデンティティーの議論において、さらに説得力を持たせるためである。

五、結論

本論文の目的は、一九九〇年代から現在に至る台湾民主化の過程で、どのように本土化の現象が伴ってきたのか、また両者の間にどのような相互関係があったのかを検討することである。本論文の第一の結論は、台湾現代史における民主化と本土化、それらは同じように蔣介石が中国から持ち込んだ独裁政治に対峙したということである。この政権の権威主義的な性格は、政治民主化への最大の障害であった。さらに、この政権は純粋に外来政権であり、蔣介石は外省人統治集団が握っていた永遠なる中央政府を、台湾でミイラ化した。この局面で、アイデンティティーを追求する台湾人は、転向を迫られる対象となった。

第二の結論は以下のとおりである。本土化の現象は、政治面で顕著に現れたほかに、大衆文化・メディア・文学芸術にも浸透し、教育政策の改正にも及んだ。そして、一九四九年に蔣介石が中国から持ち込んだ、中国本位の世界観を徐々に翻していった。両蔣による統治下の台湾は、国民党政権が中国を代表する唯一の合法政府であると、常に強固に主張してきた。一九七一年の国連総会（UN General Assembly）で採決された第二九五八号決議において、中華人民共和国が中国代表権を有すると承認されても、両蔣政権は依然として、この固有政策を維持し変更していない。台湾内部では、このような中国本位政策により、中央政府の権力を引き続き外省人が保持する状況が政治面で見られた。教育と文化の面では、教科書の内容と文化活動は一律に、中国文化の紹介、中国の特色を示すことに重点がおかれ、台湾に関する知識や文化、また言語は、蔑視と軽視に晒された。そして、一九七〇年代以降になり、台湾文学が先駆けとなって、アイデンティティー追求運動は成熟した。さらに、この郷土への回帰、現実への回帰という文化の覚醒は、その後の台湾民主運動に大きな勢いを与えた。これがまさに、本論文の第一の結論が強調しなければならない、本土化と民主化が示してきた、相互に関係し共生する状況である。

最後に、本論文が考える、本土化がなしえる最終的な作用として、台湾ナショナリズムの崛起を初期の予想とする。いわゆる、台湾ナショナリズムは、現在依然として未知の発展段階にある。上記で引用した、国立政治大学選挙研究中心の三十年近くに及ぶ追跡調査によれば、自身を「台湾人」と認識している割合は、最近の一三年で四三・七%から六七%に上昇した。そして、自身を「台湾人でもあり中国人でもある」と認識している割合は、四四・七%から二七・五%へ下降している。しかし、このようなアイデンティティー認識は、台湾ナショナリズムへ転換可能だろうか。この問題は、今のところ単純な回答を与えてはくれない。注目すべきは、依然として自身を「中国人でもある」と認識している人々が四分の一強を占めていることである。さらに純粋に中国人と認識している二・四%を加えれば、台湾在住の二三〇〇万人の中で三〇%を占め、六九〇万の台湾人は中国との関連、一体感の放棄を望んでいないことになる。この事実は予想される将来において、依然として台湾の政治環境と選挙結果に大きな影響を与える。二〇二〇年一月の総統選挙を例に挙げると、当選者の蔡英文は八一七万票を獲得し、落選した国民党の候補者である韓国瑜は五五二万票を得ている。このことは、ある程度中国アイデンティティーを感じている六九〇万の台湾人は、依然として総統選挙を左右する可能性があることを意味している。

他にも、台湾にはいわゆる四大民族がある。人口が最も多いのは福佬人で、その言語・文化は主に中国福建省南部の彰州・泉州地区から来ている。この民族の人口は一七〇〇万近くで、全台湾人口の四分の三に迫る。二番目に多いのは客家人で、人口の約一二%を占める。台湾四百年の歴史上、福佬人は非常に多く、以前から最強勢力の民族であり、客家人との間の関係は融和することはなかった。最後に移り住んできた外省人の人口は、ほぼ客家人と同じで、外省人と福佬族の関係も複雑である。甚だしきは過去の血なまぐさい経験、一九四七年に起きた二二八大虐殺である。被害を受けたのは殆どが福佬人で、被害を及ぼしたのは外省人である。台湾の民族闘争は歴史上、血の痕跡がいたるところにあると言える。今後、いわゆる台湾ナショナリズムの凝集を真に望むなら、この民族の言語・文化・記憶が核心となるのではないだろうか。政治権力と発言権において、福佬人が主となった状況で、客家人や外省人、さらに原住民の反感を引き起こすのだろうか。

当然、本論文は台湾ナショナリズムの将来の様相を過度に分析するつもりはない。ただ、本土化から台湾ナショナリズムへの流れは、依然多くの落とし穴や難題があり、一つ一つ克服していかなければならないということを、この論文の片隅で指摘するものである。

＊注

1　司馬遼太郎『街道をゆく　四十　台湾紀行』朝日新聞社、一九九四年一一月、四九五頁。

2　林河名「何謂台湾的現状?--李登輝：不隷属中国、独立的状態」。『聯合報』のWebサイト「聯合影音網」、URL：https://video.udn.com/news/509957（二〇二〇年九月二日アクセス）。李登輝のいう「四百年来六個外来政権」は、スペイン・オランダ・明鄭・清朝・日本・国民党政府。

3　*Cultural, Ethnic, and Political Nationalism in Contemporary Taiwan: Bentuhua*, eds. by John Makeham and A-chin Hsiau（蕭阿勤）, New York: Palgrave Macmillan, 2005、が参考になる。それぞれの章の作者は、この概念に対し、好んでこの翻訳を用いている。

4　J. Bruce Jacobs, 〝Taiwanization in Taiwan's Politics,〟 *Cultural, Ethnic, and Political Nationalism in Contemporary Taiwan: Bentuhua, eds.* by John Makeham and A-chin Hsiau（蕭阿勤）. New York: Palgrave Macmillan, 2005, p.18.

5　本論文の執筆時、台湾外交部が新しいパスポートの発行を発表したが、パスポートの表面には大きな文字で〝TAIWAN〟と記されている。ただし、正式な国名の〝Republic of China〟という文字は装飾として国章を取り囲み、目立たない円を形成している。『蘋果日報』二〇二〇年九月三日A二版。このような状況は、「本土化」や「台湾化」という概念をもってのみ、その意味が理解できる。

6　この経緯に関しては、Richard C. Bush, *AT Cross Purposes: U.S.-Taiwan Relations Since 1942*, New York: M.E. Sharpe, 2004, pp. 9-39. を参照。

7　李福鐘「大法官会議与戦後台湾憲政体制的異化——釈字第三一号、八五号、二六一号的歴史与政治意涵」『一九五〇—一九六〇年代台湾的歴史省思：第八届中華民国史専題論文集』國史館、二〇〇七年一二月、三三三—三四七頁。

8　四回の選挙は、それぞれ一九五四年、一九六〇年、一九六六年、一九七二年に行われた。

9　一九九二年の憲法改正により、台湾省が管轄する各級政府と民意機構は、全面的に法にのっとり選挙が実施されると決定される以前、蔣介石と蔣経国の政府で開放された地方選挙は、台湾省及び直轄市の議会選挙、各地方県市首長および議会選挙、各郷鎮級行政首長及び民意代表である。選挙が開放されていなかった地方政府機構は、省政府首長（台湾省主席）及び二つの直轄市長（台北市長、高雄市長）である。

10　この二つの、平行して同時に存在する「中央／地方」政治機構に関し、最近出版された筆者の次の論文を参照。李福鐘「両蔣威権統治的地方基礎——兼論『以政養党』与選挙舞弊」国史館編『台湾歴史上的選挙学術討論会論文集』国史館、二〇二〇年一〇月。

11　「大陸人」（mainlander）という語は、一九四五年に第二次世界大戦が終結した後、中華民国の領域から台湾移入してきた人々、特に一九四九年国民党政府と一緒に台湾に撤退した中国人を指し、一八九五年以前すでに台湾で生活していた家族や個人と区別される。後者は一般的に「本地人」、「本省人」もしくは「台湾人」と呼ばれる。一九五〇年代から一九九〇年代の文件の多くでは、大陸人は通常「外省人」と呼ばれている。

12 J. Bruce Jacobs, *Democratizing Taiwan*, Leiden, Netherlands: Koninklijke Brill NV, 2012, p. 24.

13 ibid, pp. 23-24.

14 本論文が述べる「両蔣政権」とは、蔣中正と蔣経国が、一九四九年一二月から一九八八年一月の間、台湾で率いた中華民国政府を指す。

15 所謂「法統」とは特殊な中国語の概念で、国民党政権が中国を代表する唯一の合法政権だとする、法理上（de jure）の基礎として、一九九〇年以前に用いられていた。国民党の論理は次の通りである。中華民国憲法は一九四七年一二月二五日に全中国で正式に施行され、中華民国の三つの国会と総統も一九四八年初めにそれぞれ法に則り選出された。よって、中国人民の民意と法秩序を代表する。一九四九年に中華民国政府の台湾移転に伴い、台湾で「法統」が形成され、この「法統」は中国領土の喪失により効力を失うものでは決してない。

16 Emily Hahn, 〝Our Far-flung Correspondents,〟 *New Yorker* 29, 24 October 1953, p.124. これは Nancy B. Tucker, *Taiwan, Hong Kong, and the United States, 1945-1992*, New York: Twayne Publishers, 1994, p.54. からの引用。

17 eds. by John Makeham and A-chin Hsiau（蕭阿勤）, op. cit., p.1.
蕭阿勤は二〇〇八年、長年遡及してきた台湾本土化思想史の、源となる成果、『回帰現実：台湾一九七〇年代的戦後世代与文化政治変遷』中央研究院社会研究所、二〇〇八年、を出版した。蕭阿勤の考えによれば、台湾文化界は、台湾本土を創作・思考の核心とすることで、一九七〇年代を遡及することができ、彼が言う「台湾ナショナリズム」を形成することができる。彼はまた、一九七〇年代に率先して台湾本土文学および文化の重要性を認識した一群の先駆者を、「回帰現実世代」と形容している。

18 関連する研究成果は、上記で引用した John Makeham and A-chin Hsiau 主編の *Cultural, Ethnic, and Political Nationalism in Contemporary Taiwan: Bentuhua* 以外にも、Alan M. Wachman, *Taiwan: National Identity and Democratization*, New York: M.E. Sharpe, 1994、*Memories of the Future: National Identity Issues and the Search for a New Taiwan*, eds. by Stéphane Corcuff, New York: M.E. Sharpe, 2002、Shelley Rigger, *Taiwan's Rising Rationalism: Generations, Politics, and 〝Taiwanese Nationalism〟*, Washington, D.C.: East-West Center, 2006. などがある。

19 一九六〇年五月、連震東が内政部長に就任した。これは中華民国行政院の部会中で、初めての台湾人部長であり、これ以降内政部長は継続して台湾人が就任している。

20 いわゆる「催台青」は、時には「吹台青」とも呼ばれる。これは、一九七二年に蔣経国が行政院長に就任した後、台湾籍の優れた青年を高級政務官や地方行政首長に抜擢し始めたことを指し、「台青」は「台湾青年」を意味する。この時期、蔣経国が評価した代表的な人物は、林洋港・李登輝・邱創煥・張豊緒・施啓揚・許水徳などの人々である。蒋経国は当時、おおよそ四〇歳から五〇歳の台湾籍の政治エリートを職位につけたが、基本的に台湾省主席・台北市長・内政部長と高雄市長のみであった。この四つの官職は、国防・外交・経済・教育など、中央政府の重要な政策決定には関与することはなく、関与するのは主に地方行政であった。つまるところ、これが蒋経国の実施した「以台人治台」政策である。

21 「動員戡乱時期条款」は、一九四八―一九八八年の両蒋政権が憲法を改正するために作り出した特別な条項。憲法本文を改正せずに、「動員戡乱時期条款」修正条項により憲法改正と同様な効果をもたらした。

22 一九六八年と一九七二年から一九七三年の国会議員補欠選挙と増員選挙の概要については、李福鐘『時代輪郭―斬新与蛻変的歴程：国民大会修憲档案専題選輯』档案管理局、二〇〇八年一一月、三〇―三五頁、を参照。

23 一九九二年五月の憲法改正後、監察院は民意機関としての機能を失い、国会としての性格を失った。

24 「威権統治」や「威権主義」（Authoritarianism）という政治学理論は、スペイン系アメリカ人学者 Huan J. Linz が一九六四年に初めて用いた。その後、米国の政治学界では一般的に両蒋政権を分析する理論として使われている。関連する理論、概念や研究として、李福鐘「両蒋威権統治的地方基礎――兼論『以政養党』与選挙舞弊」がある。

25 国立政治大学選挙研究中心「重要政治態度分怖趨勢図」：https://esc.nccu.edu.tw/course/news.php?Sn=166#（二〇二〇年九月五日アクセス）

26 同上。

27 蕭阿勤「一九八〇年代以来台湾文化民族主義的発展：以『台湾（民族）文学』為主的分析」『台湾社会学研究』第三期、中央研究院社会学研究所籌備処、一九九七年七月、一―五一頁。一九七〇―一九八〇年代の台湾文学領域における台湾主体意識の発展を、より包括的に確認するには、蕭阿勤『回帰現実：台湾一九七〇年代的戦後世代与文化政治変遷』を参照。

28 李福鐘「一九八〇年代台湾電影中的主体意識自覚」張炎憲・許文堂主編『従当代問題深討台湾主体性的確立』、台湾教授協会、二〇一四年、三二九―三五一頁。

29 雷震が主宰した、一九五〇年代に国民党政権を批判する月二回刊の『自由中国』や、一九六〇年に計画した中国民主党に関しては、蘇瑞鏘『戦後台湾組党運動的濫觴――「中国民主党」組党運動』、稲郷出版社、二〇〇五年、が参考になる。

30 一九九七年に実施された国民中学の『認識台湾』課程の経緯と分析は以下を参照。Stéphane Corcuff, "The Symbolic Dimension of Democratization and the Transition of National Identity Under Lee Teng-hui," *Memories of the Future: National Identity Issues and the Search for a New Taiwan*, ed. by Stéphane Corcuff, pp. 83-92. 及び Fu-chang Wang（王甫昌）, "Why Bother about School Textbooks?: An Analysis of the Origin of the Disputes over Renshi Taiwan Textbooks in 1997," *Cultural, Ethnic, and Political*

Nationalism in Contemporary Taiwan: Bentuhua, eds. by John Makeham and A-chin Hsiau, pp. 55-99.

31 杜正勝『走過関鍵十年（一九九〇―二〇〇〇）』下冊、麦田出版、二〇〇〇年、三七九―三八二頁。

32 同右、三八四頁。

第Ⅱ部

民主化の前夜

第四章　流用（appropriation）と統合（integration）

——戦後台湾における台湾研究の展開

黄　英哲

一、はじめに

台湾の学界では、戦後台湾における台湾研究は長い間抑圧されていたと考えられており、台湾研究は戦後から一九六〇年代までは重視されず、一九七〇年代になってようやく始まったとするのが一般的な見解である[1]。そして、一九七〇年代はまさに台湾の国民党政権が台湾の「本土化」（台湾化）と「民主化」を見据えるべく意識し始めた時期でもある。台湾の学界では、一九七〇年代までは台湾研究の流れは民間の団体、主に台湾文化協進会の『台湾文化』（一九四六—五〇年）、『公論報』副刊の「台湾風土」（一九四八—一九五五年）、台湾風物社（林本源中華文化教育基金会）の『台湾風物』（一九五〇年—現在）や、台湾省文献委員会関係の刊行物とその執筆者たちに支えられ受け継がれてきたと広く考えられている[2]。しかし、戦後台湾の台湾研究草創期に、台湾研究を維持する力は本当に民間団体の「台湾学」だけだったのだろうか。一体、戦後台湾におけ

台湾省編訳館撤廃前夜集合写真

る台湾研究はどのように展開されたのだろうか。制度化された政府支援による「台湾学」はなかったのだろうか。あったとすれば、その制度化された政府の台湾研究機関はどのように始まったのだろうか。また、それは歴史的にどのような要因と流れのなかで登場したのだろうか。「台湾学」がすでに「顕学」となった現在、さらに健全な台湾研究を展開していくために、上述の問題は徹底して明確にすべきである。

早くも一九八〇年代に、若林正丈は台湾省編訳館台湾研究組が戦後台湾における公的な台湾研究機関の出発点であると指摘した。[3] 言い換えれば、政府機関である台湾省編訳館台湾研究組が戦後台湾における台湾研究の出発点ということである。本論では、当時、台湾省編訳館館長だった許寿裳の台湾文化認識と、台湾研究組の設置について、また台湾研究組主任楊雲萍を中心とする戦後台湾における台湾研究の展開について明らかにし、史学史、学術史の角度から戦後台湾における台湾研究の流れを検討する。また更に一歩踏み込んで、台湾省編訳館撤廃後の台湾研究組の台湾籍研究人員と日本籍研究人員のその後と、さらに戦後台湾と日本における台湾研究の展開状況についても明らかにする。

二、台湾省編訳館の設立

（一）陳儀の台湾接収と戦後台湾文化再構築構想

一九四三年一二月一日に正式発表された「カイロ宣言」において、日本は敗戦後、満洲・台湾・澎湖島の一切の地域を中国に返還すべきことが明確に主張された。当時中国の最高統治者であり軍事委員会委員長の蔣介石はカイロ会議（一一月二二日―二六日）を終えて帰国後、国民政府国防最高委員会に属す中央設計局の下に台湾調査委員会を設立し、台湾の情勢を調査し台湾を接収する準備機関とした。[4] 台湾調査委員会は一九四四年四月一七日に成立、主任委員は陳儀であった。台湾調査委員会成立後の主な任務は、「台湾接管計画綱要」の草案の作成であり、この綱要は一九四五年三月二三日になってようやく正式に公布された。「台湾接管計画綱要」は第一通則、第二内政、第三外交、第四軍事、第五財政、第六金融、第七工商鉱業、第八教育文化、第九交通、第十農業、第十一社会、第十二糧食、第十三司法、第十四水利、第十五衛生、第十六土地の十六大項に分かれている。[5] これは台湾接収の底本であり、また戦後初期台湾の統治機構である台湾省行政長官公署（以下長官公署と略す）時期における台湾統治の基本政策であったと言える。

本綱要において戦後の台湾文化再構築に関するものは、まず第一項通則第四条である。

台湾接収後の文化政策は、民族意識を増強し、奴隷化された思想を一掃し、教育の機会を広めて文化水準を高めるものでなければならない。[6]

さらに第八項教育文化第五十一条である。

日本占領時に出版刊行された書籍、雑誌、映画フィルム等、本国（中国）や本党（国民党）を誹謗し或いは歴史を曲解するものは、すべて焼却すること。他方、特に編訳機関を設け、教科に参考及び必要なる書籍図表を編集すること。[7]

一九四五年八月二九日、国民政府は陳儀を長官公署行政長官に任命し台湾接収を担当させた。同年一〇月二五日、陳儀は正式に台湾を接収した。台湾の接収工作について、当時陳儀は「政治建設」、「経済建設」、「心理建設」と称した。このいわゆる「心理建設」が即ち台湾の文化再構築工作のことである。

一九四五年一二月三一日夜、陳儀はラジオを通じて「民国三五年度工作要領」を放送し、以下のように述べた。

来年（一九四六年）の工作は、政治建設、経済建設及び心理建設の三大柱に分けられる。その原則は委員長（蒋介石）が査定した「台湾接管計画綱要」に拠る。（略）

心理建設は、民族精神の発揚にある。而して、言語、文字及び歴史は、民族精神の要素である。台湾は中華民国に復帰したのであるから、台湾の同胞は中華民国の言語と文字によって中華民国の歴史を理解しなければならない。来年度の心理建設工作については、私は文史教育（国語、歴史教育）の実行と普及を重視せねばならぬと思う。[8]

一九四六年度の「心理建設」の具体策について、陳儀は報告の中でも詳細に述べている。

心理建設は、中華民族精神を発揚させ、中華民族意識を増強させることにある。これは、以前日本が深く憎み、きびしく防御したものであるが、現在は非常に必要なものなのである。その主たる工作は、第一、各校に遍く三民主義、国語国文及び中華の歴史、地理等の強化を設け、時間を増やすこと、かつ、特に国語推行委員会を設けて国語の学習を普及すること。第二、師範学院、師範学校を増設し、教員を大量に養成すること。第三、各レベルの学校が新入生を広く募集することにより、台湾同胞が教育を受ける機会を普及すること。第四、博物館、図書館及び工業、農業、林業、医薬、地質等の実験・研究機関に対し務めて便宜を図ることにより、研究工作を強化し、文化を向上させること。第五、編訳館を設置することにより、台湾が必要とする各種の書籍を編集し、あわせて小中学校教科書の編集に力を入れることである。[9]

戦後台湾の「心理建設」とは、簡単に言えば、台湾を「去日本化」・「再中国化」する文化再構築政策であったことが上述の内容からわかる。台湾省編訳館（以下編訳館と略す）の設置はその中の重要な一環であり、また編訳館の設置構想は、早くも一九四五年三月に公布した「台湾接管計画綱要」第八項教育文化の第五十一条にすでに明記されており、一九四六年の「台湾省行政長官公署施政方針」報告の中でも、陳儀は正式に編訳館の設立を盛り込んでいる。[10] 編訳館設立準備の構想に関して、陳儀は同郷の親友である許寿裳をその責任者として台湾に招聘した。

（二）許寿裳の台湾赴任と台湾研究構想

許寿裳（一八八三―一九四八）、字季黻（或いは季茀）は浙江紹興の人である。一八九九年紹興中西学堂で学問を始め、一九〇〇年に杭州求是書院に進学し、宋平子の門下で学んだ。一九〇二年九月に浙江省の官費で日本に留学した。初め弘文学院普通科にて日本語を学び、その後同じく浙江省の官費留学で同郷の魯迅と陳儀と知り合い、三人の厚い友情はその後死ぬまで変わることはなかった。一九〇三年、浙江同郷会誌『浙江潮』を編集し、反清革命を鼓吹し、中国留学生に甚大な影響を与えた。一九〇四年三月、弘文学院を卒業するとともに東京高等師範学校予科に進学して歴史学地理学を学び、一九〇八年に卒業した。この時期、一九〇五年に中国革命同盟会が日本で成立すると、光復会会員であった彼は同盟会にも加入した。同じ頃、仙台医学専門学校を退学した魯迅等と文芸運動を起こす計画もしていた。

一九〇九年帰国して教育の仕事に従事し、辛亥革命後は当時教育総長であった蔡元培の求めに応じて南京で教育部の仕事についた。遷都による教育部の移転と共に許寿裳も北京に移り、教育部普通教育司第一科長を務めた。その後日中戦争が勃発まで、江西省教育庁長、北京女子高等師範学校校長、中山大学教授、中央研究院幹事兼文書処主任、北平大学女子文理学院院長等の職を歴任した。

一九三七年、全面的に日中戦争に突入すると、一〇月に国民政府教育部は北平大学、北平師範大学、天津北洋工学院の三校を合併し、西安に西安臨時大学を設立した。許寿裳は史学系主任兼教務委員の招聘を受けた。一九三八年、西安臨時大学は戦乱のため漢中に移転して西北聯合大学と改称した。許寿裳はしばらくの間法商学院院長を兼任し、その後は史学系教授専任となった。一九三九年、西北聯合大学が西北大学として改組した際、許寿裳は辞職し、同年冬に雲南に赴き、再び中山大学師範学院教授（戦禍のため中山大学は広州から雲南の澂江に移っていた）となった。一九四〇年春、私立華西協合大学（成都）の招きに応じ、庚款講座の教授として教鞭をとった。一九四一年夏、華西協合大学を辞し、重慶に行き国民政府考試院考選委員会簡任秘書となり、再び公務員生活を送った。一九四五年抗日戦争勝利後、許寿裳は南京で考試院考選委員会専門委員となった。

一九四六年五月一日、陳儀は当時南京の国民政府考試院考選委員会専門委員の任にあった許寿裳に対し、台湾から次のような電報を打った。

台湾同胞に心理建設を促進するため、編訳機関を設けて、大量の出版物を刊行する計画である。貴兄にその任に当たっていただきたく、出駕を請う。返事を待つ。[11]

陳儀の電報を受け取り、許寿裳はかなり躊躇したようだが、五月一三日に陳儀は再び台湾から許寿裳に手紙を送っている。

電報と手紙受け取りました。

貴兄が台湾に来て仕事をされたいとのこと、とてもうれしく存じます。台湾は日本の五十一年の統治を経て、文化状況が各省とはまるで異なっております。多数の人民が話すのは日本語、読むのも日本語、国語はもとより解せず、国文も同様に通じず、世界と中国の状況にも全く通じておりません。ですから台湾を治める重要な工作は心理建設であります。いま最も困難を覚えるのは、心理改造の道具―言語・文字―をまず改造せねばならぬことです。各省が出している書籍や新聞は、国文の程度の関係からとても使用には適しません。台湾の書籍や新聞雑誌は、二、三年のうちは、台湾人向けに別に専用のものを編んで印刷しなければなりません。第一に編集が必要なものは、小中学校の国文と歴史の教科書です。（国定本［国立編訳館が編集したもの］や審定本［国立編訳館が審査したもの］は全く使用に適しません。）第二に編集せねばならないのは、小中学校の教師用の参考読み物です。第三に、三民主義と政令を宣伝するための、公務員や民衆向けのパンフレットを編集せねばなりません。第四には、辞典のような一般的な参考書です。以上が台湾にとって応急的な仕事と言えます。また、小生は常々、いま中国には良書が少なすぎると感じています。大学生や中学の教師が知識を求めようとすれば、外国書を読まねばならず、お金がかかるだけでなく、不便でもあります。私は日頃「名著五百部を訳す」という願いを持っています。中国は、かつて仏教の経典を翻訳したように、西洋の名著を五百、六百冊は翻訳して、学問を研究する学生がその専門の名著を十、二十冊は読めるようにすべきだと考えています。（略）

この五つの仕事のために私は編訳館の設立を計画しています。台湾総督府の規模は大きいのですが、惜しいことに大半が空襲で破壊されました。これを記念に残して三年をかけて修復し、台湾省文化館にするつもりです。そこには図書館、博物館、芸術館、体育館そして編訳館もそのなかに置き、あわせて五館とします。当館は長官直属とし、もともと教育処に属する教科書編輯委員会も合併します。予算の編成については、貴兄の到着後に決めましょう。

このような仕事は、台湾のため、中国全土のために意義あるものです。貴兄が五年をかけてこれを完成されんことを望んでいます。[12]

許寿裳はしばらくためらったが熟慮の末、最終的には陳儀の招聘に応じた。この手紙から、陳儀の戦後台湾文化再構築工作に対する熱意とともに、編訳館に対する大きな期待や、編訳館の組織、業務内容について青写真を描いていたことも知ることができる。五月一日に電報を受け取って台湾行きを決定してから六月二五日に台湾に着くまでの間、許寿裳が準備をしていたことがその日記から分かる。五月二八日の日記には、「〔彭〕百川に手紙で国立編訳館の組織と業務の調査を頼む。」[13]と記し、六月一六日の日記には、「国立編訳館の鄭康寧の手紙で坿組織條例と工作概況を手に入れた[14]」、六月二〇日の日記には、「〔程〕柏如からの手紙で、公務人員行為要領、婦女課本、戦時民衆訓練の三つの教材を手に入れた[15]」と記している。台湾到着前に許寿裳はすでに国立編訳館を参考にして、台湾省編訳館の組織と業務内容を考えていた。許寿裳が遺した台湾省編訳館関係の原始資料の中には「〔編訳館〕経費及人事」と題された文書がある。この文書は「上海合資会社祥昌洋行」の便箋の裏に書かれており、上海で台湾行きの飛行機を待つ間に書かれたもののようである。この文書では、編訳館の業務に関する具体的内容について以下六項目を挙げている。

> 一、小学教科書。二、中学教科書（略）。三、中学教師の参考図書（略）。四、字典（略）。五、政令及び公民訓練の本の推進（略）。六、専門書の翻訳、台湾に現存する特殊研究及び資料（例えば語文、史地、政治経済、教育、自然科学、農業、工業等）の収集と総合的な整理、あるいは原著の翻訳。この種の書籍の編纂は、ただ台湾施政の参考となるだけでなく、必ずや一般学術界でも必要とされる。[16]

許寿裳が台湾到着前にすでに編訳館が展開する台湾研究について構想を持っていたことは明らかである。六月二五日に許寿裳は台湾に到着した。七月二日『工商日報』は、来台した許寿裳が編訳館長に就任するニュースを報道している。その中で許寿裳は中央社記者に対し、館の業務について次の五点、①小中学校の国語・歴史教科書の編集、②小中学校教師のための参考書の編集、③一般大衆向け読物の編集、④辞書の編集、⑤世界名著の翻訳選定、を中心とする計画を語っており、他にも台湾大学との合同計画や、台湾とその資源の研究についても語っている。[17]

七月三日、許寿裳が編訳館組織大綱と予算を陳儀に提出すると、翌日すぐに陳儀は審査の回答を公表した。この時許寿裳が提出した「台湾省編訳館組織大綱草案」では、編訳館に教材、叢書、訳著、台湾研究、南洋研究の五組の設置と、資料室と辦公室を要求している。[18] 八月二日、長官公署が公布した「台湾省編訳館組織規程」において、編訳館内に学校教材組、社会読物組、名著編訳組と台湾研究組、資料室、秘書室を設置することが確定した。[19] 八月七日、台湾省編訳館公印が確定し、編訳館は正式に成立し、台湾研究が正式に編訳館の重点業務とされた。

三、台湾省編訳館台湾研究組の業務内容と成果

(一) 許寿裳の台湾文化認識

台湾省編訳館成立後三日目の八月一〇日、館長許寿裳は記者会見で編訳館の主要工作について以下のように説明している。

本館設立の趣旨について述べるなら、次の二点に尽きるだろう。第一に、台湾同胞の心理建設を促進することである。（略）台湾同胞が過去に受けてきた教育は日本本位のものである。特に国語国文と歴史地理についてはほとんど学習する機会がなかった。だから我々は、台湾同胞に対して補充教育を行なう義務と責任があるのだ。本館の使命はこうした必要に応える読み物を提供することにある。第二

に、中国全土に対して文化を促進し、研究の模範を示す責任がある。台湾の学術文化は、既に素晴らしい基礎を持っており、各省の模範足り得る資格がある。（略）過去、本省が日本統治下に受けた軍閥の侵略主義はもちろん根絶せねばならない。しかし、純粋に学術的な研究については、その価値を抹殺することはできない。我々はこれを接収して、ますます発展させるべきである。もし過去十数年間に日本の専門家が行なった台湾研究の成果を、翻訳、整理して台湾研究叢書として編集すれば、少なくとも百冊にはなると信ずる。上述の二点の趣旨により、本館の業務を、学校教材、社会読物、名著編訳、台湾研究の四つの組に分けて行なう。前の二組は第一の趣旨を、後の二組は第二の趣旨を実現するためのものである。（略）台湾研究組での我々の現在の計画では、（一）台湾文献目録の編纂、（二）善本書の出版、（三）日本の専門家の名作の収集と出版、（四）日本統治時代の檔案の調査と整理研究、（五）台湾学報を刊行し研究作品を発表すること等である。[20]

ここで注目すべきは、許寿裳が記者会見という公の発言において、日本が遺した学術文化を否定していない点である。彼は同年九月一五日の台湾省地方行政幹部訓練団学員に対する講話「台湾文化的過去與未來的展望」のなかで、さらに詳しく説明している。

台湾には文化上少なくとも二つの特徴がある。これは各省にはないものであり、また同時に各省の模範となり得るものでもある。まず、台湾では農業が発達し、教育が普及している。工業にも基礎があり、民生主義実現も容易である。実に三民主義を実行するのにすぐれた基礎である。これが台湾文化の第一の特色である。二つ目は、豊富な学術研究である。（略）台湾には学術研究の気風があり、これは日本人を手本にしたと言えるし、また日本人の功績とも言える。日本は侵略国家であるが、彼らの学術については我々は保存すべきであり、中国全土の学者はその研究を引き継がねばならない。それをますます発展させて、我々の建国の役に立つようにせねばならない。日本人による台湾研究は非常に多く、著作も豊富である。すでに出版されたものは言うに及ばず、原稿はあっても未だ出版されていないものも少なくない。まもなく日本人学者の一部は国へ送還されるだろうから、それらを引き取って、我々が翻訳校訂し印刷に付して社会に貢献できればと願う。また、材料は集まっているが、まだ書き起こしていないものについても書きあげたいと思う。彼らの台湾に関する研究は、たとえば地形、植物、気象、鉱産、人文等々各学科のあらゆる分野別の研究があり、成果も大きい。植物の方面では三十多種の書籍があり、動物の研究に関する著作もかなり多く、過去に発生した「ペスト」にはノミやネズミなどの研究専門書の出版がある。これは我国各省にはないものであるばかりでなく、世界各国にもほとんどないものである。このような貴重な材料を、我々は注意を払わず見過ごすわけにはいかない。のみならずきちんと保存し、継続して発展させなければならない。これが我国の学術のひかりであり、世界文化に対する貢献であり、そして台湾文化の第二の特色でもある。[21]

この許寿裳の談話から、彼の台湾文化の認識と、編訳館台湾研究組の設立目的が、すなわち日本の台湾研究を接収して整理編訳をし、今後の中国の学術研究発展の有用な材料にするためであったことがわかる。換言すれば、日本人の学術研究を「中国化」しようとするものであり、植民統治時期の研究成果を翻訳して中国語化、資料化することで、「流用」（appropriation）と「統合」（integration）して接収しようとする構想である。この構想は台湾到着以前からすでに芽生えており、許寿裳は台湾に到着すると、すぐさま積極的に日本の台湾研究の成果を接収した。七月一一日の日記にはこう記す。

夜、現代週刊で、達夫（陳兼善、当時台湾大学動物学系教授兼台湾省博物館館長）、錫琛（章錫琛、上海開明書店創設者）、克剛（呉克剛、当時台湾大学経済学系教授兼台湾省図書館館長）、廷英（馬廷英、当時台湾大学地質系教授兼台湾省海洋研究所所長）らと台湾研究について、日本の専門家が帰国してしまわないうちに、大学と協同するのがよいだろうと話した。[22]

七月二四日の日記にはこう記す。

午後、達夫の車で博物館に行った。允臧（范寿康、当時長官公署教育処長）の紹介状で山中樵（元台湾総督府図書館館長）と市村栄、劉金狗（どちらも元台湾総督府図書館館員）に面会した。山中は自分の知識を書き記すと承諾してくれ、市村からは著書『台湾関係誌料小解』を贈られた。[23]

戦後初期、来台して接収工作についていた中国官僚は、陳儀や長官公署教育処長の范寿康、台湾大学学長の陸志鴻のように、皆日本への留学経験を持つ「知日派」であり、接収工作や台湾文化再構築工作に従事するにあたって、彼らは日本の学術文化を接収することも視野に入れていた。長官公署は台湾を接収後、一九四五年一一月三日には「台湾省行政長官公署暨所属各機関徴用日籍員工暫行辦法」を公布し、日本の技術人員と学術研究人員を徴用した。[24] この日本人学術研究人員の徴用は、日本の学術文化を接収するために採られた政策であると言える。

当時編訳館で台湾研究組の編審（職務名）として徴用された著名な台湾史前史、考古学者である国分直一は一九四九年に日本に帰国後、翌年の春『東洋史研究』に発表した「戦後台湾における史学民族学界」という文章で、編訳館台湾研究組の設立意義について次のように指摘している。

台湾省編訳館の台湾研究組は注目すべき意義を持っていた。それは日本文化の接収を目指して翻訳陣を強化するとともに、日本時代の研究の未完のものはこれをある程度迄完成せしめて、その成果を学界に提供せしめようとする意図のものであった。従って、仕事の片付いていなかった日本人研究者を留用して研究を続行せしめる機会を与えてくれた。[25]

(二) 台湾省編訳館台湾研究組の業務内容

許寿裳は当時行政長官公署参議（役職名）であった楊雲萍を編訳館編纂（職務名）兼台湾研究組主任として招聘した。[26] 楊雲萍（一九〇五—二〇〇〇）は台北士林の富裕な家庭の出身で、一九二一年に台北第一中学校に入学、在学中に文学雑誌『人人』を創刊、その後東京に留学し、一九二八年に日本大学文学部予科を卒業、一九三一年文化学院文学部創作科を卒業した。文化学院在学期間中には菊池寛、小林秀雄、川端康成ら有名な小説家、評論家に師事した。台湾に戻った後、台湾文学、台湾歴史に関する文章を発表して台湾文化界で活躍した。

台湾研究組の具体的業務内容はどのようなものだったのか。「台湾省編訳館三六年度工作計画」によると、台湾研究組の工作計画は以下のとおりである。

1、台湾文献目録の編纂と出版。
2、歴史、地理、言語、文学、民俗、宗教、農業、工業、動物、植物、気象、地質、医学の各項目に分けて台湾研究叢書を編集し刊行する。
3、台湾の古い文献の復刻出版。
4、台湾先史時代の遺跡の発掘と研究。
5、台湾民俗の研究。
6、台湾高山族の言語研究。
7、台湾学報の出版。
8、台湾地理の編著。
9、台湾史の編著。
10、日本統治時代の公文書の調査。
11、台湾経済年鑑の編集と刊行。
12、その他。[27]

上述の台湾省編訳館台湾研究組の業務内容をみると、台湾研究資料の調査復刻のほか、その研究範囲は、現在のいわゆる人類学、社会学、政治学、経済学、歴史学、植物学、動物学等の学門を含む、分野を超越した「台湾研究」であり、「人文科学」、「社会科学」、「自然科学」のあらゆる方面からの「台湾学」研究と言える。台湾研究組は成立後、直ちに積極的に工作を展開した。そしてその具体的工作内容は、当時の新聞にもすべて報道されており、例えば一九四六年九月七日の『人民導報』では、台湾省編訳館が台湾省図書館に所蔵されている『台湾通志』の稿本に校訂を加え出版する計画であるというニュースを報道している。[28]一九四六年一二月六日の『民報』には、台湾省編訳館台湾研究組が新竹県苑裡及び後龍底の二カ所を訪れて、先史遺跡を発掘するニュースを伝えている。[29]一九四七年五月に、当時台湾省海洋研究所所長であった馬廷英を団長とする「蘭島〔蘭嶼〕科学調査団」が台湾大学医学院、理学院、農学院、文学院、台湾省海洋研究所、気象局等の機関の学者、専門家を組織して、蘭嶼に赴き調査した際には、台湾省編訳館も国分直一を調査団の一員として派遣し、蘭嶼調査工作に参加した。[30]

台湾研究組の業務内容は非常に多く、理想とする目標も崇高であったと言える。その構成員は主にどのような人によって成り立っていたのだろうか。一九四六年一二月の長官公署出版『台湾省議会第一届第二次大会台湾省行政長官公署施政報告』によると、編纂に楊雲萍、鄭桓、浅井恵倫、編審に梁嘉彬、張常惺、国分直一、幹事（職務名）に池田敏雄、廉新生、張樑標、頼子清の名が挙がっている。[31]上の名簿から、台湾研究組には、他機関から引き抜いて留用した日本人の国分直一、池田敏雄や浅井恵倫が設立当初からいたことがわかる。また「二二八事件」後、留用日本人メンバーの多くが日本に送還されたが、送還前夜の『台湾引揚・留用紀録』に収められた「日僑留用実況調査報告　台湾省編訳館員日僑一同　三六（一九四七）・三・三一」には、当時台湾研究組で働いていた留用日本人の名前と職名が記録されている。名簿には、国分直一、池田敏雄、浅井恵倫のほか、編纂の素木得一、編審の樋口末広、編輯（職務名）の立石鉄臣、助理幹事（職務名）の竹下万吉、竹下律子、助理員（職務名）の片瀬弘の名がある。これら留用スタッフの戦前における務めや台湾研究組で担当した業務は次の通りである。南洋言語及び台湾原住民の言語が専門で、前台北帝国大学教授の浅井恵倫は人文科学方面の研究工作を担当、特に平埔族の言語の研究していた。考古学、台湾史前史を専門とし、前台北師範学校教授の国分直一は台湾史前史の研究を担当、台湾史前時代の遺跡の発掘採取をしていた。台湾の民俗が専門の池田敏雄は、台湾本地人の民俗資料と旧慣資料の分類整理を担当していた。また、台湾の昆虫の専門で前台北帝国大学教授の素木得一は熱帯、亜熱帯資源及び昆虫に関する文献目録の編纂と自然科学方面の研究工作を担当していた。標本製作と版画家の立石鉄臣は史前時代資料の図版製作と装訂編集をしていた。前南方資料館司書だった樋口末広は世界各所で刊行された台湾関係文献の総合目録の編纂を担当していた。この他、台湾省図書館からの転属で館に留用された日本籍人員の竹下万吉、竹下律子は素木得一の助手をしていた。[32] 台湾省編訳館台湾研究組で働いていた留用日本人には、学者や専門家以外にも図書館の専門的人材がいたわけで、ここから楊雲萍の意図は明らかであり、日本人が遺した研究成果はもとより、日本人が遺した図書文献資料をも彼は接収しようとしていたと考えられる。

台湾研究組の留用日本人の人事に関して、人選の一部は楊雲萍の推薦によるもので、彼はそれについて次のように回想している。

編訳館留用の日本人三人は皆私が推薦し、許館長が決定した。一人は台北帝国大学の浅井恵倫教授。言語学者で、長年台湾と南洋の原住民の言語を研究している。いま一人は国分直一氏で台湾先史学を研究している。もう一人は画家の立石鉄臣氏である。彼ら日本人の「専門」はとても「特殊」であり、寿裳先生はみな留用することに決めた。[33]

台湾研究組の日本人メンバーのうち、少なくとも三人は楊雲萍の推薦によるものであったことが彼の証言からわかる。注意すべきは、台湾研究組の主任である楊雲萍と日本人メンバーの国分直一、浅井恵倫、池田敏雄、立石鉄臣はみな戦前に『民俗台湾』雑誌の同人であったことである。戦争末期、皇民化運動が激しくなり、台湾の抗日運動は抑圧され、台湾人の言論機関のほとんどが改編させられる状況下において、台湾人有識者は台湾に理解のある日本人学者や文化人を頼り、日本人名義で『民俗台湾』を発行して、台湾の風俗習慣を研究、記録していった。戦後これら台湾を研究していた日本人学者や文化人たちは、国民政府が推進する戦後台湾文化再構築政策の下、編訳館長の許寿裳が日本学術文化に理解があったため、楊雲萍の呼びかけと企画によって、編訳館台湾研究組に集結した。こうして中、台、日の三カ所の有識者、学者らが共に戦前の台湾研究を整理保存するため努力することとなった。[34] このような過渡期に、戦前戦後の台湾研究における一種の人的、知識生産的連続性が現れたのである。

（三）台湾省編訳館の廃止と台湾研究組の成果

一九四七年二月「二二八事件」が発生し、事件後の四月二二日、国民政府行政院会は長官公署を廃止して省政府に改組し、さらに長官公署行政長官陳儀を廃して、魏道明を台湾省政府主席として派遣することを決定した。これについて後に国分直一は陳儀の退任と魏道明の就任を嘆いている。これは「欧米派」の官僚・学者が、戦後初期台湾で活躍した「知日派」に取って代わることを意味していた。[35] 同年五月一一日に陳儀は台湾を離れ、五月一五日に魏道明が来台して新たに就任した。翌日省政府委員会第一回政務会議が開かれ、編訳館の撤廃と、その業務を省政府教育庁が引き継ぐことが決議された。[36] 編訳館は成立後わずか十カ月で撤廃された。許寿裳は編訳館が撤廃された翌日五月一七日の日記にこう記している。

新生報及び省政府公報に、昨日の政務会議一日目で編訳館撤廃が決議されたことが載った。事前に何も知らされていないのは不可解だ。私個人としては肩の荷が下りてありがたくもあるが、館としては一つの文化事業機関がいきなり廃止されるのは、台湾文化における損失としか言いようがない。[37]

編訳館撤廃の理由を省政府は何ら明確に説明していない。当時編訳館の名著編訳組の編審であった李何林は後日、編訳館即刻撤廃の決定は、魏道明が南京から伴った国民党の陳立夫、陳果夫が率いるCC派の指令が関係しており、許寿裳が常々CC派の主導するファッショ的教育政策に反対していたのが原因であろうと指摘している。[38]編訳館の設立は、法的に言えば、陳儀が行政長官の立法権を利用して台湾省単行法規を制定したものであったため、制度上かなり脆弱であった。陳儀が交代させられるにあたり、編訳館の命運も推して知るべしであった。いわんや長官公署そのものが撤廃され省政府に改組されるにあたっては台湾行政機構も全面的に再調整が進むのは必然のことであった。

一九四七年六月二四日、台湾省編訳館の学校教材組、社会読物組、名著編訳組の仕事は、教育庁編審委員会に引き継がれ、台湾研究組の仕事は、四八年六月成立の台湾省通志館に引き継がれた。当時これに立ち会った編訳館編纂の章微穎は次のように証言している。

引き渡されたもののうち、すでに刊行された図書二十余種の他に、三百万字にものぼる原稿があった。編纂が終わっていたものや、まだ完成していないものもあった。[39]

翌日六月二五日、館長の許寿裳は日記にこう記す。

台湾に来て丸一年になる。編訳館の準備をするのに、最初は部屋も手狭で、大陸の交通事情も悪く、呼び寄せた人もなかなか到着せず、やりにくかった。今年一月になってやっとそれぞれの仕事が始まったが、二二八の事件に遭い、中断すること一カ月。ところが、五月一六日の政務会議にて廃止が決定した。これほど急に廃止することになった理由は知る由もないが、存分に仕事をさせてもらえなかったことは、悲しみに耐えない。館で進めていたプロジェクトで引き渡すものは三十件近く、引き渡すプロジェクト資金は百五十万余り。私に対する賛否は全て聞き入れよう。[40]

台湾省編訳館は、その設立（一九四六年八月七日）から撤廃（一九四七年五月一六日）まで、一年にも満たない期間であった。その主要な成果は二十余種の図書の刊行と、三百万余字の未完成の原稿である。この成果には台湾研究組の工作成果も含まれる。では、台湾研究組の具体的な成果はどのようなものであったのか。一九四七年「二二八事件」前夜の一月一八日に台湾省編訳館が編んだ工作概況のうち、台湾研究組の研究概況に関するものを以下に挙げる。[41]

（1）台湾研究組編訳鈔校書目

書名	内容	編訳者	字数	完成時期
琉球亡国実録	原書名『琉球見聞録』、一名『廃藩事件』。琉球旧藩士喜舎場朝賢の著作。琉球滅亡の史実を詳細に記録している。	梁嘉彬	三万	三六（一九四七）年一月

過去日人在台湾之科学活動及成績	生物、医学、農学、工鉱、地質の各分野について、日本人の過去在台中の著作、発明、建設についての叙述。	張常惺	五万	三五（一九四六）年一二月
台湾府縣志藝文志索引	台湾全志には従来索引がなかったが、これによって検索が便利になる。	頼子清	四万	
瘧疾特論	マラリアは台湾医学界では非常に重要な問題である。本書は台湾大学医学部教授森下薫の著作。緻密な見解で、原文は約九万字。	廉新生	九万	
台湾昆蟲誌	世界の昆虫約四十万種の分類に基づき、台湾の昆虫を一属につき一種についてその特徴を説明する。	素木得一		
高山族語言集成	上篇：平埔蕃語 ①Suiraya祭歌 ②オランダUtrecht大学所蔵の新港語字典稿本の校訂 ③すでに死滅したとされる平埔蕃語の残存資料 ④Kabaran語語彙及び語法 ⑤Pazeh語語彙及び語法 下篇：高山蕃語 ①各方言の語法 ②比較語言学の研究	浅井恵倫 孫建中		上篇三六（一九四七）年三月 下篇三六（一九四七）年一〇月
台湾先史時代之研究	台湾先史時代の遺跡の実地調査と資料の収集、その文化の研究及び系統に関する考察。	国分直一	十五万	三六（一九四七）年一〇月
台北盆地之農家		国分直一 張樑標		

台湾民俗研究	福建系台湾人の個人生活上の諸儀式を出産生育、成年、婚姻、葬礼の四部に分ける。	池田敏雄 張樑標		
台湾通志	原書は清の蔣師徹、薛紹元等の編纂。四十巻相当。台湾省の陥落で未完成。原稿は省図書館所蔵。本館が借り受けて写本し、校勘を加えて標点符号を付す。			
小琉球漫誌	原書は清の朱仕玠（筠園）著。全十巻。本省の風物を記した詩文はいずれも佳篇。残存するものは極めて少ない。本館が台湾大学図書館から借り受けて写本し、さらに標点、校訂を加える。			
使署閒情	原書は清の六十七（居魯）編。四巻。本省の芸文が収集され、その殆どが地方志に記載されていないものである。本館が楊氏習静齋（楊雲萍）から借り受けて写本する。			

（2）台湾学報第一期篇目

書名	内容	編訳者	字数	完成時期
台湾書志考	台湾省経籍考の一部。台湾研究の一助とするため、朱彝尊『経義考』や謝国楨『晩明史籍考』の例に倣い、本省の典籍目録に考証を加える。	楊雲萍	三万	三五（一九四六）年一二月
明末旅日華僑甲必丹李旦與鄭芝龍	原書は台湾大学教授岩生成一が著した論文。近世初期台湾史に対する貢献は極めて大きい。	岩生成一 鄭桓	三万	三五（一九四六）年一二月

射人		金関丈夫 張樑標		
後龍底及苑裡先史遺跡発掘預報		国分直一		
通論澳門琉球在歴史上條約上的地位		梁嘉彬		
台湾先史時代鞋形石器攷		国分直一 張樑標		
鼠族驅除論		青木文一郎 張樑標		
福建系台湾人的産育習俗		池田敏雄 張樑標		
体育之起源演進及今後趨勢		謝似顔		
Utrecht 大学所蔵台湾平埔蕃語彙		浅井恵倫 孫建中		

右の表から、当時の台湾研究組の具体的業務内容は、先史遺跡の発掘や台湾文献資料の編集翻訳書写校正という研究成果のほか、学術刊行物『台湾学報』の出版も準備していたことが明らかである。編訳者には傑出した学者が多いが、中でも浅井恵倫は前台北帝大文政学部言語学講座教授であり、岩生成一は南洋史の教授、金関丈夫は医学部解剖学の教授、素木得一は昆虫学、養蚕学講座の教授であり、また青木文一郎は台北

帝大で理農学部長をしていた。張樑標は台北帝大史学科を卒業した文学士で、台北帝大史学科出身の台湾籍の二人のうちの一人である（もう一人は柯設偕）。『台湾学報』発行のほかにも、「台湾研究叢書」の編集が計画され、「台湾学報発刊辞」と「発印台湾研究叢書之縁起及辦法」はすでに書き終えられていた。「台湾学報発刊辞」において許寿裳はこう記す。

（略）本館は編訳につとめ、台湾研究と学術発揚を計るため、ここに「台湾学報」を刊行する。日本の台湾統治時代、かつて多くの学者が台湾について学術上の研究をし、多くの著書を成しており、これを読めるように整えるべく、我々はこれら日本人の著作についてよく見極めるべきである。あるものは日本の伝統観念の影響を受け、また帝国主義の色彩を帯びており、時勢におもねったもので誤りが多い。このような言論は残さないように、厳正に取り除かねばならない。またあるものは真摯な研究により、純粋緻密で相当の価値があるので、その真髄を取り入れて、より一層発展させるべきである。要するに、我々はこれらの著作について、有用無用を厳密に選別すべきである。学術にもとより境界はない。日本人がすでに研究して内容が完璧なものについては、我々はこれを取り入れても差し支えはなく、重複して研究して時間を費やす必要はない。また日本人の研究が未完成で完全ではないものについては、取捨選択して適宜修訂すべきである。さらに目下の建設に必要なのは、以前からまだ研究されていないものについて、緊急度で分けて力の及ぶ限りしっかり研究することである。（略）

本館が「台湾学報」を編集するその目的は、即ち上述した専門的学術論著の中から、とりわけ台湾文化に関して特に優れたものを取り上げて掲載することにある。[42]

編集発行を計画中の「台湾研究叢書」に関して、その経緯をこう記す。

事業立ち上げの経緯は諸々あるが、まずは学術振興に重きを置く。最近五十年間の台湾で日本人の専門家が熱心に研究した成果は見るべきものがある。今や幸いにも光復となったのを記念して、ぜひとも完成している原稿を翻訳し、世に公表して、我が国の学者が引き続き研鑽を重ね、完璧にすることを切に願う。故に、科学研究の基礎を打ち立て、また建設の必要性を全国に広めるため、台湾研究叢書を刊行する。[43]

「台湾学報発刊辞」と「発印台湾研究叢書之縁起」には、戦前の日本人学者の台湾研究の成果を有効に「流用」し、また「統合」すべきとする許寿裳の態度が更に明確に表れている。一九四七年六月二四日、台湾省編訳館は撤廃された。八月、編訳館の台湾研究組主任であった楊雲萍は台湾研究組の工作成果について自ら総括を行なった。

省編訳館はもはや撤廃を報じられた。この当局の方針は、かつて館で服務していた我個人としては、思うところはあるが、何も言うつもりはない。ましてや「撤廃後にその是非を誰がどうこうできようか」！

ただ私が直接関わった台湾研究の成果の一部（素木博士の論文以外はすでに台湾大学に送り、残りは全て教育庁に引き渡した。）を、以下に列挙することとする。一つには同士諸君の苦労を記念するためであり、また一つには台湾の文化歴史に関心を持つ人々の参考に供せんがためである。

△「隋代琉球確非台湾考」梁嘉彬著
△「明末旅日甲必丹李旦與鄭芝龍」岩生成一著，鄭桓訳
△「台湾先史時代靴形石器考」国分直一著，張樑標訳
△「苑裡後龍底新石器時代遺址発掘預報」同著，同訳
△「台北盆地之農家」同著
△「鼠族驅除考」青木文一郎著，張樑標訳
△「射人」W, Eberhard原著，金関丈夫訳註
△「福建系台湾人的產育習俗」池田敏夫〔雄〕著，張樑標訳
△「Utrecht 大学所藏台湾平埔語彙」〔淺〕井惠倫著，孫建中訳
△「瘧疾特論」森下薫著，廉新生訳
△「台湾府縣志藝文志索引」賴子清編
△「台湾昆蟲相」素木得一著
△「台湾気象」鄭桓編訳
△「過去日人在台湾之科学活動及其成績」張常惺著
△「台湾文治，武備沿革史略」金溟若著
△「石器図譜」立石鉄臣畫

右に挙げた十二篇以外の残りは全て完成した。数十万字を越える大著になったものもある。日本籍のメンバーは岩生、森下、金関、青木の四博士以外はみな館のメンバーである。岩生博士等の著作は、まさにどれもみな未発表の新しい原稿であった。この他さらに「台湾通志」、「小琉球漫志」、「使署閒情」等の伝抄や校

勘、「台湾関係文献目録」の編集もあった。

編訳館の成立期間は十カ月にも及ばないが、実際の業務時間は準備期間や二二八事件の影響を除くと、たったの五、六カ月にしかならない。—だが、すべてが終わってしまった。もはや何も気にかけることもあるまい！上に挙げた著述の発表と刊行に関して教育庁当局に誠意ある考えがあることを願うばかりだ。（わずかにこの小文を陳儀［公洽］、許寿裳［季茀］両氏に捧げる。）[44]

楊雲萍が自ら台湾研究組に対して行なった総括から、台湾研究組の具体的な工作成果だけでなく、日本人が遺した台湾の研究成果をも知ることができる。

四、台湾省編訳館撤廃後の台湾研究組構成員のその後

編訳館撤廃後の翌一九四八年六月、台湾省政府は台湾省通志館を設立し、編訳館台湾研究組の業務を継続した。[45] そして一九四九年六月に台湾省通志館はさらに改組し台湾省文献委員会となった。その後、台湾省文献委員会は一九四九年以降の台湾における大学以外の台湾研究の一つとして、政府の文献編纂業務、学者、在野の民間文化人たちの集結点となり、戦後数十年間、国民党政府の「中国史化」という歴史意識の下で「地方史」という形で厳存した。二〇〇二年台湾省文献委員会はまた「国史館台湾文献館」と改名され、制度の上ではやはり上述の流れを引き継いだ。編訳館台湾研究組の研究と編訳成果は、編訳館解散後その一部は当時の台湾文化協進会が出版した『台湾文化』に発表された。[46] この他、台湾研究組が徴用した国分直一、池田敏雄等の日本人学者も、当時の成果を日本に持ち帰り、帰国後日本で出版、あるいは学術雑誌に発表し

た。[47]

一九四七年五月一五日、魏道明が台湾に到着した翌日に開かれた省務会議で、編訳館撤廃が即時決議された。館長の許寿裳には魏道明の台湾到着と同じ日に、直ちに台湾大学から教授兼中国文学系主任とする招聘状が届いた。六月、許寿裳は台湾大学教授兼中文系首任主任に転任した。当時台湾大学中文系の教員には、教授に許寿裳、魏建功、台静農、羅庸（未到着）、副教授に呉守礼、黄得時がいた。[48]その後、許寿裳は当時台湾大学学長であった陸志鴻との再三に渡る交渉を経て、八月下旬に編訳館名著編訳組主任であった李霽野を台湾大学共同科教授に、編審の李何林も中文系副教授に転任させたが、二人は一九四八年に相次いで中国へと戻った。

一九四八年二月、許寿裳は晩年に台湾へ赴いたことで、不慮の出来事に遭い、[49]生涯の結末を早めてしまった。許寿裳と関係の深かった台湾大学中文系教授の台静農（一九〇二―一九九〇）は、彼の台湾滞在時期の功績について次のように説明している。

　晩年、台湾省編訳館を支えたのはほんの短い期間であったが、その成果は大きい。その質実で崇高な仕事ぶりは皆が知るところだが、それだけでなく、友人に頑固者とまで言われることがよくあったが、だからと言って先生は孤立したり気落ちすることはなかった。先生はものごとをそのあるがままに論じるという精神を確固として持っていた。台湾大学での先生も全くそのとおりだった。殺害される前日には、やはり苦心して国語や国文の問題を段取りし、図書の整理をされていた。[50]

編訳館台湾研究組主任の楊雲萍は、許寿裳が何度も交渉に奔走したおかげで、一九四七年九月台湾大学歴史系教授に転任すると、すぐ「台湾史」課程を開講した。戦後初めて高等学府である大学で「台湾史」課程を開講した学者であり、一九七七年に定年退職するまでずっとこの課程を担当した。楊雲萍は台湾大学教学の生涯で、台湾のために台湾史研究の人才を多く養い、[51]「台湾史」を「郷土」、「溢美」、「偏差」、「好奇」といったレベルから脱して、一つの専門的学問にしようと努力した。戦前から引き継ぎ戦後へとつなげる「台湾史」研究、[52]これこそまさに許寿裳の願いであった。台湾研究組の編纂であった浅井恵倫、素木得一と、幹事の池田敏雄は日本に帰国した。編審の国分直一、編輯の立石鉄臣は台湾大学歴史系民族学研究室（旧称は土俗人種学教室）副教授と講師に転任し、一九四九年に帰国するまで戦火を負った瓦礫の中に残存する標本と考古資料の整理記録にあたった。幹事の頼子清（一八九四―一九八八）は、一九四八年七月台湾省通志館顧問委員会に移り、翌年七月に台湾省文献委員会協纂（職務名）に転任した。その後、嘉義県政府文献委員会顧問となり、地方志と漢詩編集に尽力して『嘉義縣志』、『彰化縣文化誌』や多くの漢詩集を編纂した。[53]編審の梁嘉彬（一九一〇―一九九五）は、一九三七年の二十七歳の時にはすでに『広東十三行考』の著書で史学界に名を轟かせていたが、編訳館時代には琉球史の研究に一心に取り組み、その後東海大学、政治大学、輔仁大学、文化大学などで教鞭をとった。後に特に琉球史、澳門史、中外関係史の研究で重要な研究成果を遺した。

注目すべきは浅井恵倫（一八九五―一九六九）と国分直一（一九〇八―二〇〇五）で、浅井恵倫は日本帰国後、国立国語研究所研究員、金澤大学教授、南山大学教授の職について後進を育成し、また日本言語学会評議員、日本民族学会理事も務め日本学界で活躍した。一九六九年に亡くなった時、その台湾原住民語言研究を継いだ土田滋（東京大学名譽教授）は浅井恵倫の学術成果について以下二点にまとめた。

（一）ヤミ語をはじめとする高砂諸語の言語構造や伝説を、言語学者として世界ではじめて（それも英語で）明らかにしたこと。
（二）消滅寸前にあった平埔族諸語の採録につとめ、しかもそれら（浅井先生ばかりでなく先学のも含めて）の貴重な資料（の大部分）を無事日本に持ち帰ったこと。［筆者注：現在、東京外国語大学アジア・アフリカ言語文化研究所所蔵］[54]

国分直一は日本帰国後、東京教育大学教授、熊本大学教授、梅光女学院大学教授の職に就くとともに、極めて精力的に学術著述活動を展開した。その著述と学術的関心は東アジアの考古学、人類学、民族学・民俗学の全般に跨るが、その学術研究の出発点は台湾時代の累積によるものである。[55]また、素木得一（一八八二―一九七〇）は日本帰国後も昆虫学界で活躍し、日本応用昆虫学会会長を務めた。池田敏雄（一九一六―一九八一）は帰国後、島根新聞社の職に就いたが、その後有名な出版社「平凡社」に転職した。台湾時代、編訳館時代の台湾民俗調査研究の経験を活かし、民俗学部門、民族学部門で著名な編集者を成した。[56]

五、結論

戦前に帝国日本がアジア、植民地を含め、台湾で行なった調査研究活動は、その目的と性質によって大きく六つに分けることができる。①文献調査・資料收集、②物産・軍事要地調査、③旧慣・習俗調査（民族調査を含む）、④市場・経済情形調査、⑤経済計画立案調査、⑥華僑・華人調査。[57]上記の調査活動によって、日本敗戦時には膨大な量の研究成果が蓄積された。[58]

一九四五年一〇月、国民政府が台湾を接収後、行政長官陳儀は「去日本化」、「再中国化」といった台湾文化再構築政策を推し進めた。当時、台湾文化再構築機構の一役を担った編訳館の館長許寿裳は、日本学者が遺した台湾研究成果を有効に接収すべきだと考えた。編訳館台湾研究組は台湾研究成果を中国語に翻訳して、知識の再生産をはかることで、中国学術研究の一部にしようとした。言わば、日本人学者の台湾研究成果を「中国化」するための「流用」、「統合」の策略であり、まさに「去日本化」、「再中国化」という台湾文化再構築の方針と符合するものであった。

編訳館台湾研究組の業務内容とその成果をみると、史前史跡の発掘、フィールドワーク調査の推進、文献資料の抄録、復刻、編訳のほか、その研究範囲は現在「台湾学」、「台湾研究」と称するものを含む。編訳館台湾研究組は戦後台湾において、政府機関の台湾研究「台湾学」の出発点をなし、後の台湾における台湾研究の土台を作り上げた。台湾研究組の主要メンバーであった楊雲萍、国分直一、池田敏雄、立石鉄臣は皆、戦前には『民俗台湾』の同人であり、同時に一九七〇年代になるまで続いた戦後台湾研究の道筋となる重要な民間刊物『台湾文化』、『公論報』副刊「台湾風土」、『台湾風物』の主要な執筆者でもあった。一九七〇年代、台湾が「本土化」・「民主化」を始める前に、民間の団体による「台湾学」と政府による「台湾学」は、すでに並存していたのである。

編訳館撤廃後、台湾研究組の主要な業務は台湾省通志館に継承された。一九四九年以降、国分直一の台北師範学校時代の学生王世慶（一九二八―二〇一一）は、台湾省通志館（後台湾省文献委員会に改名）の職につき、師の台湾文献の保存と研究の継承に大きく貢献した。また同じく国分直一の台北師範学校時代の学生劉茂源（一九二六―二〇〇五）は、後に熊本大学と九州大学に留学し、その後梅光女学院大学で教鞭をとり、国分の台湾考古学の研究を受け継いだ。台湾研究組の日本人構成員は、前述のように、日本に帰国後、戦後の日本学界に台湾研究を伝承する作用を引き起こした。

その他、一九四九年に台湾大学歴史系民族学研究室で留用されていた日本人学者宮本延人が帰国した後、その研究は台湾出身の陳紹馨、陳奇祿、宋文薫らに継承された。戦後台湾における台湾研究は知識の生産において、制度面、人員面ではこのように複雑な方法で、断裂の中にあっても継続、展開されていった。こうした過程において、許寿裳と楊雲萍が果たした重要な役割を見過ごしてはならない。

一九九〇年、日本民族学会がすでに八十二歳の高齢になった国分直一のもとにインタビュー撮影に訪れた際、戦後来台した大陸の学者如李濟等との密切な交際の有無についての質問に、国分は迷うことなくこう答えた。

それについてぜひ触れておきたいのは、許寿裳先生です。彼が館長をしていた台湾省編訳館というのは、台湾総督府の編訳館のようなものでした。専門的な資料を編訳するのではなく、もっと一般民衆の教化をするためのものが対象です。それから台湾研究班というものができて、楊雲萍という詩人で研究者であった人を部長にしまして、そこに日本人を留用したんです。池田敏雄も僕も、そして浅井恵倫先生もいました。理学部昆虫研究室の素木得一先生も留用されました。許寿裳先は（略）台湾大学文学部の主任教授になりましたが、その後まもなく暴徒に襲われ、首を切られてなくなってしまった。大変立派ないい先生だったのに残念でした。[59]

国分のインタビューを通して、許寿裳と楊雲萍が戦後の台湾研究の継承に対して、大きな統合作用を引き起こしたことを改めて知ることができる。

附記

拙文は、拙著『台湾文化再構築の光と影（一九四五―一九四七）―魯迅思想受容の行方』（創土社、一九九九年）第三章「台湾省編訳館の役割」の研究延長。中国語で発表した論文「歴史斷裂中的延續：許寿裳與戦後台湾研究的展開」（『近代国家的形塑：中華民国建国一百年国際学術討論論文集』国史館、二〇一二年所収）を基に加筆修正したものである。

＊注

1 陳怡真『澄懐観道―陳奇禄先生訪談録』国史館、二〇〇四年、八八頁。
2 同右、四五―八八頁。若林正丈「（池田敏雄）敗戦日記Ⅰ Ⅱ［解題］」『台湾近現代史研究』第四号、緑蔭書房、一九八二年、五八頁。
3 「（池田敏雄）敗戦日記Ⅰ Ⅱ」『台湾近現代史研究』第四号、緑蔭書房、一九八二年、一〇八頁。
4 詳細は張希哲「記抗戦時期中央設計局的人與事」（『伝記文学』二七巻四期、伝記文学雑誌社、一九七五年一〇月、三九―四四頁）を参照のこと。
5 陳鳴鐘、陳興唐主編『台湾光復和光復後五年省情』上巻、南京出版社、一九八九年、四九―五七頁。
6 同右、四九頁。
7 同右、五四頁。
8 「民国三五年度工作要領―三四年除夕広播」『陳長官治台言論集』第一輯、台湾省行政長官公署宣伝委員会、一九四六年、四一―四五頁。
9 『中華民国三六年度台湾省行政長官公署工作計画』一九四七年四月編製、四頁。
10 陳儀の台湾文化再構築政策とその執行機構に関しては、拙著『台湾文化再構築の光と影（一九四五―一九四七）―魯迅思想受容の行方』（創土社、一九九九年）を参照のこと。
11 陳儀が許寿裳に送った電報。一九四六年五月一日。黄英哲・許雪姫・楊彦杰編『台湾省編訳館档案』（福建教育出版社、二〇一〇年、五頁）所収。

12　陳儀が許寿裳に送った私信。一九四六年五月一三日。同右『台湾省編訳館档案』一〇—一七頁所収。
13　北岡正子・陳漱渝・秦賢次・黄英哲編『許寿裳日記』台大出版中心、二〇一一年、三五〇頁。
14　同右、三五三頁。
15　同右、三五四頁。
16　前掲『台湾省編訳館档案』一九—二一頁。
17　「許寿裳来台将任編訳館長」『工商日報』第二版、中華民国三五年（一九四六）七月二日。前掲『台湾省編訳館档案』二九頁。
18　「台湾省編訳館組織大綱草案」、前掲『台湾省編訳館档案』三〇—三三頁。
19　「台湾省編訳館組織規程」『台湾省行政長官公署公報』秋字、四九九—五六四頁。中華民国三五年（一九四六）八月二日、四五〇—四五一頁。
20　『民報』一九四六年八月一日、第二版。
21　許寿裳「台湾文化的過去與未来的展望」『台湾省訓練団団刊』二巻四期、台湾省訓練団、一九四六年一〇月、二四四—二四五頁。
22　前掲『許寿裳日記』三五八—三五九頁。
23　同右、三六〇—三六一頁。
24　詳細は湯熙勇「台湾光復初期的公教人員任用方法—留用台籍、羅致外省籍及徴用日人（一九四五・一〇—一九四七・五）」（『人文及社会科学集刊』四巻一期、中研院社科所、一九九一年）を参照のこと。
25　国分直一「戦後台湾における史学民族学界—主として中国内地学者の動きについて」。氏の著書『台湾考古民族誌』（慶文社、一九八一年、四頁）に収める。
26　楊雲萍が編訳館に務めることになる経緯は、許寿裳日記から詳しく知ることができる。許寿裳は七月九日にまず洪炎秋に面会し（前掲『許寿裳日記』三五八頁）、七月二五日に洪炎秋（台湾出身、当時台中師範学校校長）、連震東（台湾出身、当時台湾省参議会秘書長）と共に楊雲萍に会った（前掲『許寿裳日記』三六一頁）。楊雲萍はその後すぐ編訳館編纂兼台湾研究組主任の職に就いた。楊雲萍も後に回想のなかでこの就任の経過について言及している。「台湾が光復すると、游彌堅氏（当時台北市長）は台湾文化協進会を設立し、月刊『台湾文化』、旬刊『内外要聞』を創刊し、私はその主編をつとめました。協進会の事務所は中山堂の三階にありました。ある日、洪炎秋先生が突然訪ねてきて、許寿裳（季茀）先生が私に会いたがっていると言うのです。…私たちは初対面で親しくなりました。…彼は編訳館の目的や規模、人員の待遇を詳細に説明しました。…彼は北京で私の書いた中国語と日本語の著作を読んだことがあると言い、私に編訳館の仕事に参加しないかと求めました。私の名刺を見て、私が長官公署参議であることを知ると、兼任でもいいからとも言いました。彼の熱意と誠意に対して私はすぐ承諾したのです。」（「許寿裳先生的追憶」『中外雑誌』三〇巻四期、一九八一年一〇月）楊雲萍は戦後すぐ『民報』（一九四五年一〇月一四—一六日）に「文献的接收（上・中・下）」の一文を発表し、国府が台湾を接収する際には、物資・器材・建築物・備品の他、図書や档案等の文献についても、十二分の考慮が必要だと呼びかけた。とりわけ台湾総督府、台湾総督府図書館、南方資料館、台北帝国大学の档案文献、図書を周到に接収するよう訴えている。彼が長官公署参議に招聘されたのは、この文章を発表したことと関係があろう。また許寿裳が彼を編訳館編纂並びに台湾研究組主任に招聘したのは、洪炎秋と連震東による推薦が大きく関係している。

27 「台湾省編訳館三六年度工作計画」（前掲『台湾省編訳館档案』一五八―一五九頁）を参照。

28 詳しくは「編訳館校印 台湾通志」（『人民導報』一九四六年九月七日）を参照。

29 詳しくは「挖掘先史遺物 省編訳館台湾研究組」（『民報』一九四六年一二月六日）を参照。

30 国分直一「終戦後の紅頭嶼（蘭島）調査」前掲『台湾考古民族誌』三三六―三五五頁に収める。

31 『台湾省参議会第一届第二次大会 台湾省行政長官公署施政報告』長官公署、一九四六年、一〇八―一〇九頁。

32 『台湾引揚・留用紀録』第九巻、ゆまり書房、一九九七年、七八―九四頁。

33 前掲、楊雲萍「許寿裳先生的追憶」二九頁。

34 詳細は松永正義「『許寿裳日記』をめぐって」（『東京大学東洋文化研究所・東洋学文献センター通信』三四号、東京大学東洋文化研究所、一九九四年三月）を参照のこと。

35 前掲、国分直一「戦後台湾における史学民族学界―主として中国内地学者の動きについて」九頁。

36 『台湾省政府公報』台湾省政府秘書処、一九四七年五月一七日、一六頁。

37 前掲『許寿裳日記』四〇一頁。

38 李何林『李何林選集』安徽文芸出版社、一九八五年、五二頁。

39 章微穎「三六年（一九四七）台湾省編訳館結束，賦短章呈翁師座」。許寿裳の遺族から提供いただいた。

40 前掲『許寿裳日記』四〇七頁。

41 「台湾省編訳館工作概況 民国三六年一月一八日編」前掲『台湾省編訳館档案』二八〇―二八四頁。『民国三六年台湾年鑑』台湾新生報社、一九四七年、k八九―k九一頁。

42 許寿裳「台湾学報発刊辞」前掲『台湾省編訳館档案』二九九―三〇一頁。

43 許寿裳「発印台湾研究叢書之縁起及辦法」同右、三〇二頁。

44 楊雲萍「近世雑記（六）」『台湾文化』二巻五期、台湾文化協進会、一九四七年八月、一二頁。

45 台湾省通志館と台湾省文献委員会の工作内容は台湾省編訳館台湾研究組と重複するところが多い。詳細は『台湾省文献委員会志』（台湾省文献委員会、一九九八年）を参照のこと。

46 金関丈夫・国分直一「台中県営埔遺跡調査預報」（『台湾文化』第五巻第一期、台湾文化協進会、一九四九年七月）、国分直一・金関丈夫「台湾考古学研究史」（『台湾文化』第六巻第一期、一九五〇年一月）。

47 国分直一『台湾考古誌』（法政大学出版局、一九七九年）、『台湾考古民族誌』（慶文社、一九八一年）。この二冊の著作は編訳館時代の調査研究の成果の一部を収録している。池田敏雄には編訳館時代に台湾人産育習俗に関する研究があり、帰国後に発表された。池田敏雄「福建系台湾人の妊娠祈願及び妊娠察知に関する習俗」（『民族学研究』第一八巻第一—二号、一九五四年三月）、「福建系台湾人の出産習俗」（『民族学研究』第一九巻第二号、一九五五年九月）。

48 「国立台湾大学教職員名単」『台大同学会会員名録』一九四七年八月一日、二七頁。

49 一九四八年二月一八日、許寿裳は台湾大学宿舎にて殺害された。許寿裳殺害に関して、当時の台湾省警務処の正式発表によれば、一九四八年二月一八日夜、元編訳館給仕の高萬俥が許宅に盗みに押し入り、許寿裳に発見され凶行に及んだという。詳しくは『台湾新生報』（一九四八年二月二三日）及び「案情経過」（『台湾文化』第三巻第四期「悼念許寿裳先生」一九四八年五月、三四—三六頁）を参照のこと。逝去後、国民政府は明文をもって許寿裳を表彰した。（詳しくは『新生報』一九四八年六月二七日を参照）。

50 台静農「追思」前掲『台湾文化』三巻四期、二〇頁。

51 例えば中央研究院台灣史研究所現所長の許雪姫や、同研究所研究員黄富三、陳秋坤（どちらもすでに退職）、前国史館館長の故張炎憲、前館長の林満紅、成功大学歴史系の故林瑞明教授らは、皆台湾大学歴史研究所で指導を受けた弟子である。

52 詳しくは許雪姫「楊雲萍教授與台湾史研究」（『台大歴史学報』第三九期、二〇〇七年六月、六二一—六五頁）を参考のこと。

53 許雪姫等『王世慶先生訪問記録』中央研究院近代史研究所、二〇〇三年、一九一頁。

54 土田滋「〔人と学問〕浅井恵倫」『社会人類学年報』Vol.10、東京都立大学社会人類学会、一九八四年五月、一八頁。

55 安渓遊地、平川敬治『遠い空—国分直一、人と学問』海鳥社、二〇〇六年、三〇九頁。国分直一著作目録は「国分直一略年譜」（同書、二九九—三〇七頁）に収める。

56 詳細は「池田敏雄年譜」（『台湾近現代史研究』第四号、緑蔭書房、一九八二年、一六九—一七七頁）を参考のこと。

57 末広昭「他者理解としての『学知』と『調査』」同氏編『「帝国」日本の学知』第六巻、岩波書店、二〇〇六年、四頁。

58 戦前日本の台湾の学術研究成果に関して、人類学研究については、坂野徹『帝国日本と人類学者（一八八四—一九五二）』（勁草書房、二〇〇五年、二二七—二九三頁）を参考のこと。史学研究については、呉密察「植民地大学とその戦後」（呉密察・黄英哲・垂水千恵編『記憶する台湾』東京大学出版会、二〇〇五年、二九三—三三九頁）を参考のこと。医学研究及び農業研究については欧素瑛『傳承與創新：戦後初期台湾大学的再出発（一九四五—一九五〇）』（台湾古籍出版社、二〇〇六年二月、二八五—四一三頁）を参考のこと。

59 国分直一「台湾研究者の群像」前掲『遠い空—国分直一、人と学問』二四八—二四九頁。

第五章　一九四〇年代～一九六〇年代の台湾漫画
――政治、イデオロギー、文化の場の競合

李　衣雲
石田卓生　訳

本論文は、ピエール・ブルデューの「場」の概念と資本理論を用いて、漫画が発表されるメディアとその変遷から、政府の権力と文化の場の競合関係を検討するものである。[1]

一九世紀末以降、誇張したりデフォルメしたりする一コマや四コマの風刺画（カリカチュア、カーツーン）、コマ割りされたストーリー漫画（バンド・デシネ、グラフィック・ノベル）がヨーロッパから東アジアに伝わると、日本では北沢楽天、岡本一平、台湾では鶏籠出身の陳炳煌（ペンネーム・鶏籠生）、中国では豊子愷などが、一コマや四コマの風刺画を描いた。日露戦争以降、一コマ、四コマ及びストーリー性のあるものが、日本と日本統治下の台湾では漫画であるとみなされるようになった。しかし、中国と一九四五年以降の台湾では、一九六〇年代まで細密な筆致の連環画（図1）や一コマ漫画、ひいては木版画までもが漫画と同種のものと

して語られてきた。

マスメディアは、近代科学技術の発展にともない、統治者が人民に対して自身の歴史的叙事と政治的言説を構築する重要な手段となった。絵によって叙述する漫画も政治プロパガンダに用いられ、政府の統制を受ける。本論は、一九四〇年代から一九六〇年代まで、すなわち日本統治時期末期から国民党による党国体制の前半期に注目し、この時期における台湾漫画の変化を中心に論じる。本論文が扱うのは、台湾において、本省人と外省人（つまり「省籍」を問わない）によって創作、出版された漫画（挿絵や木版画を除く）である。そこにあらわれるのは、政府の権力と文化の場の競合関係である。

一、表舞台で政治と一体化した文化の場

一九二一年頃、ストーリー漫画が日本の新聞雑誌上に掲載され始めた。[2] 西洋の近代的な漫画の基本的な文法は新聞や雑誌、あるいは貸本屋などを通して台湾に伝わった。日本統治時代の新聞雑誌には、そうした漫画を

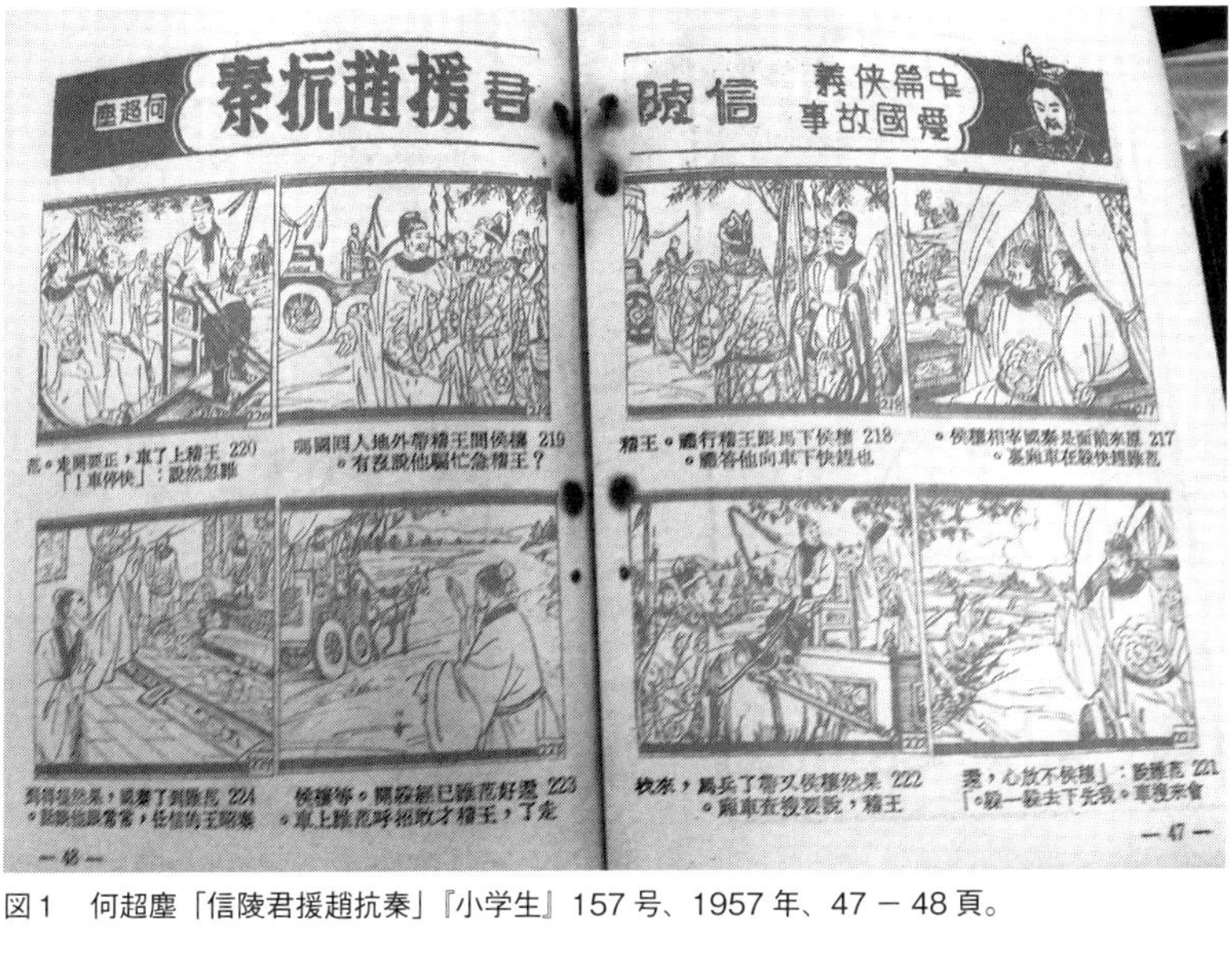

図1　何超塵「信陵君援趙抗秦」『小学生』157号、1957年、47 − 48頁。

描いた漫画家、例えば許丙丁、[3]藍蔭鼎、鶏籠生、陳定国[4]を見ることができる。一九三八年、新竹地方の王花、葉宏甲、陳家鵬、洪晁明などの漫画愛好者が「新高漫画集団」を結成した。当時、日本には多くの漫画の通信教育があった。例えば日本漫画研究会[5]は普通科と速成科があり、入会後に数枚の添削券（図2）を受け取り、受講期間中にその券と返信用封筒、郵便料金を添えて送ることで講師に質問したり、習作に添削を求めたりすることができた。一九四二年に皇民奉公会が漫画家清水崑を台湾に招請して漫画講習会を数回開催しているが、新高漫画集団のメンバーもその新竹の講習会に参加している。[6]雑誌『台湾芸術』などには、彼らがその団体名で発表した作品が見られる。[7]

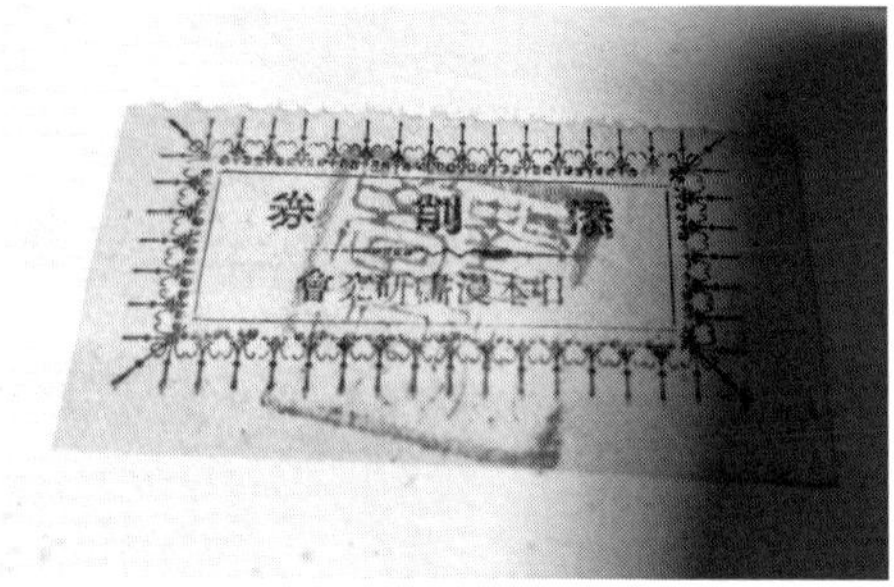

図2　漫画研究会の添削券（一回の添削は一枚）。梁梓義の家族梁乃悦氏所蔵。

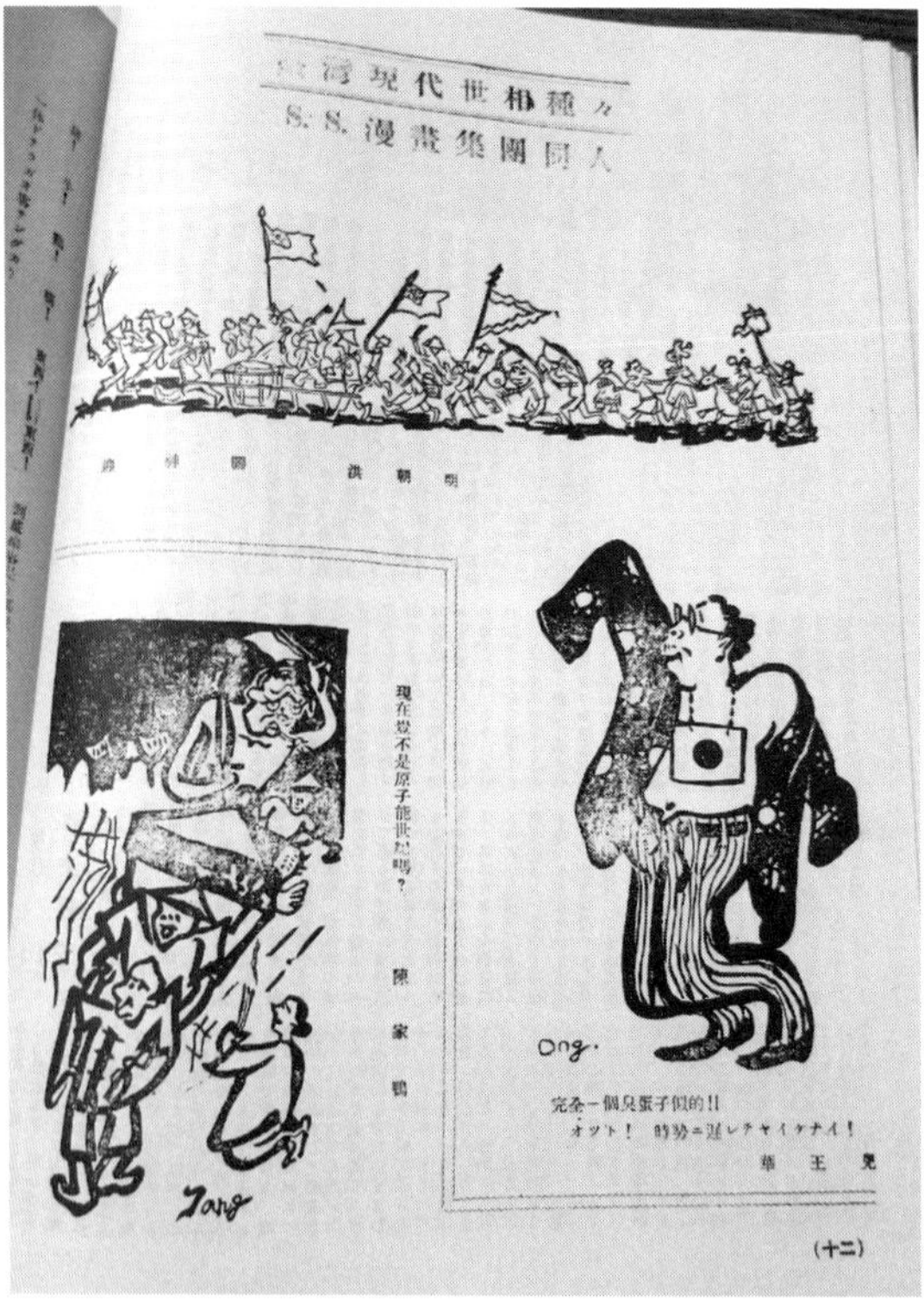

図3　『新新』第1巻第1号、1945年11月。

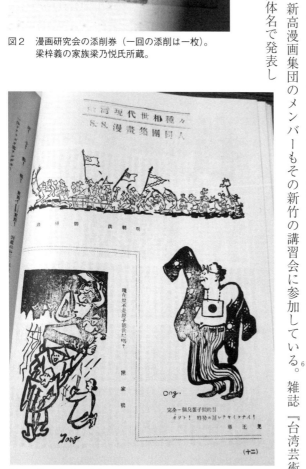

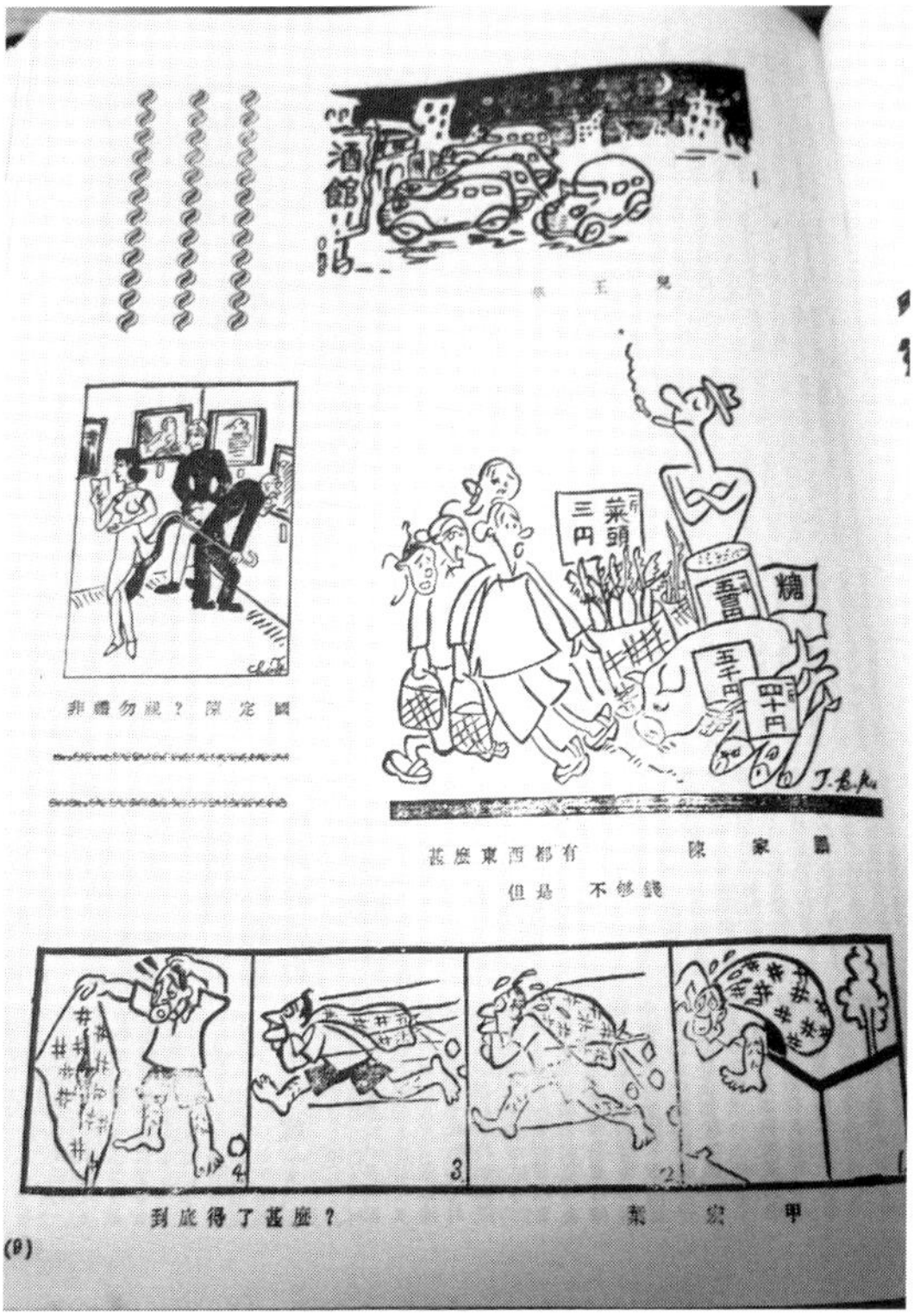

図4　『新新』第1巻第2号、1946年2月。

一九四五年の終戦時、祖国への思いと情熱を抱いていたインテリは少なくなかった。岩波書店での編集職を投げ打って台湾に戻った黄金穂が編集長を務め、同年十一月に戦後初めて出版された総合雑誌『新新』には、葉宏甲、王花、洪晁明、陳家鵬の四人が編集に、新高漫画集団の林河世や梁梓義などのメンバーも印刷や宣伝業務に携わった。毎号二頁を新高漫画集団に割き、メンバーではない陳定国なども寄稿している。『新新』は全八期七冊刊行されるが、後に悪化したインフレーションのため一九四七年一月に廃刊した。[8]

『新新』に掲載された時事批評の一コマ漫画は、創刊時の祖国に帰還した喜びから（図3）、翌月には悪徳商人や世相を憂慮するものとなり（図4）、最終号では絶望に至っている（図5）。国民政府は「台湾は日本の植民地から解放されたのだから、全ては中国化されなければならず」、大陸の「インフレーションや物価高騰」などの「困難と欠点」も一緒くたに受けいれるよう台湾に要求していたが、それが『新新』には全くなかった。[9] このようなことから、二・二八事件直前の廃刊が政治的圧力と無関係であったとは断言しがたい。

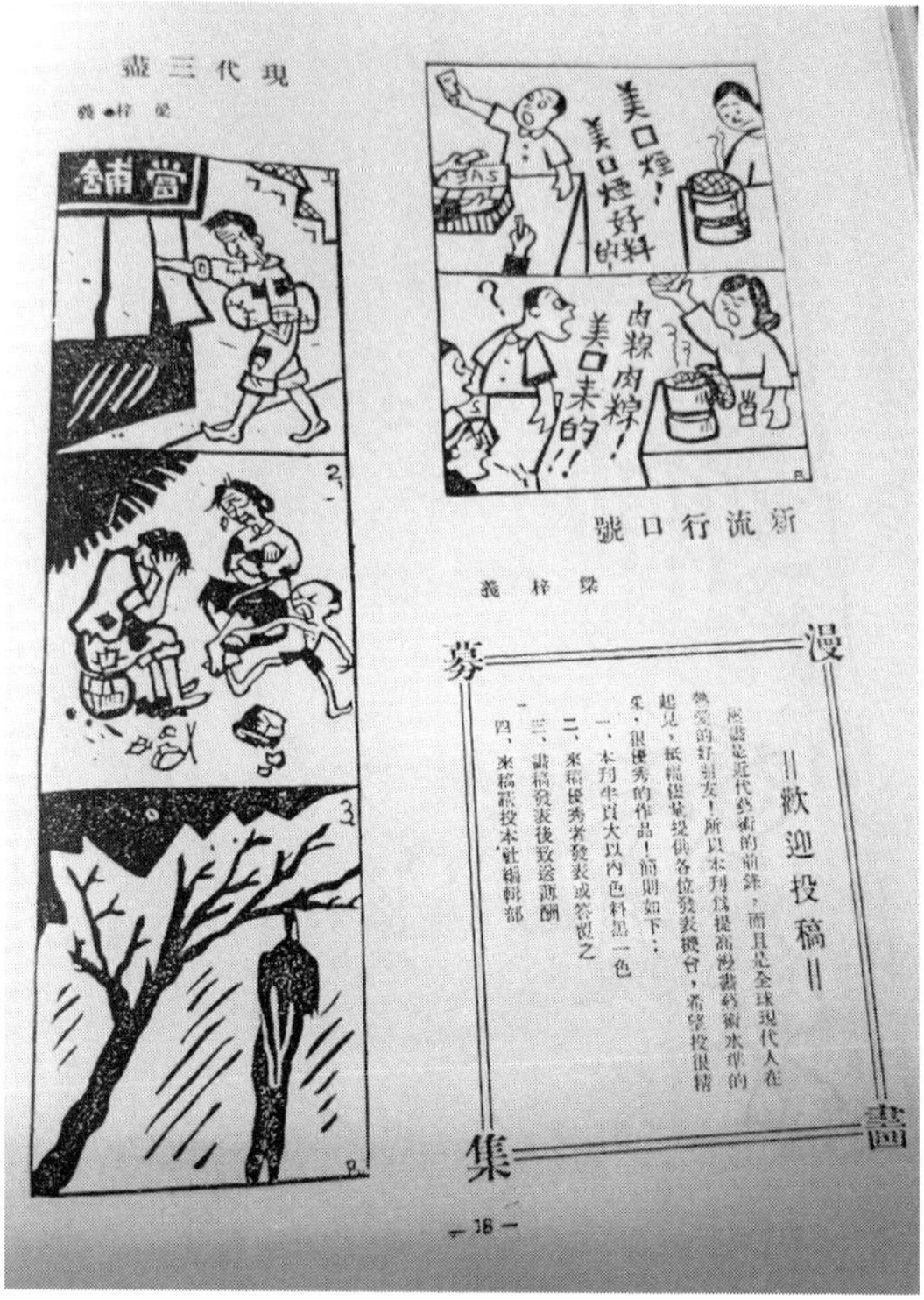

図5 《新新》第2巻1期，1947年1月。

別の側面から見てみよう。国民政府は中国共産党に対して劣勢となり、台湾へと後退し始めると、次第に台湾在地のメディアを重視するようになった。一九四六年、国民党は台南で『中華日報』を創刊し、一九四八年には国語を推進する『国語小報』を台湾に移して『国語日報』と改め、一九四九年に国民党政府が台湾に遷ると党機関紙『中央日報』も移転した。一九四七年には台湾省政府が日本統治時代に台湾総督府系の新聞であった『台湾日日新報』を接収して『台湾新生報』と改めている。民間紙では、一九五〇年に『徴信新聞』、一九五一年には『聯合報』という国民党の政策決定中枢部と緊密な関係を持つ新聞が台湾で創刊した。[10] 一九五一年、国民党政府は戒厳令下で言論統制を実施し、新たな新聞の登記は停止され、一九八八年に至るまで全ての新聞は国民党に掌握された。

新聞紙面に漫画は少なく、一九五〇年代の民間紙では図画自体があまり使われていなかった。『聯合報』の漫画の大半は『ワシントン・ポスト』や『ニューヨーク・タイムズ』など外国紙の時事漫画からの引用であり、台湾内の漫画といえば、長い間、外省人の李費蒙（牛哥）と李歌洪の連環画しか連載されなかった。[11]

図６　『中華日報』1949年２月７日。

『徴信新聞』は主に経済動向を報道していたが、一九五五年に総合紙へと変更拡大されると特別欄「人間副刊」[12]が設けられ、一九五六年に牛哥が漫画「牛太妹」を連載している。

そうした民間紙の一方で、国民党系の新聞は一九四九から一九五〇年代初頭の時点で、図画の効果を非常に重視しており、写真も漫画も積極的に使用していた。これは国共内戦時に中国共産党が行っていた図画を効果的に用いたプロパガンダの影響である。蔣経国は、一九五一年に軍内で文芸担当兵を養成し、蔣介石は一九五三年に『民生主義育楽両篇補述』を発表した後に「戦闘文芸」政策をまとめ[13]、軍事と文化において「反共抗俄[訳注1]」と中国の民族主義路線を推進した。

例えば、台湾で比較的早い時期に創刊していた『中華日報』の一九四九年初頭の紙面にあらわれた漫画の多くは、アメリカの新聞からのもので、その内容は、国際的な共産党に関わる情勢や、連合国軍総司令部（ＧＨＱ）下の日本などを描いた風刺漫画（図６）であったり、庶民の生活や米価高騰などについての一コマ漫画や木版画であったりした[14]。一九四七年に台湾にやって来た美術教師張麟書は、そうした作品を描いた一人であった。しかし、一九五〇年になってからは

図7　『中華日報』，1950年1月29日。

そうした内容の作品はなくなり、かわって反共漫画が掲載されるようになった（図7）。

『図画時報』は黄埔軍学校系の梁中銘、梁又銘兄弟が一九四九年一〇月に創刊したもので、図画や漫画を主とする新聞である。梁又銘「土包子下江南」、牛哥「解放了的牛伯伯」や一九四九年に軍に随行して台湾にやって来た青禾（陳慶熇）「娃娃日記」などの反共愛国漫画は全てここから登場している。しかし、この刊行物は一年もたたずに資金難に陥り、一九五〇年四月二〇日から月曜日と木曜日は『中央日報』紙上に設けられた「中央日報漫画半周刊」で、[15]水曜日と金曜日、日曜日は『図画日報』を刊行して活動したが、後に『中央日報』に統一された。「中央日報漫画半周刊」が一九五二年に廃止されると、「土包子下江南」と「牛伯伯打游撃」は他の紙面に移り一九五五年まで毎日連載された。[16]これら二作品は当時の政府からは「反共抗俄を大衆に広める良い読み物」と見なされ、一九五二年に中央日報社から単行本が出版されると、台湾省政府は各小中学校、県市政府に大量購入を求める文書を出している。[17]このことは漫画が重要な政治的プロパガンダの手段であると見なされていたことの例証の一つである。

一九五〇年四月二六日、『新生報』が偶数日刊「新生漫画」を設け、外省人の抗戦木版画家夏緯図[18]、劉獅、王小痴が相次いで編集長を務めた[19]。王小痴の反共漫画「三叔公」などはこの紙面に掲載されたものである。このほか軍系の『青年日報』も「図画周刊」を設け、多くの軍系漫画家が育成された[20]。以上のことからわかるように、一九五〇年代以降の新聞の漫画家はほとんど外省人であった。このことがもつ象徴的な意味については、新聞それ自体から考察を始めなければならない。

新聞の起源は、一六世紀のヨーロッパ各地にあらわれた印刷されたり手書きされたりしたニュースレターにさかのぼることができる。それらには大小さまざまな社会事情が記載され、その多くには地域性があった。近代社会の原型が成立した一七世紀になると、ニュースの需要は高まり、さらに出版業への王権の統制力が低下すると、一七世紀末、新聞は商業と政府筋の情報の伝達を重視し始めた[21]。新聞が政府を監督する立場を取り始めるのは、二〇世紀中盤まで待たなければならない。西洋の新聞の変遷を見ると、新聞は大新聞と小新聞に分かれている。大新聞は主に政治、商業について報道するものである。小新聞は大衆娯楽に走る傾向があり、そこには文化教養と風刺批評という側面もあれば、情動的で奇をてらう側面もある。

近代化において後発であった東アジアでは[22]、日本が明治維新後の一八七一年に「新聞紙条例」を発布している。この条例の施行は短期間であったが、その条文からは日本政府の新聞に対する考え方を見て取ることができる。新聞の目的は、一つには知識を広める「啓蒙」であり、二つには人心を文明開化へ導くというものであった[23]。言い換えれば、新聞は西洋文明の一要素であると見なされていたのである。

中国はアヘン戦争の頃、中国にやって来た宣教師が新たに作った言葉である「新聞紙」と「新報」を用いて、紙をとじない形式の新聞や定期刊行物のことを呼んでいた。康有為たちの維新運動以降、「報紙[訳注2]」が紙状の連続出版物を専ら意味する言葉となり、康有為、梁啓超など知識人が「報紙」すなわち新聞の発行に取り組んだ。彼らは新聞と雑誌によって民衆の知識水準が高まり、文明が広まることを望んだのだった。[24]
このようにして新聞はニュースの伝達という本来の意義のほか、大衆向けの近代的な印刷技術が発達する中で近代化と文明化という概念と結びついたのである。大新聞は小新聞と区別され、小新聞は常に文化的には低俗野卑なものであると位置付けられていた。そうであるにもかかわらず、土屋礼子が述べているように、新聞と識字は相関しており、さらに識字と教育とはイコールの関係にあって、少なくとも二〇世紀後半に国民教育が普及するようになるまでは、新聞はインテリ層と結び付かざるをえず、新聞（＝大新聞）は文化の場において比較的高く位置付けられたのである。少なくとも中国、日本、台湾においては、「新聞」という言葉は文明開化の意味と結び付いており、「小新聞」に限定することとさえしなければ、「新聞」はインテリ層と繋がる高い文化的地位にあるものであった。さらに、一九五〇年以降の台湾では、新聞は政権と結びつき象徴資本を具えることによって、その文化的な地位を上昇させていた。
台湾では日本統治時代から戦後に至るまで、時事に関心を持つ多くの漫画家が社会を風刺する漫画を創作していた。そうした漫画家の中で一八九九年生まれの許丙丁と一九〇二年生まれの鶏籠生を除けば、大多数が一九二〇年代に生まれ、一九三〇年代中盤から後半にかけて漫画の創作を始めているが、[25]戦後の『新新』に掲載された作品からは、それら台湾漫画家がすでに一定の水準にあったことを見いだすことができる。
それに対して、一九五〇年代から一九六〇年代の新聞に登場した漫画家の多くは軍と関わりのある外省人であった。一九五〇年代、省籍[26]は象徴資本であり、それは軍関係の外省人に極めて偏っていたと言うことができる。さらに本省人漫画家は新聞に作品を掲載する機会がなかったことから別の場所を切り開くほかなく、そのため総合雑誌に移っていった。

二、場の境界線上の雑誌

西洋で最も早い非特定団体による定期刊行物は一七三一年にロンドンで発行された『紳士雑誌』にさかのぼることができる。この雑誌は新聞、論文、議会討論、重大事件の概要、文学的な詩などの全ての内容を包括するものであった。[27]文明開化の時期、そうした出版物が日本に伝わると「雑誌」と訳された。『中央公論』の元編集長近藤大博は、総合雑誌は日本の生活知識、政治、社会文化などの向上に重要な役割を担ったと述べている。[28]中国では「雑誌」という言葉にもともと古い意味があったが、一八九〇年代頃、梁啓超、厳復などが発行した新聞紙上に西洋的な新しい意味がようやくあらわれ始めた。新文化運動の時期になると、日本由来の「雑誌」という言葉が定期刊行物を指す用語となり、そこに維新と文明の意義も含まれるようになった。[29]

さて、前節で述べたように、作品を新聞に掲載する道を塞がれた台湾人漫画家は総合雑誌に移動した。まず一九五三年に学友書局が月刊誌『学友』を創刊している。主な内容は挿絵入りの小説、民話であったが、そこに掲載された漫画作品には陳光熙が「羊鳴」のペンネームで描いた「小八爺」や『金銀鳥』に類似した「海賊覆亡記」[30]、泉機と陳定国の「三蔵取経」があった。一九五六年には陳海虹も『学友』のために別冊の絵物語を描いている。その一方で、一九五四年、東方出版社が総合月刊誌『東方少年』を出版した。内容形式は『学友』と同様で、掲載された漫画には陳定国の「孔明先生」や日本やアメリカの漫画を模倣したものがあった。

この二誌はいずれも日本統治時代のインテリ層と密接な関係があった。『学友』は実業家の白善が出資し、

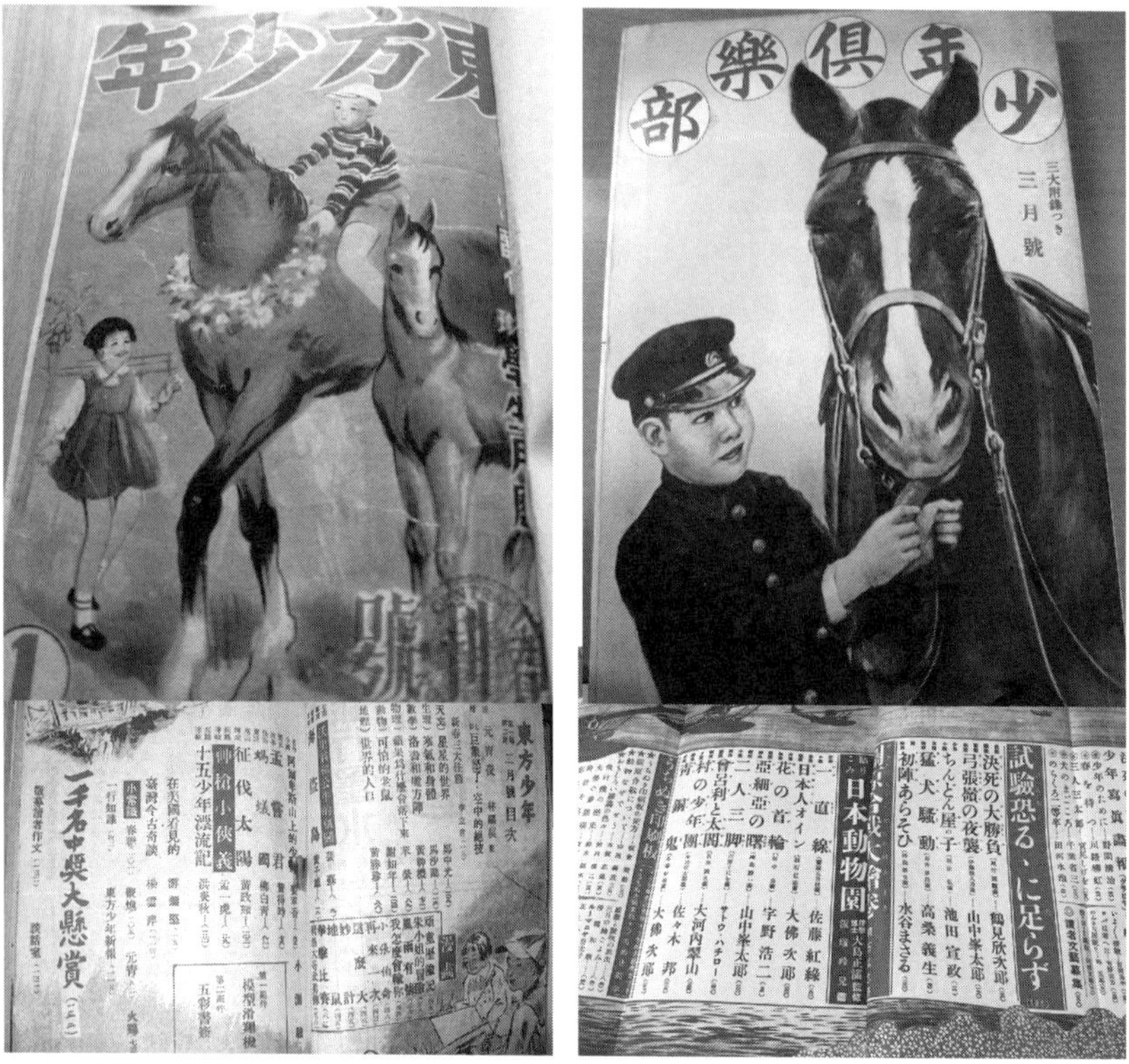

図８　戦前 1932 年の『少年倶楽部』(講談) と 1954 年の『東方少年』の表紙と目次。

陳光熙が発行人を務め、創刊時の編集長は外省籍の台湾師範大学教授で作家でもある彭震球だったが、一九五五年に台湾人の作家王詩琅に替わっている。この雑誌では黄得時、陳君玉などの台湾出身文化人が編集主幹を務めたり執筆したりし、外省人の漫画家廖未林、梁中銘も漫画を掲載したことがあるという。東方出版社の前身は、日本統治時代の台北でよく知られていた新高堂書店である。戦後、日本文化の「残留毒」を取り除き、民主的で科学的な新しい台湾を建設するため、半山[31]と台湾の「仕紳」たちは「台湾文化協進会」を組織したのだが、当時の台北市長游弥堅と同会員林献堂、羅万居などが共同して新高堂書店を引き継ぎ、東方出版社と改名したのである。『東方少年』創刊時の発行人で『民報』で編

図9　「地下都市」『東方少年』第2巻9月号、12月号、1955年。

集をしていた許乃昌、社長林呈禄、編集や執筆を行った楊雲萍、洪炎秋、黄得時などはみな日本統治時代の著名な文化人である。[32]許乃昌の後には、一九三三年から三七年まで「興南新聞社」で彼と同僚であった廖大貴が発行人を引き継ぎ、彼の息子廖学輝と親族の廖文木が多くの業務を担った。廖大貴は後に『東方少年』を東方少年出版社として独立させ、漫画や絵物語を出版している。[33]

もし『学友』、『東方少年』、日本統治時代の『少年倶楽部』、『譚海』、さらに戦後の同時期の日本の少年少女雑誌を比較したならば、表紙デザインから内容の選択、誌面のレイアウトに至るまで、全てが戦前の少年雑誌と酷似していることを見いだせるであろう（図8参照）。その中には少年少女向けに改作した多くの世界的に有名な小説があるが、それらは日本語の少年少女向け作品を中国語に訳したものであった。[34]そうした刊行物は日本統治時代の新聞や戦後の台湾で輸入が許可されていた書籍リストの中に見ることができる。

『東方少年』にはさらに多くの日本の漫画が掲載されており、その中で手塚治虫は編集者に好評を博した一人であった。「地下都市」（図9）は手塚治虫の『地底国の怪人』をトレースしたものだが、第一回と第四回の作者の名前が異なっている。「大洪水時代」（図10）もまた手塚治虫の同名作品をトレースしたものだが、作者の氏名は記されていない。「緑の猫」（図11）は『東方少年』の中で唯一手塚治虫の名前が残された作品であるが、フルネームではなく「治虫」とあるだけである。これは台湾行政長官公署が一九四六年から台湾人が日本式の姓を用いてはならないと要求したことに対応したものである。[35]

明治から大正にかけて、少年少女向け総合雑誌は教養的な作用を具えていると認識されており、一種の文化資本の源泉といえるものであった。昭和に入り大衆の時代になると、一方では大衆娯楽の内容は増加して教養文化的なものが減少したが、他方では国家主義に関わる徳育的な題材が増加していった。[36] しかし、そ

図10 「大洪水時代」『東方少年』第4巻2月号、1958年。

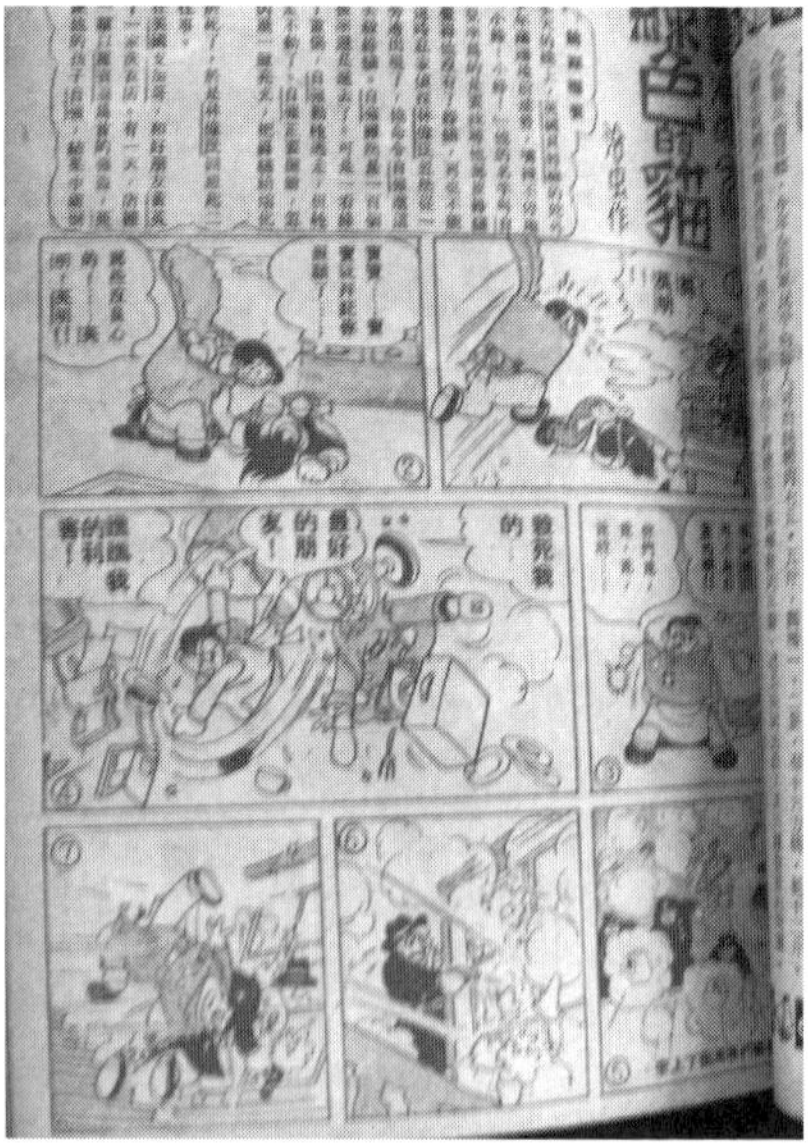
図11 「緑の猫」『東方少年』、第4巻4月号、1958年。

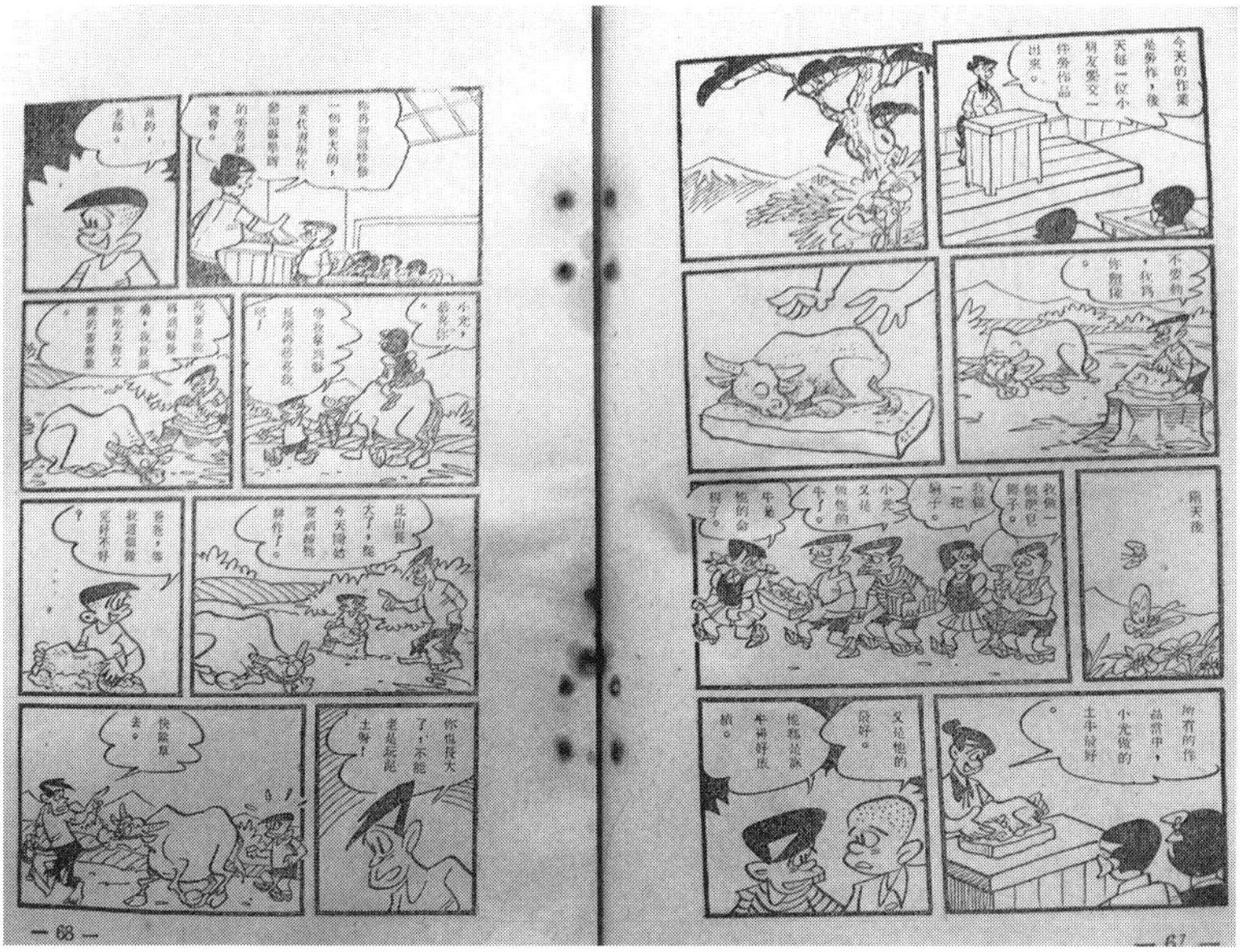

図12　劉興欽「土牛伝」『小学生』329号、1962年、67－68頁。

うした雑誌の文字の割合が図画よりも常に多かったことには、その対象読者が社会の中間層以上であったことがあらわれている。それゆえ、一九五〇年代中頃の『学友』、『東方少年』の出版は、新聞の外において、ほぼ本省人だけで、インテリ層を包容しつつ、文化資本をも具えた場を切り開き、それと同時に漫画を発表していたのだということができる。

『東方少年』の後、類似の雑誌が雨後のたけのこのようにあらわれた。例えば一九五五年には白善が低年齢向けに『新学友』を出版しているし、台湾民俗家の黄宗葵は『少年世界』を出している。市場にはさらに『良友』、『宝島少年』、『少年之友』、『少年』などがあり、一九四八年に創刊された『閩台日報』の発行人黄左賢は『模範少年』を出している。『閩台日報』の社長は台湾省財政庁副庁長丘斌存で、彼は半山である。

『学友』と『東方少年』は一九五〇年代の児童向け総合雑誌の出版ブームをもたらした。しかし、これらの雑誌に掲載されたのはすべてストーリー漫画であり、時事風刺漫画はなく、新聞の漫画とは異なるものである。

上述の雑誌は民間のものだが、早くも一九五一年には教育庁長陳雪屏の指示により台湾師範大学教授呉埜深と李耕を中心として、子供に豊富で正確な知識を与え、優良で高尚な人徳を育成することを目的とする政府系の隔週誌『小学生』が発行されている。これは一九六六年に廃刊するまで、毎号、台湾の全小学校の各学年各クラスに配布されており、ある意味、当時最も普及した児童雑誌であったといえるものである[37]。その後、類似する『好学生』や一九五九年軍統[38]に関係する夏暁華が設立したラジオ局「正声広播電台」[39]による『正声児童』などが相次いで刊行された。

『小学生』の漫画は上海の連環画の表現方式を主としたもので、主題の多くは中国の伝統的な忠孝節義のストーリーであった。例えば元教育部主任秘書楊叔蓀の「秋瑾」、かつて梁中銘などと協力して『図画時報』を創刊した何超塵の「信陵君援趙抗秦」などがある。現代的な漫画には劉興欽の「小青」、「土牛伝」(図12)がある。構造や漫画文法の差異が明白であろう。図1と図12を参照されたい。

また、『小学生』(図13)と『東方少年』(図8)の表紙と目次を比較すれば、中国と日本の雑誌編集概念の違いを見いだすことができる。そこにあらわれる差異は、国民政府が一九四五年一〇月二五日に台湾を接収すると、直ちに抹消しようとした台湾人のハビトゥスである。

国民政府は台湾を接収して一年もたたないうちに、出版物などでの日本語の使用を禁止し、あわせて日本の出版物と音楽、映画の輸入と出版を厳しく取り締まった[40]。日本語を思考の道具、文化の象徴とする台湾人意識が呼び起こされることを防ごうとしたのである。しかし政府の意向を示す多くの命令の発布には日本語を用いざるを得なかった。中国語を理解する者が限られていたからである。『新生報』が一九五〇年に隔日刊の付録日本語面「軍民導報」を設けたのは、その一例である。

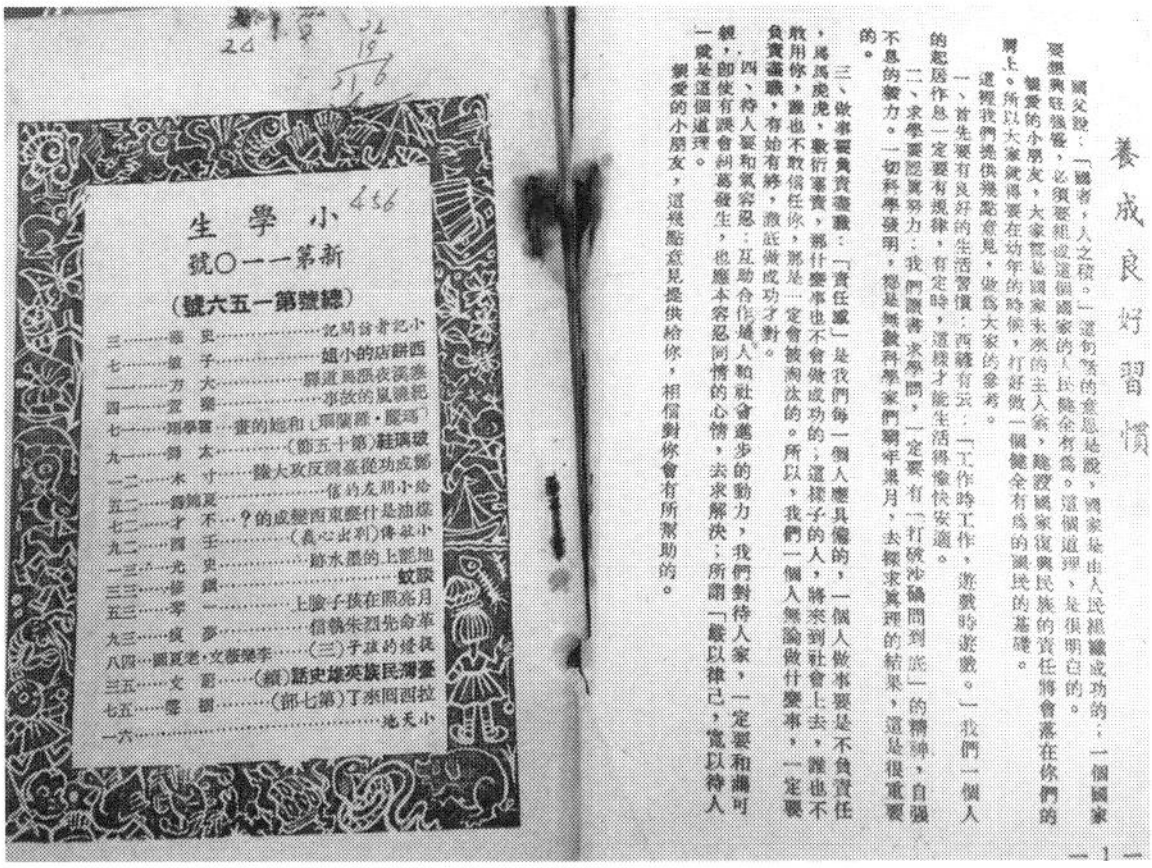

図13 『小学生』の表紙と目次を図8と対比さたい。

一九五〇年の朝鮮戦争発生後の台日米の防衛体制や一九五二年の日華平和条約調印によって、蒋介石と日本は表面的には盟友となった。しかし、一九五〇年代の台湾国民政府にとって最も重要だったのは反共産主義による中国大陸復帰であった。つまり台湾国民政府は中国統治を奪い返すことを正当だとする歴史観にたっていたのである。ところが日本統治時期の存在がその正当性を否定しかねなかった。つまり台湾が古来から中国の一部だという政府の主張を否定する根拠となりうるものであった。[41] そのため、「日本」の文化、言語、日本統治時代の生活経験などは全て「言ってはいけない」ものへと変わったのである。このことも『東方少年』誌上から日本に関わる事柄が取り除かれた原因である。一九四七年二・二八事件での国民党軍による台湾人大量殺害、その後も続いた粛清、一九五〇年代の白色テロによる統治によって出版物は厳しい統制を受け、出版社にとって「面倒なことに巻き込まれたくないのなら、うわべを台湾風に改めたストーリー漫画が最良の選択[42]」となった。

もちろん、これらの少年少女雑誌以外にも、政府系の農業雑誌『豊年』、軍系の『勝利之光』などに漫画は登場している。陳慶熇は『勝利之光』に反共漫画を毎号描き、牛哥は「牛伯伯」、「牛太妹」のほかに一九五七年からは『豊年』に「牛大姐」を連載した。これら国民党、政府、軍を背景とする雑誌は比較的長く続いたが、漫画の割合は非常に少なく、その漫画家が交代することもまれで、しかも、それらの漫画家は新聞にも作品を掲載して前述の新聞という場と結びついており、活動を雑誌に限定されていなかったことから、ここでは論じない。

以上をまとめると、一九五〇年代の雑誌出版ブームの時期、雑誌には政府系と民間系の二系統があり、そこでは何人かの有名なストーリー漫画家が育っていた。政府系は『小学生』のように依然として外省人の漫画家が多数を占めていたが、民間系では羊鳴、葉宏甲、謝雲升のような本省人の漫画家が比較的多かった。例外としては外省人である陳海虹が民間雑誌から漫画家として出発している。また、劉興銘と陳定国の二人に限っては新聞、雑誌、貸本と広範囲で活動した本省人漫画家であった。これについては第四節で検討する。

一九五〇年代に相次いで創刊された児童総合雑誌だが、そのほとんどは一、二年のうちに市場から姿を消した。比較的長く続いた『学友』も一九五九年に白善が事業不振に陥ると廃刊となり、一九六一年初頭には『東方少年』が一号を出しただけで廃刊している[43]。陳光熙が一九五九年の『学友』廃刊の前後に「蓬萊児童漫画会」[44]を結成して雑誌『学伴』を創刊すると、「蓬萊児童漫画会」会員は一九三三年当時日本児童漫画家協会の会員が『台湾日日新報』にリレー形式で連載していた「カンカラ勝ちゃん」の方式をまねて「李零偵探記」などをリレー形式で描いたが[45]、やはり長く続けることはできなかった。

『東方少年』の編集に携わった蔡焜霖によれば、この二大児童雑誌は後発の『漫画周刊』と『漫画大王』という漫画雑誌に打ち負かされたという。漫画の読者はますます増加し、総合雑誌上の漫画の割合もますます高くなり、少年雑誌の小さな読者たちも漫画の単行本を読むため次から次へと貸本屋に向かうようになった。そうした中で東方少年出版社の廖文木は貸本専門の漫画出版社を創立し、漫画は新たな段階に入ったのだった[46]。

前述したように、総合雑誌は文学や小説など文明開化の象徴によって、なお文化の場の中に位置することができていた。一方で、「文化教養」的と見なされる文芸作品の誌面は「小人書[訳注3]」と見なされていた漫画に奪い取られ、流通経路は書店から貸本屋へと「文化の場での地位は転落」し、一九六三年頃には貸本屋専用漫画単行本が雑誌に取って代わっていった。こうしたことは漫画家の文化的地位にどのような変化をもたらしたのだろうか。

三、文化資本を欠く貸本屋

貸本業は日本統治時代すでに台湾に出現していた[47]。一九四七年の『新生報』は台北の貸本屋台の盛況ぶりに触れて、そこで貸し出されている主な商品は中国で「小人書」の俗称がある連環画の小冊子であり、利用者は老若男女を問わないと伝えている[48]。また、一九五〇年代の貸本業界に登場した宝石出版社と宝島出版社の漫画本（図14）について、蔡焜霖はその大部分は日本由来のものだったと述べている。[49] このように貸本業は台湾に存在し続けていたが、文化の場の視界には入っていなかった。

『東方少年』が廃刊を発表した後、廖文木と蔡焜霖は漫画雑誌への転向を企てた。漫画本の流通経路は雑誌とは異なっており、後者は書店に発送されるが、漫画本は貸本屋に販売されていた。蔡焜霖は一九六〇年頃に宝石出版社に勤めていたことがあったことから漫画業界についていくらか知識があり、それによって文昌出版社を立ち上げたのである。創立当初は原稿が足りなかったため、ほとんどを日本の漫画から取ってきていた。

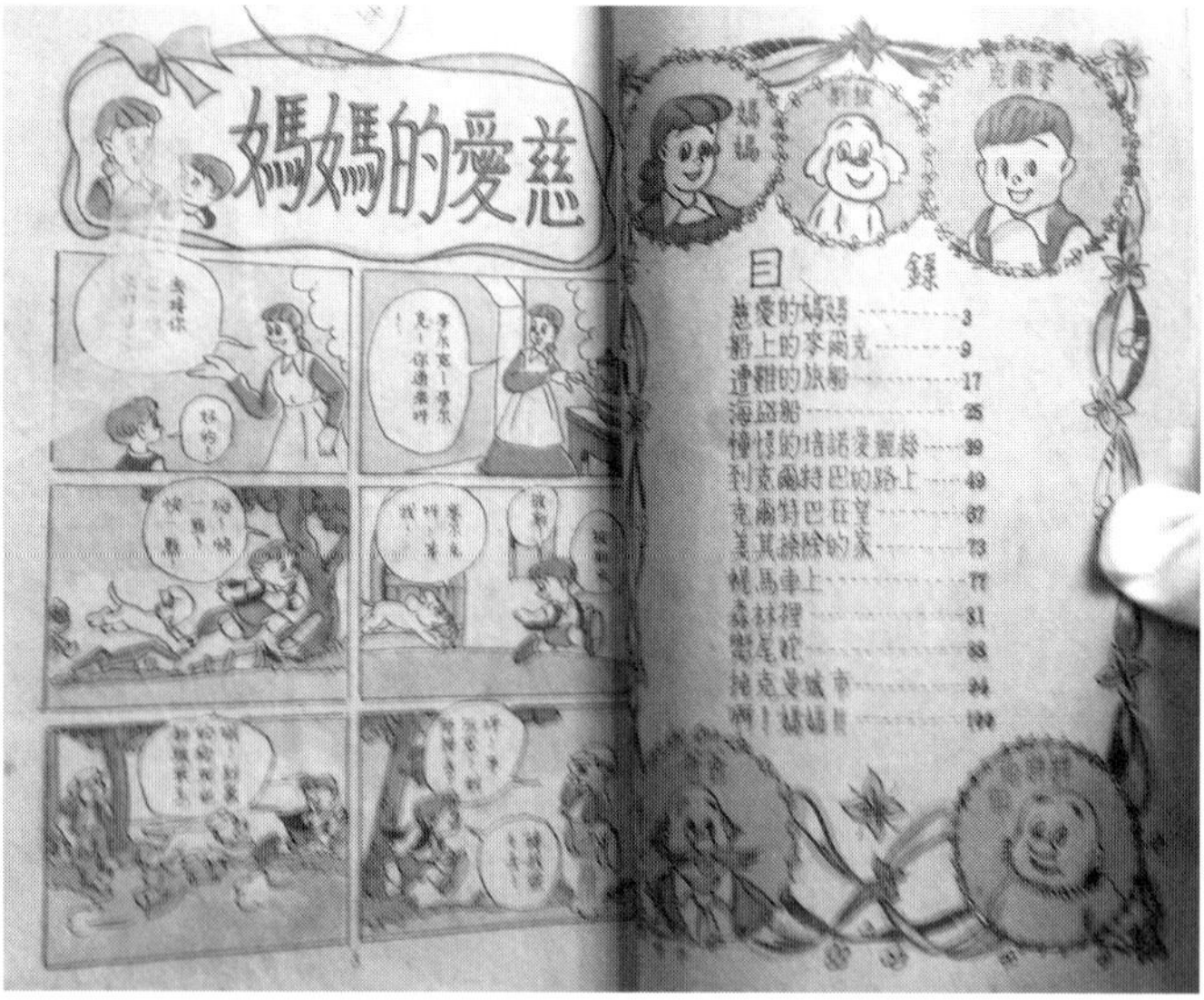

図 14 『母をたずねて三千里』、台北：宝石出版社、1958 年、国立台湾歴史博物館所蔵。

図 15　許松山『飛飛　二』、香港：雨田、1958 年、台北市立図書館中崙分館所蔵。

当時は複写機がなく、写真製版は片方の面だけで製版しなければならなかったため、文昌出版社は多くの若い見習いに漫画本を一ページずつトレースさせて製版作業を進めた。こうした中で一九五〇年代の漫画家と若手の漫画家が呼び集められたである。当時はちょうど武侠小説全盛の時代であり、蔡焜霖はそれらの内容を改編して何人かの能力のある若い漫画家に描かせ、彼らが順番に週に一冊出版することで出版速度を週刊誌に劣ることのないものにした。これが文昌出版社の「一日一冊」戦略である。当時台湾には二三千ほどの貸本業者があり、一冊の漫画は二千部刷られ、一カ月に二三十冊の漫画が販売される漫画の一大ブームが起こっていた。志成、太子、宏甲、義明などの漫画出版社が次々に設立され[50]、一九六〇年代台湾漫画の黄金時代を形づくったのである。現在、台湾最大の漫画出版社である東立の社長范万楠をはじめ、蔡志忠、洪義男、游龍輝、涙秋などはみなこの時期に頭角をあらわした人々である。

一九六三年頃になると漫画雑誌『漫画大王』、『漫画周刊』は共に市場から姿を消している。この時、漫画は貸本屋の重要な商品となっていた。[51]

一九六〇年代の台湾漫画にはいくつかの特徴がある。一つが、「一体化」された「中国」によって「古代＝歴史」をあらわしており、「中国」以外の過去は「一体化」された「西洋」であった。この一体化に時代や民族、国家の違いはない。何超塵の工筆漫画「信陵君援趙抗秦」（一九五七年）を例（図1）とすると、物語の背景は中国の戦国時代なのであるが、絵の中の身なりは隋唐以降の頭巾や衣服であるし、また四輪の馬車が描かれているが実際の戦国時代の馬車は二輪である。つまり、国民党が構築した漢民族史観においては、「漢人」の文化が一つに統合されてしまっており、その中のさまざまな相違はなおざりにされた。そのため、春秋戦国時代と宋明の区別をする必要はなく、漫画の読者にとって「古代中国＝漢人文化・漢人王朝」となり、また「一体化した古代中国」となったのである。[52]

想像上の古代中国を舞台とした武侠漫画には、このことがさらにはっきりとあらわれている。そこで描かれる過去はただの象徴にすぎず、虚構の世界の次元であって、歴史的事実を参考にして構築されたものではなかった。しかも漫画の背景は常に空白であったり（図15）、あるいは誤ったものであったりした。しかし読者は右衽の衣服、髷、馬車などの象徴から舞台が「古代中国」であるとわかりさえすればよいのであり、それは当時の中国本位の史観に合致するものであった。

一九六〇年代、出版速度をより速くするためなのか、台湾の貸本漫画は日本の漫画を写す際、原作のコマ割りを三段式に改変するようになった。こうした漫画のコマ割りは、一九六〇年代の台湾の読者にとって慣れ親しんだものとなっている。図16の日本の漫画は、原作（図16左）では三コマでズーム・アウトしているが、台湾版（図16右）では一つの大きなコマに凝縮させている。

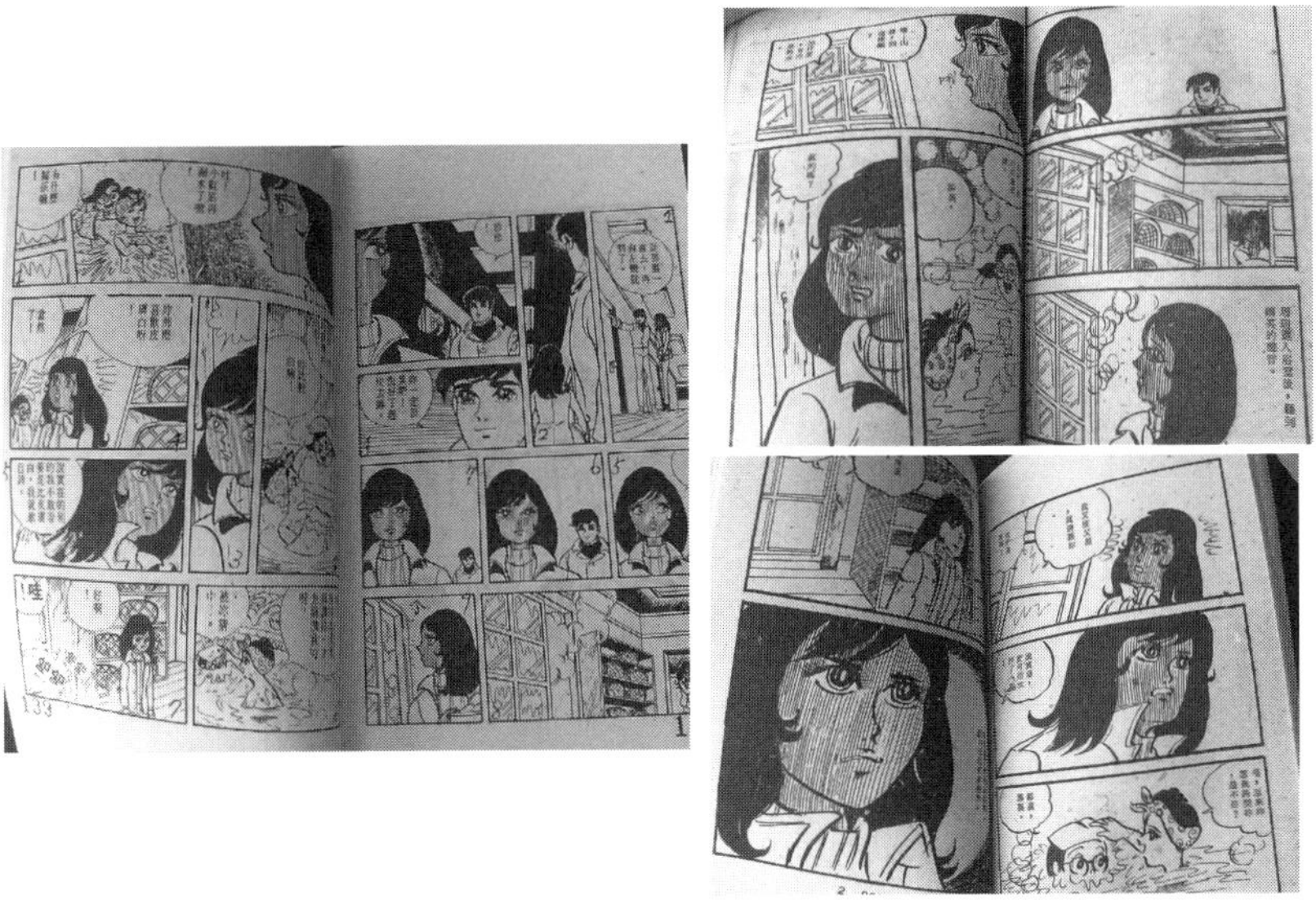

図 16　望月あきら『サインはＶ』の翻訳『無敵排球隊』（1979 年）と描き直した『交叉快攻球』（1969 年）。台北市立図書館中崙分館所蔵。

図 17　『ドラえもん　70』、台北：青文出版社、1984 年、32、43 頁。

また、日本人作者や登場人物の名前は全て中国人の姓名に改められ、神棚や畳、日本の城郭、和服などのように明らかに日本の事物であるとわかるものは塗り潰された。

図17は一九八四年に出版された『ドラえもん』であるが、表紙にはっきりと「原作　藤子不二雄」、「翻訳　譚継山」とあり、右図の右下隅には描き換えられていない日本の城が見えるのだが、同じ話であるはずの左図では服飾や城門が全て中国風に描き換えられ、兵士など登場人物の顔も上から描き直されている。当時、全ての漫画は出版前に検閲申請をしなければならなかった。明文規定はされていなかったものの、検閲を担っていた国立編訳館の江治華は「国立編訳館第六十七年度審査輔導評鑑会議」において、「近年検閲申請をする日本の原稿がことさら多い……日本の服飾や生活習慣、髪の毛が長すぎるものがあれば、全て描き直すように指導している[53]」と述べている。つまり、たとえ日本の漫画であっても、政府がその中に見いだした日本的要素は排除されるべきだというのである。これはほかでもなく前節で述べた台湾国民党政府の中国を代表するための正統性を維持するために行った日本化を排除して中国化を進める政策である。しかも、これは一九七二年の日台断交以降、より厳格に実施されたのだった。

漫画に関する行政命令「編印連環図画輔導弁法」(改正版)は、一九六二年に国民党政府が公布したもので、漫画は必ず事前に検閲を受けなければならず、検閲を通過し許可を得て初めて出版、販売することができるとされた。その際に要する費用は教科書検定の費用に基づいて計算され、漫画の定価の四十倍とされた[54]。これは一九六六年三月から厳格に実施されている。当時の漫画出版社の大部分は小資本の経営であり、検閲費用はこれら出版社の資金繰りを悪化させ、貸本漫画は大打撃を受けた。一九六〇年代の全盛期の出版数は二三千点だったが、一九七四年に検閲を受けたのはわずか四三四点である。

当時の台湾における貸本漫画には確かに多くの有名漫画家がいたが、しかし日本の貸本漫画界と同じように、さらに多くの無名漫画家がこの業界を支えていた。検閲制度が厳格に実施されてから、有名な漫画家たちはいろいろな方法を試みて生き残りを図った。例えば、葉宏甲は自身の人気を頼りに宏甲出版社の弟子たちと共に大量の作品を制作して検閲を受けたものの、結局は多額の費用を賄うことができず解散している。蔡焜霖は漫画が誌面に占める割合が二〇パーセント以下なら検閲は不要であるという規定に基づいて、『東方少年』に類似した雑誌『王子半月刊』を創刊している。『王子半月刊』は陳益男、陳文富、王朝基、洪義男のなど台湾人による漫画や日本漫画やその模写アレンジ版を掲載した。外省人漫画家銭夢竜も一九六七年にそれに類似する『天龍少年半月刊』を刊行し、本省人許松山は『中国少年』を刊行して主に台湾人の漫画を掲載したものの、いずれも間もなく廃刊となっている。『王子半月刊』は一九七〇年に経営者が変わると次第に一般的な雑誌となっていった。つまり、この時、大多数の台湾の貸本漫画家は作品を発表する場を失い、そうした漫画家のほとんどは本省人で、また貸本屋や漫画出版社の経営者の一部は社会的地位の低い外省人であった[55]。

さて、一九六〇年代末は日本のテレビ・アニメーションが盛んになってきた時期である。一九七〇年、日本のAプロダクションの楠部大吉郎が台湾を訪れ、台湾の影人広告会社と東京映画社を加えた三社で協力して台湾でアニメーターを募集したことは台湾の漫画家やその助手に新たな活路を開くものであった。日本のアニメーション『巨人の星』、『アタック№1』はいずれも台湾が制作に関わっており[56]、一九九〇年代に至るまで、台湾は日本アニメーションにとって最大の下請国であった。

一九七五年頃、新技術である複写機が台湾の印刷業界に導入されるようになると、漫画を手書きで写し取る必要はなくなり、原本の通りに複製することができるようになった。漫画家陳文富、范万楠などは虹光、東立のような日本の漫画を専門とする出版社を次々と起こし、貸本漫画は新たな段階に入ったのだった。そ漫画の一方で、一世代前の台湾の漫画家は沈黙し続けた。一九八〇年代以降に登場した漫画家は、戦後の日本画家は、戦後の日本漫画の文法を受容した新しい世代である。

貸本屋のイメージは、「文化＝高尚な教養」という型通りな印象と切り離すことができないものである。一八世紀初頭、小説というジャンルがイギリスで興り、次いで貸本屋が一七四〇年頃に登場した際、最初は美しい建築や中流あるいは上流階級の顧客たちの華麗な姿を再現することによって、「本当の価値を具えた作品」を提供していた。しかし、読者層が拡大していくにつれ、出版業者は量と速度を求め、「雇われ作家」が粗悪で扇情的な小説を書き始めると、「良識」ある者による貸本屋批判を引き起こし、貸本屋は「悪魔の知識の常緑樹」[57]であると見なされたのだった。一九三七年以降、大衆向け、小規模、安価という貸本屋が都市部で普及すると「二ペンス貸本屋」と呼ばれたが、高尚な場所のイメージではなかった。[58]

中国と日本の貸本業の文化的地位はさらに低くかった。J・P・マクダーモット（J. P. McDermott）は中国には古くから巡回式の貸本業を兼ねる露店の書店があり、その対象は文人ではなく、取り扱う書籍は「通俗的で雑多」あるいは「色恋物」といった暇つぶしのための読み物であったとしている。一九世紀初頭の巡回式貸本屋についての記録では、広東の貸本屋は使用人や肉体労働者など都市の下層の人々を対象としている。[59]日本では江戸時代頃には庶民を対象とする通俗的な読み物「草双紙」があり、それを扱う貸本業者がいた。[60]明治二〇年代にインテリ層を対象とするイギリスの私立図書館に似た高級な大型貸本屋が出現したが、結局残ったのはやはり大衆を対象とする廉価な貸本屋であった。[61]戦後、日本の貸本屋は小説や漫画など悪書の巣窟と見なされるようになった。[62]

ここからわかるのは、貸本屋とその商品、消費者の全ては文化の場の周縁ないし域外におかれていたということである。貸本屋と大衆の読書は結び付いていたが、大衆向けの読み物というジャンルは、「本当の価値」との間には大きな隔たりがあると捉えられており、文字で構成される小説であっても文化の場から排斥されていたのである。また、一九六〇年代の台湾においては、労働者階級の成人が貸本漫画の主要な客層であったが[63]、不良な書籍や雑誌から社会の一般民衆が悪影響を受けることを防ぐことのほか、そうしたものから「民族の稚苗を守る」ということが、政府が漫画を検閲する重要な理由であった[64]。労働者階級は社会的弱者であり、子供は大人の世界ではなおさら弱い。漫画の検閲制度からわかるのは、国民党政府は一八世紀以来のエリート階級と同じく、文化資本の優越性によって大衆が読み物を自主的に選ぶ能力を否定したということである[65]。

なお、日本では、貸本屋は店舗を構えるようになって以来、「不潔」で人の暇つぶしを飯の種にしている場所であり、そこで取り扱われる草双紙、赤本、貸本、子供向けの本は粗悪であると批判され続けていた[66]。同様に、台湾の貸本屋も「粗末で薄暗く、雰囲気が劣悪で、そのようなところで子供が読書に熱中すれば、視力や心身に悪い」場所[67]であるとされ続けていた。たとえ識者が、貸本屋は「読者に便利を図る経営方式」であり、人々を読書に向かわせるものであると貸本屋を肯定的に評価しようとしても、「現在多くの読者を擁している武侠小説と連環画の貸本屋」は「品格が低い」とされたのである[68]。前述したように、台湾の漫画出版社の大半は小資本による経営だったため、出版には速さが求められており、作画を簡略化し、背景には空白を多用した。特に一九六六年以降は、量を求めて乱造され、そうしたものが検閲を受けた結果、ストーリー漫画は「小人書」であって低俗であるとされるようになったのである。

つまり、貸本業の場所、消費者、商品の三者は絡み合い、お互いの文化的な地位を向上させようがなかったのである。文昌出版社が講談社の絵物語を学校と保護者を対象として出版しようとした際、装丁を精巧で美しいものに改め、一五～一六K（B5判）のカラー印刷とし、扉に教育界の官僚や名士、校長たちの激励や名言などを収録しなければならなかったのは、漫画と手を切ることによって象徴資本を得て、それによってようやく文化の場に立ち入り、学校の歓心を得ることができるからであった[69]。

以上をまとめると、前節で述べたように、民間雑誌は文化的な地位は新聞ほどではないものの、書店など公式の経路で流通しており、また予約購読することができ、文化の場の中において可視的な位置にあるものであった。それに対して、貸本業の流通経路は非公式のものであり、法的な問題というだけでなく、さらに重要なのは貸本屋が場所から商品に至るまで文化の場の中にあるものとしては認められておらず、象徴資本を具えていないということであった（図18参照）。

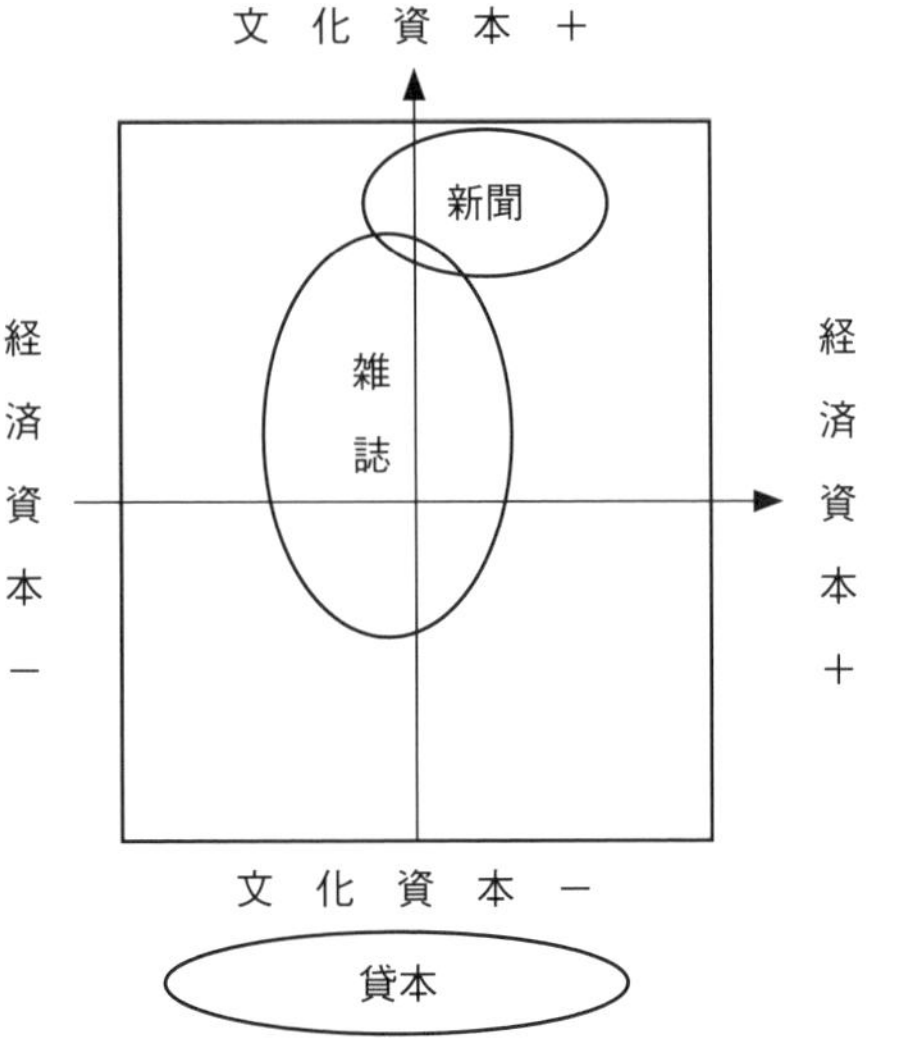

図18　1945～1970年代台湾における文化の場

一九六〇年代、日本の多くの少年少女総合雑誌が漫画雑誌へと転換し始めた。『なかよし』、『少年マガジン』はその例である。また、漫画雑誌も次々に創刊された。このことは漫画が雑誌という形によって文化の場の中に一定の地位を占めたということである。総合雑誌という地位を保ち続けることができなくとも、漫画雑誌は赤本や貸本のように文化の場の周縁、あるいは域外ではなかった[70]。こうして貸本と赤本で活動していた漫画家は「向上（＝雑誌）」しうる目標の場所を得たのである（図19）[71]。

さて、新聞はもともと漫画——特にストーリー漫画——を発表する場所ではなかった。台湾の漫画は一九六〇年代初頭に雑誌という発表の場を失うと、ストーリー漫画のほとんど全てが貸本へと移った。その後一九六六年に『王子半月刊』が漫画誌の劣勢を挽回しようと試みたのだが、わずか一つの雑誌では、貸本漫画によって生み出されていたストーリー漫画の低い文化的地位と巨大な市場を変えることはできなかった。そうした状況下にあって貸本漫画産業を支えていた無名の描き手たちは転職を余儀なくされていった。一九四

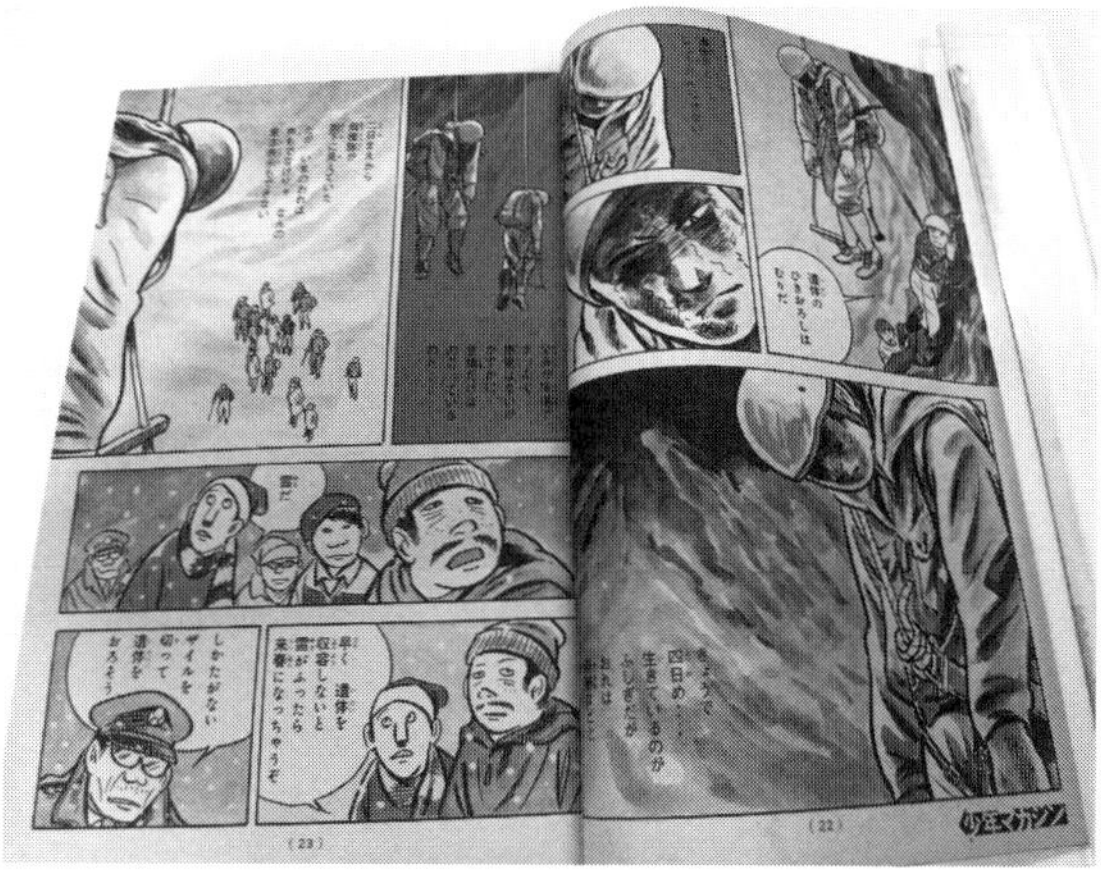

図19　上図は雑誌掲載読み切り漫画「風花的挽歌　短篇」(『週刊少年マガジン』1970年11月1日号、東京：講談社)。
下図は辰巳ヨシヒロによる貸本雑誌の読み切り漫画「拳銃無情」(『ミステリー62』創刊号、東京：ホープ書房)。
いずれも京都精華大学国際マンガ研究センター・京都国際マンガミュージアム所蔵。

〇年代から漫画を創作してきた葉宏甲、陳光熙などのインテリたちは、文化の場での地位転落という苦境を体験したといえる。これは決して文化的な素養といった「本質的」な問題ではないため、漫画をめぐる政治資本と文化資本の双方向的な関係を詳細に考えざるを得ない。次節ではこの部分についてさらに検討を進める。

四、政治資本と文化資本の交換関係

一九八二年から始まった牛哥と国立編訳館による漫画の検閲制度をめぐる一連の衝突は、政治と文化の場の関係を検討する事例の一つである。多くの漫画家が圧迫を受けてさまよっていた時期、漫画家である牛哥夫妻と劉興欽は政府の検閲を担う国立編訳館と面談する機会を得ていた。しかも、「二人の漫画家とその一人の妻の攻撃的な姿勢は猛烈で江治華は太刀打ちできず、冷ややかな部屋の中で汗をかき、たばこを取り出して牛哥にしきりにすすめて慇懃に火をつけた」[72]というように、検閲担当の江治華は、牛哥の漫画の検閲を行ったし、拒否もしたが、牛哥と劉興欽の面前では極めて低姿勢であった。

同年一一月二〇日、牛哥などが組織した「漫画家聯誼会」（親睦会）は台北のデパート「今日百貨公司」で「漫画清潔運動特展」を開催した。彼らは官能的あるいは暴力的と見なされた日本の漫画作品のほか、牛哥、陳弓、劉興欽、葉宏甲、牛哥の弟子達である「牛家班」を含む漫画家二三人の「漫画、名人書画」も展示した。この「漫画清潔運動特展」が特殊だったのは、公然と政府の漫画検閲制度への不満をあらわしているにもかかわらず、当時の副総統謝東閔、行政院長孫運璿、監察院長余俊賢、教育部長朱匯森が来場し参観していることである。[73]翌年、江治華は牛哥を名誉棄損で訴えている。この訴訟が司法手続きに入ると、文芸界の古龍、臥龍生、諸葛青雲、高陽、鄒郎、張暁風などが牛哥の応援を行っている。[74] 新聞で名前まで報道された彼らは、知名度のある有名人であった。それらの小説家は全員外省籍である。張暁風は幼少時に両親に連れられて台湾にやって来たし、古龍は香港出身である。その他の人々は全員が国民党軍部と関係があり、その中の鄒郎は軍や党、警備本部での勤務経験があったし、諸葛青雲はかつて総統府第一局の職員であった。

戒厳令体制下での政府と「民間」の対立の中で、民間が政界と文化界の大きな支持を得たという牛哥と漫画清潔運動は特殊な事例であると言える。もちろん「漫画清潔運動特展」の矛先は国立編訳館が大量の日本漫画の複製品を検閲で通していることであった。牛哥と漫画清潔運動の活動は、一九七〇年代以来の反日に台湾内部の民族精神を凝集させようとする政策と符合するが、それだけではなく、さらに牛哥と漫画清潔運動の人脈を取り上げなければならない。

第一節で述べたように、外省人の牛哥と政府や軍との関係は良好であり、弟子の趙寧は当時のメディア界の新星であったし、陳弓は梁兄弟の庇護を受け、一九六〇年代末からは陳朝宝と共に『聯合報』の二大政治漫画家となっていた。前述の牛哥を支持した文芸界の人々は、その多くが軍に関係する外省人であった。「牛家班」や楊斉爐など中華漫画家協会が運営する時事風刺の『漫画雑誌』第二四号は、「漫画清潔運動特展」を中継するかのように報じて「漫画清潔運動」を支持している。[75] この運動はさらに政治的な反応をもたらした。一九八四年、当時の新聞局長宋楚瑜は「取締違規出版連環図画奨励要点」の実施を決定し、一九八五年から日本漫画の複製品の取り締まり成果に応じた報奨金を警察などに支給した。[76] 許可申請を行わない非合法の日本漫画の複製品は大規模な取り締まりを受け、一九八六年には市場でそうした日本漫画を見かけることはほとんどなくなった。

外省人の積極性と比較すると、「漫画清潔運動」に署名した洪義男、邱錫勳、林文義、あるいは「漫画清潔運動特展」に出展した葉宏甲など本省人漫画家の活動は消極的であった。

その一方で、一九六八年から一九八七年までの国立編訳館の文書からは、[77] 陳慶熇、楊斉燼（亜子）、四川省出身の李闡が一九七〇年代から一九八〇年代にかけて国立編訳館検閲委員や優良連環画評議委員の一員であり、楊と李は中華漫画学会代表として会議に出席していたことがわかる。他の主だった会議委員は行政新聞局、警備総司令部、法務部、内政部警政署、教育部訓委員会、社教司、国教司の代表、国民党下のテレビやラジオの放送業界の関係者、立法委員など漫画とは関係のない人々によって構成されていた。そうした中で最も長い期間委員を務めた漫画家代表陳慶熇は、国防部総政治作戦部が軍向けに発行する雑誌『勝利之光』の編集長を一六年務めており、一九八一年には蔣経国の腹心で当時国防部総政治作戦部主任であった王昇から表彰されている。これは陳がこの年の七月に開催された「中華民国建国画展」に参画したこと、さらに彼の長年にわたる軍内での芸術教育における功績が評価されたからであった。[78] つまり、彼の軍での美術関係の経歴は漫画分野での経歴よりも重要だったのである。

ここからわかるのは、政府の検閲制度にしても、奨励制度にしても、それらはいずれも国家が統制力と象徴資本の評価基準を定めた場を明示するものであり、さらに、その場で力を行使するのは全て外省人であるということである。

国立編訳館は検閲以外に自ら脚本を作成して絵師に作画させた「優良な連環画」を制作しているが、その一つである一九七六年に出版された文章に挿絵を入れた『蔣総統秘録史画』は陳慶熇と本省人許松山の共作であった。一九八二年六月二六日、許松山は国立編訳館と「中華民国建国史」の挿絵について契約を結んでいる。一頁の原稿料は四五〇元、一分冊が一六〇頁、江治華が文章を執筆するもので、許は同年一二月一日に原稿を提出することになっていた。一九八四年五月、ようやく許松山は国立編訳館に第一分冊の百二十八頁の原稿を提出したが、同時に第二分冊からは「一般的な出版社の原稿料は……十六Kでおよそ七百元」であるとして、原稿料の八百元への増額を望んだ。結局、国立編訳館は許松山が一九八五年六月までに一分冊百二十八頁の原稿を仕上げることを条件にして、検閲を通過した後に一分冊につき二万元の補助費を支給することを決定している。[79] このことからわかるのは、貸本漫画出身の許松山が、国立編訳館と出版契約を結ぶことができた上に契約違反後も罰せられることもなく国立編訳館に優遇されていたということである。こうした地位向上の過程の中に陳慶熇の名があらわれていたのである。

陳海虹は軍と関係のない外省人で、台湾に来てからは包装デザインや挿絵業を営み、その後、『模範少年』誌上に漫画「小侠龍巻風」でデビューした。画風は伝統的な中国の細密画風である。漫画の検閲制度のために一九七〇年代以降は挿絵と小説の表紙絵を描くことに転向した。一九六五年一一月に彼は童叟、李霊伽、楊震たちと共に『聯合報』に招かれて孫文の絵物語を制作し、一九七二年には梁兄弟、李奇茂たちと台湾のテレビ放送局「中国電視台」の依頼を受け、連続テレビドラマ「万古流芳」の中の「趙氏孤児」に八義図を描いている。一九七九年には李奇茂などと共に孫文を顕彰する「国父紀念館」の依頼を受けて「建国復国大業史画」を制作し、同年教育部画学会漫画部門の金爵奨を受賞した。この賞は陳弓も一九七七年に受賞している。[80]

許松山と陳海虹の事例からは、二人は貸本漫画が衰退しても没落することなく、かえって文化的地位を向上させており、それには彼らの社会資本——人脈と背景——が大いに関係していたことがわかる。

しかし、当時、新聞、雑誌、貸本のいずれにおいても活動することができた本省人は、陳定国と劉興欽であり、その最たるものは劉興欽であった。

陳定国は一九二三年に竹塹地方の有力な家に生まれた。公学校卒業後、宜蘭農林学校に進学したが、この頃、小遣いがあれば日本の『漫画文芸』を購入して絵画の教材としていた。一九四二年に卒業すると、日本の東京にある太平洋美術学校の通信教育で美術の基礎を学んだ。一九五三年、新埔国民学校の教員となり、新埔中学美術教師を兼任する。陳定国は家柄からしても、学歴からしても、上位中産階級のインテリであるといえよう。

一九五五年四月に『学友』誌上で「三蔵取経」の連載を始めると、陳定国は瞬く間に飛ぶ鳥を落とす勢いで台湾の人気漫画家となったが、漫画の検閲制度実施後は貸本漫画から挿絵へと転向した。一九六一年からは『国語日報』、『中華日報』、『台湾日報』の副刊に漫画を発表している。一九六九年には週刊新聞『大衆徵信』で一コマ漫画コラム「想到就画」を設けて十年近く描いた。『大衆徵信』に掲載されていた漫画は「阿斗」のほかは、陳定国の作品だけであった。一九七三年に『自立週刊』が創刊されると、陳定国は専属の時事漫画家となっている。[81] 陳定国の漫画は社会の気風を批判するものだが、蔣介石の政府に対しては一貫して敬意を払っていた。なお『大衆徵信』と『自立週刊』は新竹の地方紙である。

一九七三年九月二八日、陳定国は陽明山中山楼での宴席に招かれると蔣介石夫妻の引見を受け、その漫画による児童啓発を表彰された。なお、この会には劉興欽も招かれている。その後、陳定国は各省主席の引見を受けた。このことから彼が政府に認められていたことがわかる。晩年の陳定国は病気を理由に早期退職を希望したが聞き入れられず、結局、蔣経国に手紙を書いて願い出て一九七四年に国民学校を退職した。[82]

一九七七年六月六日に忠信高級工商職業学校の創立者で山東省籍の高震東が『革心雑誌』を創刊して県議会選挙に立候補すると、教職を退いていた陳定国はこの『革心雑誌』で高震東のために県議会選挙と一九八〇年の立法委員選挙の政治宣伝漫画を描いた。一九七七年以降、陳定国は『中国時報』と『民生報』の地方版でも一コマ漫画を発表している。[83] 以上をまとめると、一九六〇年代末に貸本漫画が衰退した後、陳定国は地方の週刊新聞を経て地方版ではあるけれども当時の二大新聞へとその文化の場における位置を「上昇」させていたのである。

消極的な陳定国に対し、同じく蒋介石の引見を受けた劉興欽は積極的な活動を展開した。一九三四年生まれの劉興欽は葉宏甲、陳光熙、陳定国などより若く、日本統治時代の影響を受けた期間は短い。一九五二年から台北市永楽国民小学校の美術教師を務め、学生に漫画を読ませないために最初の漫画作品『尋仙記』を描いた。一九五九年、彼は客家の田舎者「阿三哥」という漫画キャラクターを作って『模範少年』に連載し、同時に『少年之友』に典型的な客家女性のキャラクターである「大嬸婆」の漫画を連載している。

一九六〇年頃から、劉興欽は『中華日報』の「中華児童」にストーリー漫画「小胖子」、「小安安」などを連載し始め、同時に『徴信新聞報』にも「小玲画伝」、「小波蘿」などを連載した。一九六四年、軍統に関係する夏暁華は「正声広播電台」を離れ、旧『東方日報』の許可証を購入して名称を『台湾日報』と改めると、劉興欽を招聘して「阿三哥与大嬸婆游台湾」を毎日描かせた。[84] つまり、劉興欽は当時極めて少数であった新聞に漫画を連載することができた本省人のストーリー漫画家だったのである。彼の作品は貸本屋でも読むことができたが、それが彼のストーリー漫画家としての身分を損なわせることはなかった。彼は陳定国のように一コマ漫画という形式に転向して新聞に掲載するのではなく、新聞と雑誌という二つの文化の場で同時に活動したのである。

すでに述べたように、一九六〇年以降、貸本漫画は文化の周縁、あるいは域外に位置しており、これはほとんど不可逆的な文化の流れであった。当時、作家の省籍は絶対的な条件ではなかったが、イデオロギー的に正しいかどうかが強調された当時において、作家の省籍は、思想の伝播に関わる文芸メディアにおける選別基準の主要条件だったのである。[85] つまり、劉興欽が文化の場の中で自由に活動し、牛哥と共に国立編訳館と対等にやり取りすることができたのは、蔣介石の引見を受けたということ以外に、師匠だった王小痴の人脈を見過ごすことは出来ない。王が軍に関わる外省人だったのである。[86]

もちろん、外省人であるということは決して絶対的な通行証ではなく、外省人の中にもまた階級の区分があった。例えば貸本漫画家であり出版社の経営者であった銭夢龍は、従軍して台湾にやって来た外省人であるが、一九五八年に漫画業に身を投じてから一貫して貸本漫画の場のみで活動している。

最後に言及しなければならないのは、日本統治時代から積極的に漫画家として活動していた葉宏甲である。彼は一九二三年に生まれ、日本の川流美術学校で二年間学び、[87]一九三八年には王花などと共に漫画会「新高漫画集団」を結成した。文化資本についていえば、葉宏甲の美術的な才能は一九四六年の時点ですでに認められていた。この年、台湾省行政長官公署で諮問を担当する画家郭雪湖、楊三郎が推進した「台湾省全省美術展覧会」に、葉宏甲と陳家鵬の洋画が、陳澄波、李梅樹など著名な美術家の作品と共に展示されている。[88]同時に、彼は『新新』の編集も担当しており、この時点において葉宏甲がすでに一定の文化資本と文化の場における立ち位置を得ていたことは疑いの余地がない。

一九五八年、葉宏甲は「諸葛四郎」シリーズによって漫画雑誌『漫画大王』でデビューしている。台湾で流行したこの漫画は映画化やテレビドラマ化もされている。一九六三年に多くの雑誌が廃刊すると、彼は自らの宏甲出版社で見習いを指導しつつ絵を描くが、一九七三年に漫画検閲制度の抑圧にあらがうことができずペンを置いた。その後、彼は漫画清潔運動に参加し、政府に積極的に新人漫画家を育成することを呼びかけているが、[89]始終目立たない姿勢を保ち、政界や報道界との接触もなかった。一九四七年一月の『新新』廃刊後、葉宏甲が再び登場したのは大華出版社で挿絵を描いた一九五四年のことである。その後、漫画誌『漫画大王』に転じ、雑誌『学伴』での短期間の活動を経て、貸本漫画界に入っている。彼は陳光熙などのように文化の場の中に位置付けられる総合雑誌で活動することはなかった。これには葉宏甲の投獄経験が深く関係している。

葉宏甲は一九五〇年に先輩である林清海を訪ねた際、保秘局に誤って捕らわれ消息不明になったことがある。両親が奔走して最終的には金銭によって救出されたものの、彼は十カ月もの間投獄されたのだった[90]。このことについて葉家の人々は現在に至るまで堅く口を閉ざしている。一九五〇年代から一九六〇年代にかけて、葉宏甲の人気は極めて高く、劉興欽、陳定国、牛哥などに引けを取らなかった。彼は日本統治時代の学歴や出身も、前述の三人と比較して遜色ないインテリであった。こうした知名度、文化資本、経済資本を具えている葉宏甲であったが、常に貸本のストーリー漫画という文化の場の外に位置付けられ続けており上昇することはなかった。

五、結論

一九四五年以降、漫画が掲載される場所は三つあった。新聞、総合雑誌、漫画や連環画の貸本である。この三つの異なった出版形式が具える文化資本と象徴資本、および政府との関係の緊密度は、新聞、総合雑誌、漫画や連環画の貸本の順に小さくなる。新聞は最も公式的なもので、政治的な支援があり、文化的な地位を具えたメディアである。これに次ぐのが総合雑誌であり、貸本漫画は文化の場の外に排除されていた。また「編印連環図画輔導弁法」第二条で適用対象として明記されているのは「新聞、雑誌、各種教科書以外」の出版物であり、新聞と総合雑誌の時宜性は政府に認められていたが、漫画のそれは否定されていたのである。

二・二八事件以前、台湾では葉宏甲、洪晁明、陳定国など日本統治時代のインテリ青年が総合雑誌を創刊したり、時事漫画を投稿したりしていた。しかし、二・二八事件後、国民政府が総合新聞を掌握するようになると、一九五〇年以降の新聞の時事漫画は軍系の外省人漫画家によって握られるようになった。日本統治時代に最も知られていた警察官出身の時事漫画家許丙丁は、一九四五年以降は過去の作品を忌むようになっている。ストーリー漫画については、一九五〇年代初頭、数少ない本省人漫画家が『中華日報』に連載していたが、一九六〇年代から一九七〇年代になると、新聞紙上で目にすることができるのは劉興欽のストーリー漫画だけとなった。

本省人の漫画家は一九五〇年代末にはほとんどが総合雑誌に移っている。つまり、時事風刺漫画や一コマ漫画からストーリー漫画に転向したのである。一九六〇年代、総合雑誌は漫画雑誌に販売量で負け、その漫画雑誌はさらに貸本漫画に負けた。文化の場という観点からすれば、一九六〇年代はストーリー漫画が文化の場の外へと転落した時期であった。この時、漫画の量があまりに大きいためなのか、あるいは新聞、ラジオ、雑誌、テレビの全てが政府に掌握されていたためなのか、国民党の文化統制の対象は漫画にも拡大し、一九六二年に「編印連環図画輔導弁法」改正版が公布され、一九六六年三月一日から厳格に施行された。もちろん、これは台湾国民政府が本省人のみを対象として行ったものではない。なぜならば、文化の場の域外にある貸本漫画は、本省人だけでなく一部の社会的に下層の外省人も関わっていたからである。

以上をまとめると、漫画が掲載された場所からわかるのは、一九四五年から一九八〇年の期間、文化の場には省籍によって作り出された「ガラスの天井」（glass ceiling）が幾重にも折り重なっていたということである。ピエール・ブルデューの文化の場についての考え方によれば、文化資本、経済資本、社会資本、象徴資本は互換し合って総資本を形成し、それによって文化の場における位置と実践（practice）の力を得る。[91] 一九五〇年代から一九八〇年代にかけて、外省籍が具える象徴資本の量は本省籍よりも圧倒的に高く、同時に日本統治時代の学歴、教養などの文化資本は必ずしも合理的な評価を得えらないばかりか、却ってマイナスとなることもあった。そのため、外省人でない者は上昇できないわけではないが、外省人と比べてより大きな資本量を持つか、あるいは外省人と同質化しなければ「ガラスの天井」を打ち破って文化の場に立ち入ることはできなかったのである。一方で、外省籍は本省籍に対して絶対的には資本を具えてはいるものの、外省籍の内部にも序列があり、外省籍であっても序列が低ければ、必ずしもその象徴権力を発揮できるわけではなかったので、そのほかの資本量も比較的適正な水準で互換される可能性があった。例えば兵士の場合、外省出身であるという省籍の象徴資本量は比較的高いのだけれども、漫画出版社の場合、経営者の学歴、経済、人脈などに関しては、省籍の力は絶対的な権力を発揮するものではなかったのである。[92]

今後、さらに検討すべきは、日本統治時代に台湾籍漫画家が新聞紙上に作品を掲載する機会があったのかどうかということ、さらに台湾籍漫画家の日本統治時代と国民党統治時代を比較し、その表現の自由についての違いがあったのかどうかということである。これらによって「植民」という象徴権力に対する理解が一層深まるであろう。

＊注

1 ピエール・ブルデューは『The Field of Cultural Production』において、「場に位置をとる」(field of position-taking) 普遍的な原則は闘争しかないと述べている。闘争するにはステークが必要である。そうして、ブルデューはその資本概念を構築した。もともと、カール・マルクスの概念において資本は経済資本を指している。しかし、社会において交易や生産する方式は物質や経済に限らないのであり、個人の人脈や学歴、品位も交渉する際の資本となる。ブルデューは資本概念を経済資本だけではなく、社会資本（人脈）、文化資本（文化資産、教養、学歴）、象徴資本（命名権）へと拡大させた。文化、社会、経済、象徴資本の蓄積と転換、それらと象徴権力間との相互作用、文化の場の内部における位置の変化については、以下を参照のこと。ピエール・ブルデュー著、石井洋二郎訳『ディスタンクシオンⅠ：社会的判断力批判』、東京：藤原書店、二〇〇二年。ピエール・ブルデュー社会研究会『象徴的支配の社会学：ブルデューの認識と実践』、東京：恒星社厚生閣、一九九九年。Pierre Bourdieu, The Logic of Practice, Cambridge: Polity Press, 1990. Pierre Bourdieu, The Field of Cultural Production, Cambridge: Polity Press, 1993.

2 石子順造『戦後マンガ史ノート』、東京：紀伊国屋書店、一九九四年（一九七五年初版）、一六頁。

3 警務官である許丙丁は『台湾警察時報』、『台湾警察協会雑誌』などの刊行物に投稿していた。蔡秀美「従許丙丁的漫画看日治時期的台湾警察」『興大歴史学報』第二八号、二〇一四年、五一―九二頁。

4 陳定国の漫画は地方紙『新竹州時報』と地方雑誌『同光雑誌』に掲載された（何明星『漫游人生：陳定国大師的漫画生涯』、新竹：新竹県政府文化局出版、二〇一八年、二九頁）。

5 同会は統一教材を作成して教育を行った。普通科と速成科があり、普通科は四カ月間で、一円二〇銭の月謝を支払って入会し、会員記章、漫画研究会が発行する月刊誌『漫画之国』、『漫画家養成講義録』第一巻を受け取って通信教育が正式に始まる。『漫画家養成講義録』の内容は美術学校のカリキュラムに倣ったもので、文章を主体としつつも挿絵を配して解説している。

6 「清水崑漫画講習会」『台湾日日新報』一九四二年一〇月一六日、第二面。「皇民奉公会漫画奨葉宏甲等人入選」、『台湾日日新報』一九四三年五月二日、第二面。

7 資料を提供していただいた梁梓義のご家族梁乃悦氏に感謝する。左表は梁乃悦氏が整理された「新高」同人が参加した台湾美術展覧会の一覧である。

台湾省全省美術展覧会

	時期	場所	王花	葉宏甲	陳家鵬	洪朝明
第一回	一九四六年一〇月二二日―一九四六年一〇月三一日	台北市中山堂	潘小姐	念書	廃墟	
第二回	一九四七年一〇月二二日―一九四七年一一月二日	台北中山堂	女与猫	F小姐		

第三回	一九四八年一〇月二五日から六週間	統括府四楼		小女孩	観音山	
第四回	一九四九年一一月一九日—一九四九年一一月二八日	台北市中山堂	寂寞	黄衣		
第五回	一九五〇年一一月二五日—一九五〇九年一二月四日	台北市中山堂		N氏像		
第六回	一九五一年一一月三日—一九五一年一一月一二日	台北市中山堂	窓辺	少憩	晨粧	
第七回	一九五二年一一月一一日—一九五二年一一月二〇日	台北市綜合大楼			庭園一角	
第八回	一九五三年九月一八日—一九五三年九月二七日	台北市綜合大楼				
第九回	一九五四年一一月一八日—一九五四年一一月二八日	台湾省立博物館				
第一〇回	一九五五年一一月二五日—一九五五年一二月一日	台湾省立博物館			窗辺	
第一一回	一九五六年一二月一日—一九五六年一二月一〇日	台湾省立博物館			小妹妹生日	
第一二回	一九五七年一二月七日—一九五七年一二月一六日	台湾省立対中図書館				
第一三回	一九五八年一二月一四日—一九五八年一月二三日	台湾省立対中図書館				
第一四回	一九五九年一二月二五日—	台湾省立博物館			童年	

8 鄭世璠「滄桑話『新新』」『新新 複刻版』、台北:伝文文化出版、一九九五年、頁番号不記載。また、一九四五年の当時、梁梓義の『新新』にかかわる職務配分表のメモを参考にした。

9 例えば、周憲文「如何看待台湾」『台湾新生報』一九四六年六月九日。石延漢「台湾青年要認識祖国」『台湾新生報』一九四六年五月六日。周憲文は中国浙江省出身で、一九四六年一月に陳儀の招きに応じて台湾に渡り、台湾大学の初代法学院院長を務めた。石延漢は中国安徽省出身で、一九四五年一一月から一九四七年六月まで基隆市長を務めた。基隆は一九四七年の二・二八事件時に国民党軍が上陸し大量殺害を始めた場所である。

10 『聯合報』の創立者王惕吾は中国浙江省出身で、総統府警衛大隊上校隊付兼第二団団長だった人物である。『徵信新聞』はその後『中国時報』と改名している。創立者余紀忠は江蘇省出身である。この二人はともに国民党中央常務委員会委員であった。

11 連環画は一コマの絵で、絵の傍らに文字を付けた上海連環画図冊を指す。日本の絵物語に似たものである。牛哥と李歌洪は一九五二年だけは「田園之恋」と「欲海情仇」二作を共作した。その後、歌洪は一人で「児女恩怨」を描いている。

12 副刊とは新聞の文芸欄のことである。

13 沈孝雯「台湾的戦闘文芸漫画（一九五〇—一九八〇年代）」『台湾美術』Vol. 七九、二〇一〇年、三二—五三頁。

14 一九四五年から一九四九年の間に多くの中国人木版画家が台湾に渡った。それらの画家は抗日戦争に協力するために木版画を習って制作していたが、戦争が終わって故郷に戻ったものの、そこには彼らの能力を発揮する空間はなく、台湾に移って活動したのである

（黄英哲『「去日本化」「再中国化」』、台北：麦田、二〇〇七年、一八四頁）。これらの画家は一九五〇年以降、師範学校の体制の中で教育活動に従事したが、彼らより後に国民党軍に従事して台湾に渡ってきた画家との関係や、文化の場におけるやりとりについては、今後の研究での解明が待たれる。

15 馬星野「新聞、図画、意見：介紹本報漫画半週刊及梁中銘梁又銘先生」『中央日報』一九五〇年四月一七日。

16 李闡『漫画美学』、台北：群流、一九九八年、一一七―一一九頁。

17 「電省立各中小学校、各県市（局）政府為介紹中央日報社印行之「土包子下江南」等連環漫画、希酌量採購」『台湾省政府公報』四一：春：六〇、一九五二年三月一三日、六三八頁。

18 「【海南日刊新聞】抗日戦争時期木刻画作品―時代的戦鼓　革命的号角」　http://www.gdmoa.org/Media_Center/Press/2015/201612/t20161202_1726.shtml（二〇二〇年八月一六日参照）

19 李闡「万象漫画季　序幕　曽風靡大江南北・増色你我童年、回首漫画・五十年来叱」『聯合報』一九七九年一二月三月。

20 李闡、前掲記事。

21 班尼迪克・安徳森〔ベネディクト・アンダーソン〕著、呉叡人訳『想像的共同体：民族主義的期限与散布』、台北：時報文化、二〇一〇年。

22 近代化に関する内因／先発、あるいは外因／後発の比較については、富永健一『近代化の理論：近代化における西洋と東洋』（東京：講談社、一九九六年）を参照のこと。

23 土屋礼子「近代日本語における識字とメディア」『近代の日本語はこうしてできた：国立国語研究所第七回ＮＩＮＪＡＬフォーラム』、東京：国立国語研究所、二〇一四年七月三一日、四八―五六頁。

24 李玲「近代報紙雑誌二種概念的起源」『東亜観念史集刊』（四）、二〇一三年、三九二―四一五頁。

25 現在確認しうるのは許丙丁が『台湾警官時報』に掲載した作品と陳定国が地方紙に掲載した作品だけである。そのほかの漫画家の作品については、さらなる調査が必要である。

26 一九四五年の終戦以降、台湾に来た中国人は外省人と呼ばれ、それに対して台湾で生まれ、日本統治時代を経験した人々は本省人とされる。いうまでもなく、外省人は中国各省出身のさまざまな人々であり一様ではない。また、台湾出身者の間にも、閩南民系や客家という違いがある。しかし、当時の台湾出身者にとって、接収しにやって来た陳儀の外省人政府、軍隊、不法な商人などへの印象は全ての外省人に及んでおり、外省人内部の違いは見過ごされた。そのため、「我々」と「他者」の区別が、次第に「本省人」と「外省人」という「省籍」の区別になったのである。国民政府が台湾に入ると、さらに外省人を上位とする社会的階級がつくり出され、省籍問題をより一層厳しいものとさせた。一九九二年に戸籍法が改正されるまで、子供の省籍は出生地ではなく父親に出身地に拠っていた。

27 A・S・コリンズ著、青木健、榎本洋訳『十八世紀にイギリス出版文化史：作家・パトロン・書籍商・読者』、東京：彩流社、一九九五年、二七一―二七三頁。

28 KONDO Motohiro（近藤大博）, "The Development of Monthly Magazines in Japan（総合雑誌の誕生とその発展）,"国際情報研究, Vol. 1, No. 1, 2004, pp. 1-9.

29 李玲、前掲論文、四〇四―四一三頁。

30 邱各容『台湾近代児童文学史』、台北：秀威資訊、二〇一三年、四四―四六、二〇四―二〇五。

31 日本統治時代は中国に居住し、一九四五年以降に台湾に戻った台湾出身者を指す。その多くが国民党員や社会上層の外省人の下で働いた。

32 邱、前掲書、四四頁。「老街札記之不老的伝説」 http://library.taiwanschoolnet.org/cyberfair2002/C0216100265/inbuimportant.htm（二〇二〇年八月一七日参照）

33 李衣雲「蔡焜霖先生訪談」、筆者による電話インタビュー、二〇二〇年八月一四日。

34 頼慈芸「被遺忘的功臣：東方出版社背後的日文改写者」『東亜観念史集』（八）、二〇一五年、九―五〇頁。

35 「電復新竹市政府如台胞出生時即用日本姓名者、准予自定名字、希遵照」『台湾省行政長官公署公報』、民国三五年（一九四六）八月三日、秋、四七一頁。

36 少年少女向け総合雑誌の内容に関して、明治から昭和にかけて大きな変化があったが、ここでは形式的な面だけに触れる。内容面については、今日絵里香『「少年」「少女」の誕生』（京都：ミネルヴァ書房、二〇一九年）を参照されたい。

37 邱各容『台湾児童文学史』、台北：五南、二〇一五年、三八―四四頁。

38 中華民国国民政府の情報機関の一つであり、諜報や暗殺などの工作を担った。一九五五年に国防情報部に改められた。

39 夏暁華『種樹的人／夏暁華自述』、台北市：私家版、二〇〇四年。

40 「制定「台湾省日文書刊管制弁法」、「台湾省日文書刊審査会組織規定」」『台湾省政府公報』、民国四〇年四月四日、夏字第三期、三四―三五頁。「表復台中市政府為査繳之日語片唱得公開焼燬、希知照」『台湾省政府公報』、民国三六年六月一二日、二五六頁。「電各級学校禁止全体師生沿用日語」『台湾省政府公報』、民国三六年九月六日、秋、九四七。『総統府公報』、民国五一年九月第一三七〇号、三―四頁。

41 この部分については、拙著『台湾における「日本」イメージの変化、一九四五―二〇〇三：「哈日（ハーリ）現象」の展開について』（東京：三元社、二〇一七年）を参照されたい。

42 蔡焜霖『逆風行走的人生』、台北：玉山社、二〇一七年、一四八頁。

43　李玉姫『台湾児童雑誌『東方少年』（一九五四〜一九六一）之研究』、台北：国立台北教育大学台湾文化研究所修士論文、二〇〇八年、四五―四六、五二頁。
44　会員には陳光熙（羊鳴）、葉宏甲、洪晁明、謝雲升（怪人）、陳定国、劉興欽など多くの新高漫画集団同人がいる。
45　何、前掲書、九三―九四頁。
46　蔡焜霖『我們只能歌唱』、台北：玉山社、二〇一九年、一五八頁。
47　「盗人の玉子」『台湾日日新報』一九〇一年一二月二二日、第七面。
48　楊乃藩「小人書到台湾」『新生報』一九四七年七月二五日、第二面。
49　補足すると、当時、日本書を輸入するには内政部出版処の許可証を取得しなければならなかったが、許可の可否の基準は責任者の心証にすぎず、そのため廖文木は出版処の責任者を接待するなどして許可証を得ていた（李、前掲「蔡焜霖先生訪談」）。
50　蔡、前掲書、二〇一九年、一六一―一六二頁。李、前掲「蔡焜霖先生訪談」。
51　一九六五年、文昌、全島、宏甲、明新、芸明出版社が教育部に提出した「編印連環図画輔導弁法」施行の緩和を請願する陳情書では、当時台湾の漫画は「読者が直接購入するものではなく、貸本屋で借りるもの」であると述べられている（「関於連環図画一案特復知照由」、教育部檔案、檔号五二二一・〇四、（五四）社字第一四八九六号）。
52　李衣雲「台湾大衆文化中呈現的歴史認識：以漫画為中心（一九四五―一九九〇）」『思与言』第五六巻三期、二〇一八年、七―七三頁。
53　国立編訳館第六七年度審査輔導評鑑会議、台（六八）社字第二〇六九五号。
54　「関於連環図画一案請核示」、教育部檔案、檔号五二二一・〇四、台（五一）社字第九六二六号。
55　一九四九年国民党に従って台湾に移ってきた外省人は、政府の中枢を担う層のほかは、手配された宿所の有無によって見ると、空軍、海軍、軍内の政治作戦を担当する部門「政戦」の将官、第一期国民大会代表、重要な知識人などには個別の宿舎が手配されており、地位の高い外省人、いわゆる「高級外省人」に分類することができる。そして、上級の軍人や技官、また家族を連れて台湾に来ることができた者は、接収した日本式の宿舎、あるいは政府の予算や中華民国婦女聯合会の寄付により建設された「眷村」と呼ばれる外省人居住区に入居しており、中上位の外省人である。しかし圧倒的多数の陸軍兵士は住居もなかった。「眷村」や軍施設の周囲、あるいは鉄道、公園にバラックを自力で建てて「自力眷村」という外省人居住区域を形成した。そうした外省人の中には書物や新聞を販売する露店や貸本業を営むようになる者もいたが、警察に自身の露店を没収されても為す術がなかった。しかし、国民党の教育下、それらの外省人の中には本省人に対し戦勝国の国民としての優越感を抱く者が依然として少なくなかった（李広均「台湾「眷村」的歴史形成与社会差異：列管眷村与自力眷村的比較」『台湾社会学刊』第五七期、二〇一五年、一二九―一七二頁。「関於連環図画一案特知照由」教育部檔案、檔号、五二二一・〇四、台（五四）社字第一四八九五号）。

56 「将卡通企業化的東方人」『経済日報』一九七〇年九月一九日。
57 清水一嘉『イギリス近代出版の諸相』、東京：世界思想社、一九九九年、七三頁。
58 清水一嘉『イギリスの貸本文化』、東京：図書出版社、一九九四年、一九、二三、三五、四二、五四—七七、一三三—一四八、二八三—二八九頁。清水、前掲書、一九九九年、七二—八二頁。
59 周紹明（Joseph P. McDermott）『書籍的社会史：中華帝国晩期的書籍与士人文化』、北京：北京大学出版社、二〇〇九年、八五—九二頁。
60 前田愛『近代読者の成立』、東京：岩波書店、一九九三年、八五頁。
61 前田、前掲書、八三—八七頁。長友千代治『近世資本屋の研究』、東京：東京堂出版、一九八二年、二二—二三頁。高野肇『大八本屋、古本屋、高野書店』、東京：論創社、二〇一二年、一八—一九頁。
62 高野、前掲書、九四—九五頁。
63 「華仁等出版社業陳情事」教育部檔案、檔号五二二・〇四、台（七三）社字第〇七一五号。
64 「編訳館研討結論」教育部檔案、檔号五二二・〇四、台（七一）社字四二九七九号。「貴会第十六届第一次会員大会第四十一提案有関加強連環図画審査暨取締不良連環図環乙節複請査照」、附件二、教育部檔案、檔号五二二・〇六、台（六九）社字三七五一一号。
65 台湾では、漫画は一九九〇年代中頃にようやく文化の場の片隅に位置するようになったのである（李衣雲『読漫画』、台北：群学、二〇一二年）。
66 前田、前掲書、八五頁。手塚治虫『漫画教室』、東京：小学館クリエイティブ、二〇一〇年、八四頁。
67 「玻璃墊上　端正小人書」『聯合報』一九六六年七月一二日。
68 何凡「玻璃墊上打開書橱及其他」『聯合報』一九六九年六月一六日。
69 蔡、前掲書、二〇一九年、一六三頁。
70 手塚治虫は『漫画少年』の中で、漫画雑誌出版社、一般的な出版社、赤本や貸本の出版社の三種類を挙げている（手塚、前掲書、二〇一〇年、七八頁）。
71 貸本出身の劇画・漫画家辰巳ヨシヒロは、雑誌向けと貸本向けとではその作画にはっきりとした違いが見られる（図19）。
72 「盗印翻版・色情暴力与漫画審査」『聯合報』一九八二年一〇月六日。
73 「謝副総統　行政院孫院長　監察院余院長　教育長朱部長匯森　暨各届人士前往参観「漫画清潔」展者達万人」『漫画雑誌』第二四期、一九八三年、頁番号不記載。
74 「江治華控李費蒙毀謗　昨開庭偵査　芸文界有人声援「漫画清潔運動」」『民生報』一九八三年四月一三日。
75 『漫画雑誌』第二四期、一九八三年。

76 「所報連環図画審査委員七五年第一次会議紀録暨擬自編印経費項提撥NT$一一〇〇〇〇元作為奨励取締違規連環画有功案」教育部檔案、檔号五二二・〇四、台（七五）社字第二七五五三号。
77 現在、国立編訳館は「国家教育研究院」と改称されており、散逸した資料も多く、関係者全員を確認することは困難である。
78 「従事美術教育五十年　梁又銘昆介獲奨　王昇嘉奨陳慶熇王愷金哲夫」『中央日報』一九八一年七月二日。
79 国家教育研究院檔案、檔号七三／〇一〇〇一一／no九一、（七三）国文社字第一二三八号。
80 「紀念国父百年誕辰本報編印図画故事」『聯合報』一九六五年一一月一一日。「陳海虹漫画筆説千古事」『民生報』一九九四年、一一月二七日。「教育部昨頒発画学会金爵奨」『聯合報』一九七九年五月二二日。「建国復国大業史画」『聯合報』一九七五年一〇月一八日。「中視成八義画像」『聯合報』一九七二年八月八日。「画学金爵奨掲暁」『中央日報』一九七七年三月三一日。
81 何、前掲書、一〇一—一〇五頁。
82 林姿秀「従古典到現代——陳定国的「女性漫画」」国立台湾師範大学台湾史研究碩士論文、二〇〇四年、三七—三九、四四頁。
83 何、前掲書、一〇八頁。
84 高徳爾「側写劉興欽的台湾風情」『全国新書資訊月刊』第一六五号、二〇一二年、一二—一七頁。
85 本文は作品の本質的な美については「括弧に入れて」、単に作品が置かれた場とそれにかかわる資本関係について考察する。なぜならば作品の善し悪しによって作者は人々に記憶されるのであるが、しかし作品や作者が記憶される原因は作品の善し悪しだけではないからである。ある作品が捨て去られたり、見過ごされたりするというのは、必ずしもそれらが質的に不十分であったわけではない。
86 「怎様的漫画才能長銷長紅？——劉興欽漫画的啓示」『看雑誌』https://www.watchinese.com/article/2010/1970?fbclid=IwAR0KvRuEUKzXZ8bBlQygA64L_LTO4Yhfw5ulF7ZIBA7W_JEZCark7IXmUQ8（二〇二〇年八月二三日参照）
87 「葉宏甲数位図書館」内の「葉宏甲小伝」、並びに「客家漫画数位博物館」の「葉宏甲」人物紹介は、いずれも葉宏甲は日本の川流美術学校に二年間留学していると記されているが、梁梓義の親族梁乃悦が葉宏甲の子葉佳龍に尋ねたところでは、留学は不確かであるという。その頃、梁梓義と葉宏甲は手紙のやり取りをしているのだが、その住所は全て台湾であり、当時の戦況を考慮すれば、梁乃悦は葉宏甲が受講することができたのは通信課程ではないかと推測している。これは陳定国の場合と似通っている。「葉宏甲数位図書館」http://folkartist2e.lib.nctu.edu.tw/collection/yeh/01_main/main.htm（二〇二〇年九月二七日参照）
88 藍蔭鼎『台湾画報：第一届台湾省美術展特刊号』、台北：台湾画報社、一九四六年。また、注7参照のこと。
89 「葉宏甲　堅持正義　創造四郎」『聯合報』一九七九年一二月二五日。
90 「客家漫画数位博物館：葉宏甲」https://hakkacomic.lib.nctu.edu.tw/cartoonist/3（二〇二〇年八月二四日参照）
91 ピエール・ブルデューの実践公式「【（ハビトゥス）（資本）】＋フィールド＝実践」（ピエール・ブルデュー、前掲書、二〇〇二年、一五九頁)。

92 例えば、国民党に従って台湾に移ってきた軍人銭夢龍とその弟銭祖年は、本省籍の漫画家游龍輝と毋忘在莒出版社の社長程天任に共産思想嫌疑の濡れ衣を着せて陥れようとしたが失敗し、銭祖年は台湾警備総司令部から懲役三年六か月の判決を受けている(「銭夢龍告游龍輝匪書案」国防部檔案(五六)警総字第二五二三八号。「銭祖年案」「台湾転型正義資料庫」https://twtjcdb.tjc.gov.tw/Search/Detail/13724(二〇二〇年八月三一日参照))。

＊訳注

訳注1 「共」は共産主義、中国共産党を、「俄」はソビエト連邦を指す。

訳注2 中国語で「新聞」を意味する。

訳注3 子供向けの読み物。

第六章　東アジアの初期ロック受容と「伝統」の創造
――『牯嶺街少年殺人事件』の音楽から

西村正男

二〇一七年、デジタル・リマスターされたエドワード・ヤン（楊徳昌）監督の代表作『牯嶺街少年殺人事件』（一九九一、以下『牯嶺街』と略記）が日本でも公開された。筆者は二〇年以上もこの映画を目にすることがなかったが、久しぶりにこの映画を目にすると、映画の舞台となる一九六〇年前後の台湾の複雑な状況をリアルに描き出していることに改めて気付かされた。

この映画は、外省人家庭の五人兄弟の上から四番目の男子中学生・小四が、女子生徒の小明に寄せる恋心を軸に、不良少年たちの抗争、音楽などを織り交ぜながら当時の閉塞感をリアルに描き出した映画である。すでに映画史上において高い評価を得ているフィルムであるが、本稿では映画中に流れる音楽に着目することにより新たな視座を見いだせればと思う。

エドワード・ヤン監督は、映画における音響を重視したことで知られる。映画の音声についての研究の第一人者であるミシェル・シオンは映画の音響を以下の三つに分類している。[1]（1）音の出処が画面内にある「イン」の音、（2）音の出処は見えないものの、同一時間、隣接空間に存在する「フレーム外」の音、（3）画面とは別の時間／空間にある不可視の音源からの音（伴奏音楽やナレーションはこれに含まれる）である。一方、長門洋平はこれに「内面的」な音、「サウンド・ブリッジ」を加えた五つの分類法を提示している。[2]「内面的」な音とは登場人物の心のなかに起因する音であり、また「サウンド・ブリッジ」は、「時空間の異なる複数のショットをまたいで流れる、物語世界の音」[3]である。この五分類に従えば、ヤン監督は、このうち「フレーム外」の音や「サウンド・ブリッジ」を多用しており、それは『牯嶺街』にも当てはまる。そして、そのような技法による「時間・空間の流麗な転換」[4]はヤン監督の映画の特徴となっているのである。

だが、本稿が主に焦点を当てるのは、このような映画中の音響効果ではなく、映画中で使用された音楽のジャンルである。『牯嶺街』中に流れる音楽ジャンルといえば、現在ではオールディーズと呼ばれるような、一九五〇年代から一九六〇年代はじめにかけてのロック音楽が特に印象に残る。パーラー「小公園」に集う若者たちが演奏するシーンは映画の中で効果的に使われ、それらの楽曲は、「牯嶺街少年合唱団」名義のCDとしても発売された。[5]だが映画中の音に注意深く耳を傾けると、実際にはその中に流れる音はロックに限定されているわけではなく、多種多様な音楽が存在していることに気付かされる。ヤン監督が当時台湾に存在した様々な音を映画中に意識的に取り入れようとしたものと思われるが、以下では実際に映画中にどのような音が流れていたのかを確認したい。[6]

一　『牯嶺街少年殺人事件』における音楽の混淆

『牯嶺街』の中で流れるロック以外の音楽を分類すると、（1）日本の流行歌、（2）日本統治時代の台湾語流行歌、（3）上海〜香港の国語流行歌（時代曲）、（4）その他（芸術歌曲、クラシックなど）となる。

（1）の日本の流行歌は、主人公・小四が暮らす日本家屋のシーン（二三分二秒）で流れる。母親と姉たちが食事の準備をし、家族全員で食事をする間に、屋外の果物売りの屋台が大きなボリュームで日本の歌を流すのである。判別がいささか困難ではあるが、橋幸夫のデビュー曲「潮来笠」（一九六〇）のようにも聞こえる。「八年間日本と戦争したのに、日本の家に住んで日本の歌を聞くことになるなんて」と母親はつぶやく。意識的に外省人と本省人の文化、とりわけ愛好する音楽の違いを描き出そうとしたものと思われる興味深いシーンである。

（2）の日本統治時代の台湾語流行歌は、小四と小明が通う建国中学のシーン（三二分四三秒）で登場する。学校の教官が売店でタバコ「新楽園」を買う際、売店の若い女性が口ずさんでいるのは日本統治時代の流行歌「望春風」である。教官は彼女に対し、「実家はどこ」と尋ね、彼女は台中と答える。教官は「俺は台中の清泉崗に住んでたんだ。台中といえば大陸の漢口を思い出すよ」という。このやりとりから、売店の女性は台中出身の本省人であり、教官は大陸から来た外省人であることが窺える。清泉崗は、現在の台中空港の所在地で、かつては中華民国及びアメリカの空軍基地があった場所であり、彼は軍人としてここに居住した後、軍訓教官としてこの学校に派遣されたのであろう。彼は別の箇所では（中国山東省の）青島《チンタオ》出身であると言も述べている。このシーンも、本省人（女性）と外省人（男性）の音楽文化の違いを浮き彫りにしていると言える。

「望春風」は李臨秋作詞、鄧雨賢作曲による台湾語流行歌で、歌手・純純が吹き込んだレコードは一九三三年に発売された。現在でも歌い継がれ、同じ作曲者と歌手による「雨夜花」などと並んで台湾を代表する楽曲となっている。ただ、この映画において確認できた台湾語の歌曲はこれ一曲のみであり、戦後に作られた台湾語流行歌はこの映画では使われてはいない。

（3）の上海～香港の国語流行歌は「時代曲」とも呼ばれる。一九三〇年代以降上海で発展した国語（中国標準語）の流行歌は、日中戦争、国共内戦を経て多くの人材が香港へと移ることにより、香港で作り続けられる。そのような「時代曲」は、台湾においても外省人を中心に人気を集めたが、『牯嶺街』においても数曲を耳にすることができる。まず、隣人で商店を営む「胖叔」（デブッチョおじさん）が酔って夜道を歩きながら歌うのが「秋夜」である（二時間十五分三八秒、まさに秋の夜に歌われる）。作詞は小珠、作曲は侯湘（李厚襄）。歌手で女優の白光が一九四八年に上海で吹き込んだ歌である。白光はその後香港に活動の場を移し人気を保った。一時期は東京に住んだこともあり、度々訪れた台湾でも人気があったが、この映画中ではもう一曲彼女の持ち歌が歌われている。その曲「魂縈旧夢」は、やはり一九四八年の上海録音で、作詞の水西村、作曲の侯湘はいずれも李厚襄の筆名である。『牯嶺街』では、この曲は学校の医務室の看護師の女性によって口ずさまれる（二時間四五分四〇秒）。この女性は別のシーンでは、崔萍「南屏晩鐘」を鼻歌で歌う（三時間六分十六秒）。陳蝶衣の作詞、王福齡の作曲によるこの曲は、一九五八年に香港でレコードが発売された。『牯嶺街』で描かれる時代の直前にヒットした曲ということになる。陳蝶衣も王福齡もともに上海から香港へと移り住んだ文化人であり、この曲も当然国語で歌われている。看護師の女性は、映画中で台湾東部の花蓮出身であることを自ら語っているが、彼女のような本省人の若い女性もこの時期には国語「時代曲」を愛好するようになっていたのだろう。

（4）その他であるが、まず芸術歌曲として「小豆詞」が挙げられる。これは、小四の父親が思想犯の疑いをかけられ台湾警備総司令部で尋問されるシーン（二時間三六分）で登場する。彼を取り調べていた役人は、音楽を学んでいたと自称し、別の部屋に移っておもむろにオルガンを弾きながらこの曲を歌うのだ。この曲は「何日君再来」などでも知られる作曲家の劉雪庵が小説『紅楼夢』を改作した朱彤の話劇『鬱雷』（一九四三）のために作ったもので、この曲の歌詞も『紅楼夢』から取られている。[7] レコードは上海国立音楽専科学校で劉雪庵の後輩にあたる声楽家の周小燕が戦後の一九四八年に吹き込んでいる。[8]『牯嶺街』に流れる音は、基本的には映画の画面と同一空間にある音（「イン」「フレーム外」の音、あるいは「サウンド・ブリッジ」）で構成されているが、この場面は例外の一つであり、取り調べをしていた役人の歌声以外に、ソプラノの女声と伴奏が流れてくるのである（「オフ」の音。レコードの音源を使用したと思われるが歌声は周小燕ではない）。この例外はいささか唐突であり、あるいは役人がレコードをかけて、それに合わせて歌っている（その場合は「フレーム外」の音ということになる）とも解釈できるが、白色テロ時代の尋問の恐ろしさを醸し出す異化効果も感じられる。

『牯嶺街』中でも特に記憶に残るのが、学校のブラスバンドの演奏だ（一時間五九分四四秒）。演奏の練習が中断する瞬間に、小四が小明に対して「僕は君から永遠に離れない。一生の友達でいるから」と話しかけるシーンは印象的である。ここではブラスバンドはカール・タイケの「旧友」とジョン・フィリップ・スーザの「キング・コットン」を演奏している。

また、小四が小馬の家を訪ねる際、京劇の音が流れるシーンがある（三時間一三分六秒）。ラジオかも知れないが、音がはっきりしているのでレコードかも知れない。小馬は軍の高官・馬司令の息子という設定であり、外省人エリート家庭の趣味嗜好を表していると言えよう。

映画のエンディング近く、殺人事件が起こった後には賛美歌も使われる。ここでは「サウンド・ブリッジ」の技法が使われ、病院のシーンから墓参のシーン、さらには賛美歌隊のシーンにまたがって賛美歌が流れる。賛美歌隊が歌うのは「主イエスのみそばに」Near to the Heart of Godだ（三時間四九分五二秒）。これは小明の葬儀か追悼会のために歌っているという設定だろう。

ところで、かつての台湾では映画の上映前に「中華民国国歌」（「三民主義歌」とも呼ばれる）を映像化したフィルムを上映し、全員起立して国歌を歌っていた。その習慣は、一九五〇年代前半に確立され、一九九〇年代半ばまで続いた。[9] そして映画の上映が終わると映画館で流されたのが李中和の作曲による中国大陸への反攻を歌う愛国宣伝歌「反攻大陸去」だった。[10]『牯嶺街』には、「中華民国国歌」と「反攻大陸去」の双方が使われている。国歌が歌われるのは映画の上映の際ではなく、中山堂でのコンサートのオープニングの場面（一時間四六分十一秒）である（もちろん国歌フィルムの上映はない）。歌の間は全員直立不動であり、動こうとした生徒は叱られる。一方、「反攻大陸去」は、映画館前で小四と小翠が話し合うシーン（三時間二八分二八秒）で使われる。映画上映後の音楽が外にも流れているのだろう。これらの音楽の使用も、台湾の当時の雰囲気を濃厚に伝えている。

それにしても、『牯嶺街』に収められた多様な音楽の種類には驚かされる。台湾、日本、上海、香港各地の流行歌、京劇、賛美歌、国歌、愛国宣伝歌、そしてロック。ヤン監督は『牯嶺街』において、当時の台湾に存在した音を意識的に網羅しようとしたのではないかと考えられる。

二　『牯嶺街少年殺人事件』におけるロック音楽と当時の台湾の状況

前節では、『牯嶺街』で使われたロック以外の音楽について確認した。だが、多くの人にとっては『牯嶺街』の音楽といえばロック音楽の印象が強いのではないだろうか。

ここでは先述の牯嶺街少年合唱団名義によるCDの内容を確認することにより、『牯嶺街』中のロック音楽の特徴を把握したい。CDは全十曲からなり、アメリカのヒット・ソングがそのまま英語で歌われている。CDでは前半の七曲が「電影挿曲」(映画挿入歌)、後半の三曲が「五〇年代同期流行的西洋歌曲」(五〇年代の同時期に流行した西洋の歌)とされている。映画挿入歌としては、Why(オリジナルはフランキー・アヴァロン、一九五九)、Poor Little Fool(オリジナルはリッキー・ネルソン、一九五八)、Angel Baby(オリジナルはロージー&オリジナルズ、一九六〇)、Don't Be Cruel(邦題「冷たくしないで」、オリジナルはエルヴィス・プレスリー、一九五六)、Mr. Blue(オリジナルはザ・フリートウッズ、一九五九)、Are You Lonesome Tonight(邦題「今夜はひとりかい?」、オリジナルはエルヴィス・プレスリー、一九六〇)、Never Be Anyone Else but You(邦題「お前ひとりが」、オリジナルはリッキー・ネルソン、一九五九)の七曲が収められ、「五〇年代の同時期に流行した西洋の歌」としてはThis Magic Moment(オリジナルはザ・ドリフターズ、一九六〇)、Only the Lonely(ロイ・オービソン、一九六〇)、Peggy Sue(オリジナルはバディ・ホリー、一九五七)の三曲が収められている。いずれも映画の舞台として設定されている一九五九年から一九六一年から見てごく最近のヒット曲ということになる。もしかすると、映画で使われなかった三曲も映画で使うための候補として録音されたのかもしれない。

これらの十曲のアメリカの『ビルボード』誌のヒットチャート(Hot 100)における最高位は、Angel Baby

が第五位、Never Be Anyone Else but You が第六位、This Magic Moment が第十六位、Only the Lonely が第二位、Peggy Sue が第三位であり、他の五曲はすべて第一位を記録している。[11] 内容的には必ずしも狭義のロックン・ロールに限らず、当時のポピュラーなヒット・ソングが並んでいる。

これらの曲は、歌手でその後ミュージカル俳優、演出家としても活躍する王柏森が実際には歌っている。映画中では女声パートを王茂（小猫王）がボーイソプラノで歌うシーンが印象的だが、実際には男声も女声も王柏森が歌っていたわけである。

ところで、一九六〇年前後のアメリカのヒット・ソングをフィーチャーした映画といえば、ジョージ・ルーカス監督の『アメリカン・グラフィティ』（アメリカ、一九七三）が思い起こされる。一九六二年の夏が舞台のこの映画には、やはり一九五〇年代後半から一九六〇年代初頭のロックやR&B音楽がふんだんに使われている。この映画が制作された時期はこのようなオールディーズのリバイバルが見られ、同年にはアメリカの兄妹デュオのカーペンターズがLP『ナウ&ゼン』のB面冒頭と末尾の「イエスタデイズ・ワンス・モア」で挟む形で一九六〇年代前半にヒットした曲のカヴァーをメドレー形式で披露しているし、また後にLP『ロックン・ロール』（一九七五）に結実することになるジョン・レノンの一連のオールディーズ録音もこの年に開始している。このようなオールディーズ・ブームの中、エドワード・ヤンは一九七四年にフロリダ大学で修士号を得た後、ジョージ・ルーカスが学んだ南カリフォルニア大学の映画テレビ学部にも一年間在学している。さまざまな映画から影響を受けているヤン監督であるが、『アメリカン・グラフィティ』の影も『牯嶺街』の中に見え隠れしているのではないだろうか。

ちなみに、『牯嶺街』で使われた曲は、『アメリカン・グラフィティ』とは一曲も重複しない。同時期の曲を集めながらも、意図的に重複を避けたのかもしれない（ちなみに、ヤン監督の前作『恐怖分子』（原題『恐怖份子』）、一九八六）では『アメリカン・グラフィティ』でも使われたプラターズのSmoke Gets in Your Eyes（邦題「煙が目にしみる」、一九五八）が効果的に使われている[12]。

甘酸っぱい青春の思い出を描いた『アメリカン・グラフィティ』と同様、閉塞感に満ちた『牯嶺街』においても、ロック音楽の効果も相俟って青春映画としての要素も色濃く感じられる。だが、ここでのロック音楽の使用はアメリカ映画の単なる模倣ではなく、台湾においても実際にこのような音楽が演奏されていた実態があったことも重要であろう。以下では主に熊信淵が国立台湾大学台湾文学研究所に提出した修士論文「熱門、搖滾到民歌――台湾青年的音楽世界（1950's-1970's）」[13]（ヒット、ロックからフォークへ―台湾青年の音楽世界一九五〇年代～一九七〇年代）およびそれを再構成して書籍化した熊一蘋『我們的搖滾楽』[14]に従って、台湾における早期ロック受容について簡単にまとめておきたい。

東アジアのロック音楽の受容に対しては、アメリカ軍基地が果たした役割が大きい。台湾においても、朝鮮戦争からベトナム戦争へと至る中で多くのアメリカ兵が駐在し、台湾の国防部は一九五五年に「中美軍人之声」（中国・米国軍人の声）という放送局を設立、その後一九五七年にはアメリカ軍がそれを引き取って自ら放送局を運営するようになる[15]。それに伴い台湾の多くの放送局にもロック音楽を放送する番組ができた。

熊信淵が台湾のロック音楽にとっての画期とするのが一九五六年から一九五七年にかけてである。英語のアーサーに漢字を当てた亜瑟（本名劉恕）は、一九五四年から『聯合報』に海外の音楽を紹介するコラムを担当していたが、一九五六年夏からラジオ局・正声電台でDJを始め、同年冬には幼獅電台に移ってプレスリーなどのロックン・ロールをかけるようになると爆発的な人気を呼ぶ。この番組は短期間で終了させられるが、翌一九五七年には警広電台で番組「亜瑟時間」を開始する。

もうひとりの重要人物は平鑫濤（一九二七～二〇一九）である。一九四九年、大学卒業後に上海から台湾へとやってきた彼は、皇冠雑誌社を設立する。雑誌『皇冠』内で西洋音楽を紹介するコーナーだった『皇冠歌選』は独立した雑誌となり、その一九五七年第五期は空前の売れ行きとなった。この号は「熱門音楽特輯」（「熱門」は人気がある、ヒットの意味）と銘打たれていたが、この「熱門音楽」こそ、平鑫濤がラジオ局・空軍電台で開始し自らDJを務めた番組名であり、雑誌と放送の内容はタイアップしていた。一九五八年には平鑫濤は「熱門音楽聴衆音楽会」と銘打ったコンサートを三回主催している。これに先立つアマチュアコンサートに集まった人たちを集め「巨人楽隊」を結成させ、このグループは「熱門音楽聴衆音楽会」で中心的な役割を果たした。[16]

亜瑟、平鑫濤と並んでこの時期に大きな役割を果たしたのが「洛克《ルオコー》楽隊」である（「洛克」はロックの音訳）。淡江英語専科学校（現在の淡江大学の前身）の学生たちに金祖齢（一九三七～二〇一四）が加わり、一九五六年に「淡江英専楽隊」から「洛克楽隊」に改名、ホテルや米軍クラブなど様々な場所で演奏した。舞台上で演奏しなかった亜瑟の「彗星」楽隊や、ビッグバンド編成でロックバンドとは言い難い「鼓覇」「海韻」などの中で、洛克楽隊は特別な存在だった。

一九六〇年代には台湾ではロックバンドを「合唱団」と呼ぶことが定着し、さまざまな「合唱団」が出現するが、当時の社会の雰囲気の中でロック音楽は徐々にアンダーグラウンドな存在となっていく。[17]

以上が、一九五〇年代から六〇年代にかけての台湾におけるロック音楽のおおまかな流れである。今日から見ると、台湾のロックシーンは東アジアの他の地域に比して発展が遅かったように感じられるが、少なくとも一九五〇年代には米軍基地の影響を受けながら受容が進み、自分で演奏しようとする若者も登場していたのである。ヤン監督自身も、ジョン・アンダーソンのインタビューに答え、子供の頃よりアメリカのロックン・ロールに夢中になり、『ビルボード』のヒットチャートを追いかけていたことを語っている。[18]

なお、『牯嶺街』でボーイソプラノを歌う王茂のあだ名・小猫王（猫王はエルヴィス・プレスリーの中華圏における愛称であり、小猫王はリトル・プレスリーという意味になる）であるが、当時の台湾では実際に小猫王と呼ばれた人物が存在した。ひとりは徐慶復（一九四三?〜）。彼は、『牯嶺街』の中山堂のコンサートのシーンにおいて、実際に自身が在籍した電星合唱団（バスドラムには「電星」の英語名であるTelstarという文字が記されている）のギター兼リードボーカルとして出演し、エルヴィス・プレスリーのDon't Be Cruelを歌っている（一時間五三分十四秒。王茂はそれを舞台袖で見ていて、自分にも猫王（プレスリー）の曲を歌わせてくれよ、という）。「小猫王」というあだ名の援用も含め、若い頃にこのような音楽を聞いていたヤン監督の徐慶復に対するオマージュといえるだろう。もうひとりは「雷蒙」などのベーシストとして活躍した陶大偉（一九四二〜二〇一二）である。上海生まれの彼はその後テレビタレントとして活躍する。ロック歌手として有名な陶喆（デイヴィッド・タオ、一九六九〜）は彼の長男である。

台湾ロックの現実の歴史と『牯嶺街』との繋がりを考える上で、映画中でコンサート会場として描かれる中山堂という場所も重要である。[19]先述の一九五八年の「熱門音楽聴衆音楽会」の最後のコンサートは中山堂で行われたし、その後も大規模なコンサートが中山堂で行われたからである。当時の台北におけるロックの雰囲気を知る人にとって、中山堂という場所は重要な記憶となっているのではないだろうか。[20]

先述の通り、米軍基地の存在とロックの受容は東アジアの他の地域においても密接な関係があった。韓国の事例[21]や日本の事例[22]と比較すれば、台湾の独自性や他の地域との共通性がより明確になるだろうが、それは今後の課題としたい。

三　台湾音楽シーンにおける「伝統」の想像

これまで見てきたように、『牯嶺街』は一九六〇年前後に存在した台湾の音を再構築する試みだった。いわゆる省籍矛盾、すなわち本省人と外省人の対立など複雑なエスニシティや文化的背景を持つ台湾において、それをありのままに把握して再現することには、困難が伴う。事実、本省人の好む台湾語の音楽については、『牯嶺街』では日本統治時代の流行歌に言及があるばかりで、戦後の台湾語流行歌については明示的に言及できていないうらみがある（これはヤン監督の外省人としての限界を示すものかもしれない）。

ところで、輪島裕介の『創られた「日本の心」神話――「演歌」をめぐる戦後大衆音楽史』[23]は、「演歌」という概念が一九七〇年前後に「日本の心」として「創られた伝統」であることを論じている。それでは現在の台湾において、自分たちの音楽的伝統はどのように捉えられているのだろうか。

台湾のCDショップに入り、老歌（懐メロ）のコーナーを見渡すと、様々なタイプの懐メロCDが売られていることに気づく。例えば、中国標準語（国語）で歌われる一九四〇年代上海や戦後香港の流行歌、あるいは日本の植民地時代から戦後にかけての台湾語の流行歌、または一九六〇年代以降の台湾の国語流行歌などである。世代によって聴く音楽が異なるというのは、場所を問わずよくあることであるが、台湾の場合エスニシティや言語の違いも相俟って、人びとがイメージする音楽的伝統、すなわち自身にとっての懐メロは分断されているのである。

ところで、先に言及した陶大偉の息子の陶喆は、一九九七年にアルバム『陶喆』でデビューするが、そのデビューアルバム以来、台湾人にとっての多様な懐メロを数多くカヴァーしている。『陶喆』では日本統治時代の流行歌で『牯嶺街』でも使われた「望春風」をカヴァーしている。続く一九九九年のセカンド・アルバム『I'm OK』では、戦時下の上海で李香蘭によって中国語（国語）で吹き込まれた「夜来香」をカヴァー。さらに、二〇〇二年のサード・アルバム『黒色柳丁』で歌った「月亮代表誰的心」（月は誰の心を表しているの）は、テレサ・テン（鄧麗君）で有名な「月亮代表我的心」（月は私の心を表しているの）を改作したものである。[24]

続く二〇〇五年の『太平盛世』では京劇『玉堂春』の「蘇三起解」をモチーフにした「Susan説」があり、[25]また賛美歌「しずけき祈りの」（Sweet Hour of Prayer）に新たに歌詞をつけた「禱告良辰歌」も収録されている。さらに二〇〇六年の『太美麗』には「忘不了」（忘れられない）が収められているが、これは一九六一年の陶秦監督、林黛主演による香港映画『不了情』の主題歌である香港の国語流行歌「不了情」（オリジナル版は顧媚が歌っている）をヒップホップ風に改作したものである。

このように見てみると、陶喆が『牯嶺街』と同様に日本統治時代の台湾語流行歌、上海、香港それぞれの国語流行歌、賛美歌などを自身のルーツとしてカヴァーないし改作していることがわかる。特に「望春風」の使用、賛美歌の使用が両者に共通していることは興味深い。陶喆も台湾語の流行歌については日本統治時代の「望春風」をカヴァーするのみであり、戦後の台湾流行歌への言及はない。ヤン監督と同様、それを外省人家庭で生まれ育った彼の音楽的素地を示すものと捉えることも可能だろう。[26]

台湾では出版物や映画などにおいても過去の流行音楽の掘り起こしが進んでいる。出版物としては、様々な作曲家や歌手の自伝や伝記が次々と出版されていることは注目に値する。[27]映画では、日本統治時代の流行歌についてのドキュメンタリー映画『跳舞時代』（簡偉斯・郭珍弟監督、二〇〇三）、戦後の台湾語流行歌歌手・作曲家の洪一峰の伝記映画『阿爸―思慕的人』（洪栄良監督、二〇一一）、台湾や香港の国語映画の音楽や国語流行歌の世界で活躍した作曲家・周藍萍についての記録映画『音楽家周藍萍』（黄敬峯監督、二〇一六）なども制作されている。

このように分裂しながらも掘り起こしが続く台湾の流行音楽のルーツであるが、本稿をまとめるに当たり、近年起こった二つのメジャーな台湾の音楽的潮流において自分たちのルーツがどのように想像されているかを確認したい。

その潮流の一つは、「台客」である。二十世紀末から見かけられるようになったこの言葉は、二〇〇五年頃、流行語として一世を風靡する。この言葉の定義や語源は曖昧であるが、かつて外省人が台湾土着の本省人に対して「奇観化された他者」として蔑みの意味を込めて用いたこの語をポジティブな意味へと転換して用いた言葉であった。[28] このムーブメントは音楽界とも密接に連動した。二〇〇五年八月、最初の台客揺滾演唱会（揺滾はロックの意）が台北で開催され、伍佰、陳昇、閃亮三姉妹、猪頭皮、麻吉らが参加した。彼らの多くは台湾らしさを誇り、「台客」のイメージをプラスのものへ、あるいはシニカルに自己を捉える言葉へと変えた。翌二〇〇六年四月には前年に続き「台客揺滾嘉年華」と銘打ったコンサートが台中で開催された。伍佰、張震嶽、MC Hot Dog、旺福、五月天（メイデイ）、董事長楽団、陳昇らが参加したそのコンサートの模様は、DVDとしても発売されている。「台客揺滾嘉年華」は二〇〇七年五月にも台中で開催され、二〇〇六年には参加していなかった張恵妹も参加するなど、さらなる盛り上がりを見せた。だが、この二〇〇七年には「台客」と「台客揺滾」が商標登録され、それによりこの言葉が自由に使えなくなると、ムーブメントは一気に下火となった。[29] この「台客」現象は、本省人のイメージを出発点としながらも、グローバル化の中で漠然とした台湾らしさをイメージする記号として一世を風靡したのであった。[30]

もう一つの潮流は「中国風」である。周杰倫（ジェイ・チョウ、一九七九〜）は、二〇〇〇年のデビュー以来、例外はあるもののアルバム一枚につきほぼ一曲のペースで「中国風」と呼ばれる中国風味の楽曲を発表してきた。二〇〇四年のアルバム『七里香』に収められた「七里香」、二〇〇七年のアルバム『我很忙』に収められた「青花瓷」などがその代表格で、いずれも編曲とミュージック・ビデオも相俟って、中国らしさを醸し出している。これらの「中国風」楽曲には周杰倫の楽曲の大半の作詞を手掛ける方文山の果たした役割も小さくない。これらの「中国風」は、王力宏（一九七六～）など他の歌手にも影響を与え、類似する手法がしばしば採用されている。台湾らしさを強調する「台客」ムーブメントと同時期に、中国らしさを強調する「中国風」の流行があったわけである。なお、林宗弘は、ポピュラー音楽についての中国・台湾の両岸関係を分析する中で、「その歌詞の大半は台湾の慣用語彙を使用して作り上げた中国に対する幻想であり、しかも台湾音楽の一方的輸出状況を形成する一方で、真に中国本土文化を吸収した、中国人の創作する「民族風」音楽は台湾には輸出されにくい」[31]と述べ、台湾で想像＝創造された「中国」ルーツは幻想であると喝破している。いずれにせよ、近年においても、台湾らしさと中国らしさという二つのルーツが台湾の流行音楽の中で参照軸となっていることは興味深い。

四　まとめ

『牯嶺街』は、一九六〇年前後の閉塞的な台湾社会とその複雑性を描いた映画であった。この映画中には、当時台湾に存在した様々な音が網羅されていた。それらの音からも当時の台湾における複雑なエスニシティを把握することも可能である。

また、『牯嶺街』には、台湾における初期ロックの演奏状況も描かれていた。今日では歴史に埋もれてしまった台湾における初期ロック受容であるが、このような描写からは、米軍基地などの刺激を受けて初期ロックを受容していった東アジアの諸地域との同時代性も感じられる。

台湾では、人びとが想像する自身の音楽的伝統は、今なお分裂している。音楽実践においても、ときに「台客」のように台湾性が強調されたり、ときに「中国風」のように中国性が強調されたりするのである。

＊注

1 ミシェル・シオン『映画にとって音とはなにか』川竹英克他訳、勁草書房、一九九三年、三三三頁。
2 長門洋平『映画音響論―溝口健二映画を聴く』みすず書房、二〇一四年、二七〜三三頁。
3 同上、三二頁。
4 篠儀直子「訳者あとがき」、ジョン・アンダーソン『エドワード・ヤン』篠儀直子訳、二〇〇七年、二二四頁。篠儀がそのような演出効果の例に挙げるのは、『牯嶺街』の学校の医務室で、画面には小明と医師が映っているのに、実際の会話は隣室の教官と看護師によって行われているシーンである。これはシオンや長門の定義に従えば「フレーム外」の音ということになる。これ以外にも「フレーム外」の音を使うことにより発言者が誰であるのかを混乱させる技法が『牯嶺街』の中にはしばしば見られる。『牯嶺街』における「サウンド・ブリッジ」の使用については後述する（篠儀は「サウンド・ブリッジ」を「ずり上がり」「ずり下がり」と表現し、その技法がヤン監督の『カップルズ』や遺作『ヤンヤン 夏の想い出』でも効果的に使われていることを指摘している）。なお、このような演出効果は、『牯嶺街』から遺作の『ヤンヤン　夏の思い出』に至るまでヤン監督の映画に関わっていく録音の杜篤之、編集の陳博文が果たした役割も大きいだろう。
5 牯嶺街少年合唱団『牯嶺街少年殺人事件』飛碟唱片 UFO-91186、一九九一年。
6 なお、本稿で扱う『牯嶺街』は二〇一七年に出版されたブルーレイディスク（二三六分版）を底本とし、それに基づいて各シーンの開始時間を記すこととする。

7 楊鴻義「震撼山城功在戦的作曲家劉雪庵先生」『伝記文学』七十二巻第一期、一九九八年、九八頁。

8 『上海老歌 1931-1949』CD解説、中国唱片上海公司、二〇〇九年、一九八頁。

9 三澤真美恵「戦後台湾の映画館における国歌フィルム上映プログラムの確立」『日本台湾学会報』第十八号、二〇一六年。

10 賓静蓀「城市青春組曲―西門町戯夢伴我行」『天下雑誌』二一七期、一九九九年、また「追思李中和 91歳蕭滬音為愛指揮」『人間福報』二〇一〇年十二月二日第七版参照。

11 ただし、ザ・ドリフターズによる This Magic Moment は『ビルボード』誌のR&Bチャートでは最高位第四位を記録しており、また同曲のジェイ・アンド・ジ・アメリカンズによるカヴァー・ヴァージョン（一九六八）は『ビルボード』Hot 100 において最高位第六位を記録している。

12 『恐怖分子』の音楽担当としてクレジットされているのは翁孝良。翁は一九六〇年代から演奏を始め、「石器時代的人類」「電星」などのグループで活躍したあとスタジオ・ミュージシャンへと転身し、台湾を代表するプロデューサーとして活躍している。一方、『牯嶺街』の「配楽」（音楽）としてクレジットされているのは詹宏遠であるが、実際の役割は不明。

13 熊信淵「熱門、搖滾到民歌――台湾青年的音楽世界（1950's-1970's）」国立台湾大学台湾文学研究所碩士論文、二〇一七年。

14 熊一蘋『我們的搖滾楽』游撃文化、二〇二〇年。なお、熊一蘋は熊信淵の筆名である。

15 王淳眉、何東洪、鍾仁嫻「台湾熱門音楽場景下的「陽光合唱団」」羅悦全主編『造音翻土―戦後台湾声響文化的探索』遠足文化・立方文化聯合出版、二〇一五年、三〇頁。

16 なお、平鑫濤はその後皇冠文化グループの中心人物として、出版・マスメディアにおいて成功を収めた。作家・瓊瑤は彼の二人目の妻である。

17 当時のロックバンドは舞台での演奏が中心で、ほとんど録音の機会はなかった。一九六〇年代についていえば、他の歌手が歌う流行歌のバックでの演奏を除けば、Los Coronados が一九六五年に録音を残しているが、当時のレコードに対する審査が厳しかったこともあり、その録音は近年になってようやく公開された。一九六九年には陽光合唱団が三枚のLPを残している。なお、熊信淵は言及していないが、徐慶復が在籍した七上合唱団（The 7 Up）が出したレコードも Eric Scheihagen（徐睿楷）氏により発掘されており、原住民族広播電台のラジオ番組で二〇二〇年三月二五日の放送でそのうちの二曲が披露されている。そこでは、一九六二年から六三年前後の録音と推測されており、Los Coronados の録音からさらに遡ることになる。この番組の録音は以下のサイトで聴くことができる（二〇二一年二月十一日アクセス）。https://www.mixcloud.com/IgarashiChiya/20200325-%E5%8E%9F%E8%81%B2%E6%8E%A2%E7%B4%A2-%E5%BE%90%E7%9D%BF%E6%A5%B7eric-scheihagen-%E7%86%B1%E9%96%80%E6%A8%82%E5%9C%98%E8%88%87%E5%8F%B0%E7%81%A3%E6%97%A9%E6%9C%9F%E7%9A%84%E6%90%96%E6%BB%BE%E6%A8%82-alian%E5%8

E%9F%E4%BD%8F%E6%B0%91%E6%97%8F%E5%BB%A3%E6%92%AD%E9%9B%BB%E8%87%BA/

18 ジョン・アンダーソン『エドワード・ヤン』(前掲)一八三頁。

19 中山堂は台北の西門町にあり、日本統治期の一九三六年に台北公会堂として落成し、一九四五年に現在の名称に改められた。国権の最高機関である国民大会もここで開催された。『牯嶺街』に描かれた時代から現在に至るまで、映画上映会やコンサートなども随時行われている。

20 『牯嶺街』では、「小公園」のメンバーである滑頭の父親が中山堂を管理しており、滑頭はそこでのコンサートの実施を決められる立場にある。滑頭の父親にモデルがいるのかどうかは不明。

21 申鉉準他『韓国ポップのアルケオロジー――1960-70年代』平田由紀江訳、月曜社、二〇一六年参照。

22 日本におけるロックの受容と米軍基地との関係については様々な文献があるが、代表的なものとして、マイケル・ボーダッシュ『さよならアメリカ、さよならニッポン―戦後、日本人はどのようにして独自のポピュラー音楽を成立させたか』奥田祐士訳、白夜書房、二〇一二年参照。拙稿の西村正男「日本ロック創成期に中国系音楽家が果たした役割」『野草』九七号、二〇一六年も広い意味でこれに関連する。

23 輪島裕介『創られた「日本の心」神話―「演歌」をめぐる戦後大衆音楽史』光文社新書、二〇一〇年。

24 この曲はテレサ・テンが一九七七年に発表した『島国之情歌第四集―香港之恋』(香港ポリドール)に収められているが、もともとは陳芬蘭が一九七三年にアルバム『夢郷』のために録音したものである。

25 陶喆の母・王復蓉は著名な京劇女優であり、母方の祖父である王振祖もまた京劇俳優で、台湾戯劇学院の前身である復興劇校の創設者であった。

26 ただ、直接の日本の流行歌のカヴァーではないが、『黒色柳丁』に収められた「My Anata」においては日本(風)流行歌への言及が見られることも補足しておきたい。

27 なかでも、一九七〇年代以前の台湾の流行音楽について熱心に資料の発掘を行っているのが、劉国煒氏が主宰する華風文化事業有限公司である。同社は劉国煒編著『群星歓唱50年』(二〇一一)、文夏『文夏唱(暢)遊人間物語』(二〇一五)、許朝欽『五線譜上的許石』(二〇一五)、林沖(口述)劉国煒(整理)『鑽石亮晶晶　林沖』(二〇一六)などを出版したほか、多くの音楽イベントを主催している。同社以外では、洪一峰等口述・李瑞明執筆『思慕的人―宝島歌王洪一峰与他的時代』(前衛出版社、二〇一六)、紀露霞(口述)劉国煒(整理撰写)『紀露霞的歌唱年代』(正声広播、二〇一六)、紀利男口述、蕭淑貞・呉明徳撰述『音楽人生―紀利男生命的交響楽章』(中華民俗基金会、二〇一七)、美黛『歌壇活字典　意難忘―美黛伝』(賀賢琳、二〇二〇)などが出版されている。特定の人物に焦点を当てたもの以外にも、日本統治時代の台湾流行歌や戦後の台湾語流行歌について資料の発掘や書籍の出版が続いているがここでは割愛する。

28 張小虹『フェイク　タイワン―偽りの台湾から偽りのグローバリゼーションへ』橋本恭子訳、東方書店、二〇四頁。

29 張小虹『フェイク　タイワン―偽りの台湾から偽りのグローバリゼーションへ』（前掲）二六六―二七〇頁。

30 「台客」をめぐる複雑性については張小虹『フェイク　タイワン―偽りの台湾から偽りのグローバリゼーションへ』（前掲）第五章参照。

31 林宗弘「現実と想像上の台湾―両岸関係が中国経済、文化、政治に与える影響」平井新訳、『日本台湾学会報』第十七号、二〇一五年、五五～五六頁。

第七章　不在のエクリチュールと歴史への臨場
——楊牧「ある人が私に公理と正義について聞いた」を読む

三木直大

一　はじめに

二〇一八年三月に洛夫（一九二八年、中国衡陽生まれ）、二〇二〇年三月に楊牧（一九四〇年、台湾花蓮生まれ）が亡くなった。その追悼を兼ねて東京の台湾文化センターと誠品生活日本橋店が「台湾文学祭　一代の詩人　楊牧／洛夫現代詩展」と題したイベントを二〇二〇年一〇月に開催し、『他們在島嶼寫作（彼らは島で書く）』（目宿媒体）[1]シリーズの記録映画『朝向一首詩的完成（一篇の詩ができるまで）』（楊牧編、二〇一一）と『無岸之河（岸のない河）』（洛夫編、二〇一四）の上映会を行った。そのパンフレットに楊牧の詩について短い紹介を書く機会があり、「有人問我公理和正義的問題（ある人が私に公理と正義について聞いた）」[2]を取りあげた。そのいちばんの理由は、上記の記録映画のなかで、鴻鴻、陳克華、楊小濱の三人の詩人が、この詩を順に朗読していたのが印象深かったからである。

鴻鴻（一九六四年、台南生まれ）は一九八〇年前後から創作をはじめ、詩人としてだけでなく映画人、舞台人として台湾の前衛文化シーンを牽引してきた人物である。彼は両親ともに外省人で、北京語ができず言葉が通じない母親をテーマにした「母語課（母語の授業）」（二〇〇六）という作品がある。陳克華（一九六一年、花蓮生まれ）も両親はともに外省人、楊牧とは同郷である。鴻鴻と同じ頃に、向陽（一九五五年、南投県生まれの本省人詩人）主編の詩誌『陽光小集』に参加。八一年には第一詩集『騎鯨少年（鯨に乗った少年）』で脚光を浴び、九〇年代になると同性愛詩人として注目を集めた詩人で、医師でもある。そして楊小濱は台湾では異色の詩人で、六三年上海生まれ。復旦大学卒業後に、アメリカに留学。ミシシッピイ大学の教員から台湾中央研究院の研究員となり台湾に移住。それ以前から、彼は詩誌『現代詩』に作品を発表してきた。上海渡来の詩人・紀弦が一九五三年に創刊した『現代詩』は戦後台湾中国語詩の再興運動ともいえる現代派運動をまきおこしたあと長く停刊していたが、八二年に復刊され、鴻鴻や陳克華はこの詩誌を舞台に夏宇らとともに外省人系の新世代詩人として、台北詩壇にその名をひろめていく。彼らのような、やがて台湾現代詩の多様性を牽引していくことになる詩人たちが出発したのは、まさに楊牧のこの作品が登場した時代だった。その点でも女性監督・温知儀（一九七九年生まれ）の演出には、象徴的な意味があった。

「ある人が私に公理と正義について聞いた」は末尾に一九八四年一月と記されており、一九八六年出版の第十詩集『有人』（洪範）に収録されている。全六連百二十九行、楊牧詩のなかではとくに長篇というのではない。初出の発表は八四年の早い時期と考えられるが、[3] 筆者は確定できていない。この詩は、「有人（ある人）」を外省人系の子弟に設定し、美麗島事件（七九年）と林義雄一家殺害事件（八〇年）という党外運動弾圧事件のあまりの酷さが契機となって台湾社会が一気に民主化に向かって前進していく時代を背景に、自己のアイデンティティの問題に苦悩する人物を登場させる。東海大学卒業後、アメリカに留学し、当時はワシントン大学の教授だった楊牧は、この作品の執筆時、台湾大学外文系の客員教授として一九八三年から台北に一年間滞在していた。ちょうど台湾ナショナリズム生成の起源とその展開を論点とし、立法院も舞台にして、台湾意識・中国意識をめぐる激しい論争が起こった時期である。[4]

あらかじめ紹介しておくと、この詩は「有人（ある人）」から「我（私）」に届いた手紙への「私」の反応が内容になっている。「ある人」の「父親」は大陸からやってきた兵士で、とある港町で台湾人の女性と暮らしていた。その女性が「ある人」の「母親」という設定である。「公理と正義」の問題を問う（手紙）とあることからわかるように、戦後台湾の「省籍矛盾」を背景としたアイデンティティの問題がテーマになっている。それはすぐれて台湾的な題材といえるもので、追悼文なども含め台湾でこの詩を取りあげた論著や記事のほとんどは、そこに論点を集約している。たしかにこの作品は鳥瞰的、蓋然的に詩行をながめているかぎり、発表された時代のなかで、また現在においても、明快なメッセージ性をもつかに見える詩だ。ところが詩行の細部に入っていこうとすると、筆者にはこの詩をどう読めばよいのかがどんどんわからなくなっていった。それでも迷いながら八百字ほどの短文を書いたのだが、いまもこの詩のわかりにくさが頭を離れないでいる。それが何故かを考えることを出発点として、八〇年代民主化運動期の楊牧詩を検討していくことにしたい。

二　「ある人が私に公理と正義について聞いた」のわかりにくさ

「ある人」から「公理と正義」ついて質問する手紙を受け取った「私」は、その手紙を紹介しながら、「ある人」の問いに対する自分の思いをモノローグ形式でつづっていく。だが「私」の語りを連を跨いで順に追いかけていくと、どうにも混乱してしまう（少なくとも筆者には、そうだった）。「私」のモノローグはそれぞれの連ではそれなりにまとまりを見せるのだが、連を跨いだとたん「ある人」への「私」のスタンスが驚くほど変化する。詩中の語彙は時代と極めて密着したものなのだが、書き手の詩人と詩中の「私」、そして「ある人」と「彼」、「彼ら」と「私たち」と連を跨ぐ人称代名詞の交差が、迷路のように見えてくる。それはおそらく集団と個を対峙させ「ある人」のアイデンティティの揺らぎを表象しようとする仕掛けなのだと予想はされるが、まずは「私」がどのように反応したかのおおよそを順に抜きだしてみることにする。

「丁寧な字で几帳面に書かれた手紙」「彼は何度考えこんでも／答えが見つからないようだ、重要な／問題に」「彼は考えることに慣れていて、／言葉も簡潔で力があり、構えはまとまり書体もよくできている」（第一連）「私はまず彼の出発点を否定し／彼の心根を咎め、資料集めの方法が／間違っていると批判し、反証してその語気を弱め／彼の述べるすべてそのすべてが偏見で／有識者の反論に価しないと指摘すべきだろう」（第二連）「彼の経歴、／彼の怒り／彼の難詰と告発、そのすべてが私には理解できない」「彼が言っているのはもっと高度な問題だ、簡潔で力があり／話の段落は明快で、つまりは人を茫然とさせる／問いの連続だ」（第三連）「便箋に二か所の濡れたシミの痕、彼の涙だと思う」（第四連）「私はこれまで／受け取ったことがない　かくも体験と幻想に満ち／冷静で鋭い口調のなかに狂おしいほどの熱気と絶望が溢れ／その狂おしいほどの熱気と絶望を徹底的に均衡させた手紙を／礼儀正しく、私に公理と正義について聞いている」（第五連）「加筆も修正も不要な手紙」「私は見たようだ／彼の成長する知識と決断から／血が噴き出ているのを」「砲火のなかで疲弊し孤立する砦から／放たれた伝書鳩のように」「高速で飛びながら不意の流れ弾が命中し／戦いの喧騒のなかで粉砕され、羽と鮮血が／永遠に戻らぬ空間をみたし／私たちにいつしか忘れ去られていく」「彼は預言者ではない／先導者をなくした使徒だ——」（第六連）。

こんな具合に、連を跨いで「私」の語りは大きく変化していく。その変化をもたらすものの中心にあるのは、後述する「二十世紀梨」への「私」の気づきである。そして最後部の「先導者をなくした使徒」とは、預言だけする人ではなく、導き手のいない新しい道を自ら切り開く人間だといったことだろう。必ずしもイエス・キリストと十二人の使徒といった関係性を、詩に持ち込んでいるわけではない。冒頭から一転して、「ある人」にオマージュを捧げる「私」という構築だが、あまり成功した比喩とは言いがたい。運動家ならわざわざ「私」になど手紙を出してくることなどないだろうし、せいぜい当事者だと言っていることにしかならないからである。また「私」の「ある人」への眼差しはたしかに変化していくのだが、けっきょくその語りは「ある人」への、「私」のいわば非当事者的な眼差しの連続である。言ってみれば「私」の一人合点の連想と時間的な経緯（変化）だけが、叙情性に溢れた詩的レトリックを多用し、あたかも叙事詩を叙情詩に置き換えるかのようにして、最終第六連の「狂おしいほどの熱気と絶望」に充ちたカタストロフィに向かってつづられていく。「ある人」のヒロイズムと死をも連想させるような演出によって、結末の悲愴性を時代への抗議に反転させようとする目論見であろう。

それから、この詩には同時代の台湾を生きた人間でなければ、すぐにはわからない語が頻出する。たとえば第一連で「ある人」の手紙の書体は、「朝も晩も玄祕塔碑の書体を練習した」ものらしいと出てくる。中国唐代の書家である柳公権の楷書体である。戦後の台湾国民政府の、いかにもの国語教育政策だと思う。そして筆者など、そこでまた、まさか手紙を毛筆で書いてきているのかと立ち止まってしまう。それは筆者に教養がないからだけの話なのだが、さらに調べると柳体のペン習字練習帖もあるのがみつかり、第四連まで読みすすむとそこに涙でぬれた「信紙」とあって、「信紙」はまず日本語で「便箋」のことだからなるほどと思ったりといった類の作業が、この詩を読むにはかなり必要になるのである。

「私」はここで、「ある人」は真面目に国民小学校や中学校で勉強してきたようだと言いたいわけだが、しかしそんな「私」の手紙の字体や文体への感想に比べると、「ある人」の実存は詩の中で影が薄い。その生まれや育ちが「私」のモノローグによって手紙からの引用のようにして紹介されても、常に「ある人」は「私」にとっての他者の位置におかれている。「私」と「ある人」との距離と親密は操作されても、「他者」という眼差しは変わらない。それに、「ある人」は「公理と正義」の問題について質問していると「私」は言うのだが、具体的に何を聞いているのかは、詩からは皆目わからない。要するに「私」と「ある人」との対話は、詩中で成立していないのである。

「ある人」とは対照的に、「私」については年齢も職業も社会的位置も詩中では形象されない。「ある人」とは同年代のようにも、親子のような年齢差にも読むことができる。でも文字や書体のことはあれこれ言うし、「ある人」が手紙を出してわざわざ「質問」してくるほどなのだから、堅物で教育者なりの地位にある人間なのだろう。となると、読者は「私」を詩の語り手である詩人その人だと、つい読んでしまうことにもなるだろう。それについて付記すれば、楊牧自身にも原因がある。楊牧は詩集『有人』の「後記」で、ある日この詩を午前中いっぱいかけて書いていて、三分の二のところで、午後の大学の授業に出かけた。そして学生たちが英詩（ママ）の試験を受けている最中に、彼らの顔を見ながら残りを一気に書いた。私は自分の前に座っている世代の心情を詩に表現することに専心して残りを書き初稿を仕上げたと述べている。もちろん楊牧はここで詩中の「私」を自分自身だと言っているわけではないが、さらに続けて、ちょうどそのころ立法委員の選挙があった、その期間に「けっきょく公理とは何なのですか」「この世界に正義はあるのでしょうか」と聞いてきた学生がいた。「あるかもしれないと思う」と答えたと書いているのである。しかも楊牧は、冒頭に紹介した記録映画のワンシーンでも、職業を聞かれたら詩人だとは言わない、いつも大学教授だと答えるのだと語っている。つまり自らを教育者と任じているのだ。それは彼のなかで、本名の王靖献と詩人の楊牧が重なってしまっていることを表している。そうして、読みすすめ詩の末尾まで辿りついたとき、読者は最終連のカタストロフィに唖然として息をのんでしまうことだろう。「砲火のなかで疲弊し孤立する砦」から放たれ「増強した兵営」に向かう途中で流れ弾にあたって千切れ飛び血しぶきをあげる「伝書鳩」のようという「ある人」の比喩は、現況のなかでの「ある人」の悲劇的結末を示しているととるしかなくなり、そうした「ある人」を表象するモノローグのなかに充満する「私」のエキセントリックなまでの激情をどう読めばよいのかと、困惑すら覚えてしまうことになるのではないか。「増強した兵営」が専制政権を打倒し民主化をめざす在野の党外運動の拡大を意味するとしても、その悲劇性こそが、いまだ戒厳令の解除を展望しきれない台湾の八〇年代前期だったということなのだろうか。

三 「ある人」はどういう人間か

「ある人」は「小学生のとき／漁港の裏通りの家屋が軒を連ねる眷村に住んでいた」（第一連）。「眷村」は大陸から移動してきた中華民国国民政府が、その官吏や軍人のためにつくった居住区である。だから「眷村」に住んでいた以上は、少なくとも父親は大陸からやってきた人間ということになる。「眷村」の様相は様々だ。バラックのように建てられ、やがてスラム化し、民進党政権の時代になって「眷村」の記憶ごと葬りさられたものもある。植民地期に日本人が住んでいた日本家屋を転用して上級の官吏や軍人たちの宿舎にし、現在では保存遺跡になっているものもある。この詩では仮設住宅的な描写だから、父親は少なくとも上級の兵士や役人ではない。漁港とあるのは、おそらくは詩人の故郷である花蓮の町のイメージを投影しているのだろう。花蓮市にも十数か所の眷村があった。手紙には「本名と身分証の番号／年齢」そして「籍貫と職業が書かれていた」（第一連）とある。「ある人」は、きっと生真面目な人間なのだ。「籍貫」はこの詩のキーワードのひとつだが、父親やその先代の生まれ育った土地のことである。日本語の本籍地に近いかもしれない。それ以前の出身地は「祖籍」というが、いずれにしても父系社会の用語である。

「経営学を一年勉強してから法学に転専攻して、卒業」（第三連）と「私」は紹介しているから、大卒である。それだと、省立（国立）か私立かはわからないが総合大学で、おそらくは成績優秀で、奨学制度を利用して学んだのだろう。「卒業後は／補充兵を半年」（同）とあるので、兵役は経験したが、当時の二年（陸軍）ないし三年（海軍、空軍）の一般的な常備兵ではない。家庭の事情やなんらかの事情で、特例措置を受けたことになる。中華民国国軍の台湾における徴兵制実施は一九四九年からだが、正式な中華民国徴兵規則施行は一九五六年である。それで兵役後は「司法官試験を二度受けた……」（同）が、合格しなかったようだ。「法学科」と「司法官試験」は、「公理と正義」との関連での設定である。台湾の国家資格の司法試験は以前の日本と同じで、「司法官」（裁判官と検察官）と「律師」（弁護士）資格の二種類あって、司法官試験のほうはすごく難しそうである。「ある人」は法学部を出て政府の人員になることを希望したが失敗したということになる。そこにも本省人が不利になる「省籍矛盾」は反映していたかもしれない。[5]

「あまりはっきりとは思いだせないが蒸し暑い夏の夜／父親はひとしきり大声をあげて暴れると／（強い郷土なまりの激しい口調で、同じ／籍貫の血の匂いのする息子でも、全部は聞き取れなかった）／そのまま家を出ていったらしい」（第四連）から、「父親」は少なくとも北京や北方出身者ではない。きっと「母親」に、暴力もふるったのだろう。「ある人」は「台湾なまりの国語もだいじょうぶだった」（第一連）とあるから、彼は台湾で「国語」（マンダリン）の教育を受けたが、厳格な北京語音を先生も父親も押し付けなかったし（いずれにしても父親は郷土方言だ）、押し付けたとしても彼はその地の台湾人の子どもたちと学校の内外で交わっていたことになる。父親は家を出てから、「たぶん山を登っていった／華北平原に似た気候の高地を開墾し、新しく導入した果実の二十世紀梨／を栽培しに」（第四連）とある。「華北平原」とは、いわゆる中原と同義である。政府が台湾縦貫道を整備開発して花蓮まで開通させ、途中の梨山に産業振興と退役した外省人兵士の失業対策を兼ねて果樹園開発を開始したのは、一九五六年のことである。とすると、「父親」はまずは兵士の設定である。「母親」が古い軍服を日常着に仕立て直す描写も第四連に登場するが、こうしたことの背後には詩が発表された当時の台湾の人なら、詩からすぐ敏感に察知できるような、もっといろいろなことが隠されているのかもしれない。それでもこれだけでは、「ある人」の年齢は確定しきれない。

「母親」はどんな人だったのか。「ある人はクラスで／いちばん整った身なりの子供だった、母親は町で雇われの／洗濯仕事をしていたけれど」（第四連）。そして「灯りの下で彼のために丁寧に鉛筆を削ったり」、「秋風の吹く夜、桃太郎の鬼退治の／日本語の童謡を教えてくれた（母親教他唱日本童謡／桃太郎遠征魔鬼島）」（同）とある。「母親教他唱日本童謡」は直訳すれば、「母親は彼に日本の童謡を歌うのを教えた」になる。この「教」を「叫」と通用する使役にとって、「母親は彼に日本の童謡を歌わせた」とするのは無理がある。ともかく注意したいのは、教えるためには歌ってくれるのが前提なことである。そして童謡を教えたり勉強に使う鉛筆を削ってくれたりするのだから、「ある人」はまだ子供でも国民小学校には通っている年齢である。それにすぐ続けて「うとうとしながら／古い軍服をほどきハサミと糸で／ズボンと綿の入った上着に仕立て直すのを見ていた」とある。そのとき、もう父親は家には不在なのだろう。そうすると、父親は兵士として内戦だけでなく抗日戦争もたたかってきた世代ではないかと推測できる。そして日本語の童謡を教えたところから、「母親」は植民地期に生まれた台湾の女性である。「桃太郎」の唱歌を知っているとすれば、公学校はおそらく行っているだろう。漢人とは限らず、原住民である可能性もある。花蓮はそういう土地柄である。花蓮県に住む原住民には霧社事件の当事者であるセディク族もいる。母親はかつての「国語」であった日本語は話せても、しかし新しい「国語」の標準中国語（マンダリン）が話せたかどうかはわからない。夫婦は言葉が通じず、家族三人の間に共通の言語がなかった可能性もある。もちろん「鬼退治」（遠征魔鬼島）としていることは、「蕃族」や「蕃界」という語の連想のなかで、日本の「植民地主義」を浮かびあがらせる仕掛けでもある。と同時にここには、父親が「大暴れして」鬼のように母親に暴力を振るったといった読みが仕組んである。とすれば、母親は「ある人」を「桃太郎」に見たてようとしたのかもしれない。[6]

一九五〇年当時の台湾の全人口は約八百万人、政府の国民党軍人は統計では五〇万人くらいである。[7]なかには戦争のためにかり集められ、家族を大陸においてきた兵士も多かった。しかし、政府は兵士たちの台湾人との結婚をながく制限していた。それでも結婚した人たちにはいろんな形態があるだろうが、上級軍人の認可が必要だったというから、[8]大半は中級以上の兵士たちであったろう。しかしそんな兵士たち相手でも、台湾人のそれなりの家の娘なら、外省人兵士との結婚など親が許さなかったろうし、例外はあっても貧しい下層の女性たちや原住民の女性たちがほとんどだったのではないか。省籍を跨いだ結婚がひろく許可されるようになるのは、一九六〇年頃からだったようだ。だとすると兵士たちも、もうかなりの年齢になっている。[9]ただ、「ある人」の「父親」の結婚がもし六〇年代だとすると、先述した「開墾」しに「山を登っていった」ことと話が合わなくなってくる。だとすると「父親」は、まったくの下級兵士というのではなかったかもしれない。

また台湾人の「洗濯女」というのは、台北で生きる外省人たちを描いた白先勇の短編小説「花橋榮記」

(一九七〇)にも出てくるが、ある種の職業を指す場合もあり、本省人からも蔑まれた存在でもあった。眷村住まいで住居はあてがわれているし、中華民国憲法の規定による義務教育制度下で学費は免除だったろうけれど、子供の身なりを整えたり一定程度の暮らしをするには金が必要だったろう。父親は山にいってからは、家に金をいれなかったのかもしれない。そこで母親は必死になって、子供を育てたという設定である。ただ洗濯女なら地方都市では、台北以上に周りの目のきつい環境だったに違いない。中学校はどこにいったかまでは登場しないが、いずれにせよ歴史的な事実を取り込み配置しながら、楊牧は「ある人」の虚構のストーリーをつくっている。

外省人兵士と台湾人女性との結婚で、当然多くの子供たちが誕生もした。その子供たちは国民政府の父系論理の社会に育つわけだが、母親は台湾人である。父系中国と母系台湾という出自のはざまで、時代が早ければ早いほど、子供の頃はどちらのグループからも白い目でみられ、それぞれの悩みをかかえたことだろう。ただ後述するように、この詩からは「ある人」の台湾人の母親が実母かどうかは決定しきれない。外省人系の少年たちにも両親の組み合わせにはいろいろあったし、この詩の描写でも年齢や出生地の解釈に幅がある。「ある人」の台湾の港町での母親が実母ではなく継母だったとしたら、詩中の造型からは献身的な母親そうなだけに、反抗期がどうとか不良になったとかは詩に出てこないし、「ある人」は優しい少年であればあるほど、いろんな屈折を抱えこんでいたろうことになる。

四　「二十世紀梨」

「ある人」を「二十世紀梨」に譬える表象は、詩中で何度か用いられる。その「孤独な心」を「彼はこんなふうに書いている／早熟で二十世紀梨のように脆弱だったと」（第一連）「彼らは海島の高山地帯に／華北高原に似た気候を探しだした、肥沃で豊穣な／処女地、そして廻り道して持ち込んだ郷愁と癒しの／種が埋められ、発芽し、成長し／花を開きその実をつけた、書物に見られないその果物／可憐な形状、色合い、そして香り／栄養価値はわからない、ビタミンC／を除いたら、まったく何も象徴しない／彼自身の心の戸惑いのほかは」（第二連）とある。

この引用部は「私」の語りによる形象である。「彼ら（他們）」は直接的には当時の政府の大陸人たちを指すのだろうが、範囲を外省人一般にひろげている。外省人もさまざまだから、ここは詩的修辞が走って図式化のきらいがないではない。それと台湾の人でも、台中の平地での梨栽培の例から二十世紀梨はすべて接ぎ木栽培のように誤解されているようだが、最初の栽培地は梨山のような高山地帯だから、苗木を移植しても育てることができたという。日本植民地期にも梨山では二十世紀梨と長十郎梨の栽培が試みられたようだが、産業化まではいかなかった。

日本ナシ栽培を亜熱帯の台湾で可能にしたのは中部横貫道路による山地開発であった。光復後、国共内戦にともなって国民党政府とともに台湾に移民してきた外省人の兵士たちは、雇用対策として新天地台湾で山地開発という新たな任務を課された。一九五六年に台中と東部の花蓮を結ぶ中部横貫道路の建設が始まると、一九五七年に退役軍人の公営農場である福寿山農場が梨山に建設された。一九五八年には日本からナシ、リンゴ、クリなど十一種五十八品種の果樹千百七十株が導入され、福寿山以外にも山間地である和平郷や仁愛郷の山地集落の三十三戸にナシ四品種、クリ四品種、リンゴ一品種の苗木が移植されたほか、一九六〇年の中部横貫道路完成にともなって開設された清境農場（一九六一年開設）、武陵農場（一九六三年開設）でも温帯落葉果樹が栽培された。かくして戦後退役軍人の雇用対策として始まった山地開発は、こんにちの台湾における温帯落葉果樹栽培の基礎を築いた。[10]

その代表的な品種が二十世紀梨であった。高価で取引されることから、やがて「寄接」（花芽接ぎ）という新開発の栽培方法で、東勢など台中県東部の比較的平地でも日本梨の栽培が盛んになったという。それは、ちょうどこの詩の書かれた八〇年代初期の頃であるようだ。詩中にある「種が持ち込まれ」は詩中の創作だろうが、もちろん最初に持ち込んだ苗木から実がなり種がとれれば、そこからの栽培も試みられたであろうし、従来式の接ぎ木もあったろう。これが、台湾の高地（台湾）に華北高原（中原）の「種（種子）」が埋められ、発芽し、成長しという比喩のもとになっている。中国でも梨栽培はさかんに行われているが、比喩的なことではなく華北平原（中原）から種が直接持ち込まれたのなら、「二十世紀梨」にはならない。詩には「廻り道して持ち込んだ（迂回引進）」とある。梨は中国原産で、それが日本に渡り二十世紀梨になり、そして台湾へ渡ったという意味で、楊牧が二十世紀梨栽培の経緯を誤解しているのでなければ、「種」に台湾と中国の対立における（本省人と外省人という族群対立における）日本植民地主義という媒介項を意図的に背後に埋め込み、二重の植民地化の暗喩としたことになる。

以上の詩中の表象から、「ある人」の年齢を推定するとどうなるだろうか。一九五六年頃に父親が家を出ていったとして、父親の郷土なまりが聞き取れなかったという記憶があるとすると、先にも述べたが少なくとも国民小学校の生徒くらいの年齢にはなっているだろう。そこから「ある人」の年齢をおおまかに計算すると、一九五〇年前後までには生まれていることになる。種が埋められという比喩にも意味の幅があるが、眷村に住んでいたのが小学時代だけと仮にしても「ある人」の年齢にもけっこう幅がある。父親が大陸で狩り集められたまったくの下級兵士だったとすると、家族を連れて台湾に渡った可能性は低いことは低い。しかし、かりに四九年頃の国民政府の台湾移転時にやってきたのだとすると、父親が台湾人の女性と結婚したのは、遅くとも五〇年代のはじめくらいでないと計算があわない。また父親の年齢を確定させるものは、詩中にはない。この詩が書かれた一九八三年は、「ある人」は何歳くらいだろうか。これもはっきりしない。そうすると、「ある人」がいつ頃どこで生まれたのかも確定しきれなくなってくる。もし一九四五年以前に生まれていたとすると大陸生まれになるから、先述したように母親は継母ということになってくるだろう。付記しておくと「国軍老旧眷村改建条例」（一九九六）でも、第一世代が夫婦とも死亡しても第二世代の子女までは居住権のあることが明記されている。

詩中には「彼は情け容赦なく自己を分析する／籍貫はどこへいっても血と一体となった郷愁／をもたらしてくれると、／でも彼は言う、自分の痣のようにです／でも痣は母親からのもので／それとこれとは別のことだと認めるしかありませんと。」（第五連）とある。「痣」の原文は「胎記」、つまり「母斑」である。また「彼はいつも海岸から遠くを見つめていた、霧と波の向こうに／さらに長い海岸線が続くそうだ、高山　森林　大河／母親が見たことのない場所　それが私たちの／故郷。」（同）とある。これは「ある人」が手紙に書いている内容である。「籍貫」（原文ママ）は先述のように、中国語で父親や祖父が生まれた地のこと、また「故郷」（原文ママ）は中国語で一般的には自分が生まれ育った場所をいう。となると、この詩行はかなりちぐはぐな形象になる。「私たち（我們）」とは、いったい「ある人」以外の誰を意味するのか。「母親」は入るのか入らないのか。

「それが私たちの／故郷。」に続けて、さらに「大学で現代史は必修でしたが、試験は丸暗記しました／模範解答を」とある。大学の現代史の教科書にもし中華民国国民の「故郷」は中国ですと書いてあって、それを試験では暗記して書いていたととると、「私たち」は中華民国（台湾国民政府）の国民全体を意味する。そうなると、この詩行の意味は日本語でなら「母親が見たことのない場所　それが私たちの／故郷だなんて。」という反語になってくる（そう訳さなければいけなくなる）。そして「母親が見たことがない」ということなら、結婚すれば本省人籍の妻は夫の外省人籍に入籍変更されるのがほとんどだったようだが[11]、いずれにしても漢人なら中国大陸がなんらか祖先の地ということになるから、「母親」は漢人ではない。つまり原住民の可能性が高くなってくる。しかし、それにも確証はない。それにしても小学校や中学校の教科書だったらまだしも、大学生が「故郷」についてのそんな内容を無条件で「丸暗記」するだろうか。また「ある人」が大学生だったのが七〇年代だったとすると、蔣経国によって中華民国台湾化路線がすすめられるなかで、台湾人であることと中国人であることが、当時はまだ表立っては矛盾しない時代でもあった[12]。それに、後述するが、楊牧も「三千年の中国文学と四百年の台湾経験」の「同時存在」と「並行共存」を考えていた人である[13]。

そして中国語原文では「模範解答を」の直後に「；」（分号／セミコロン）があって、日本語訳すると「それから言語社会学を選択し／労働法、刑法、法制史は高得点で／体育と憲法は再履修したという。」と並列的に続くことになる。「言語社会学」[14]の選択は、社会における言語の様態として台湾の言語分布や家庭内言語環境を問題にして社会の仕組みを履修していくことになるから、もちろんこの科目名は楊牧による計算された配置である。それは、詳述はしないが以下に続く科目名も同じである。また「憲法は再履修した」は、戒厳令下での「動員戡乱時期臨時条款」（四八年）による「中華民国憲法」（国民主権・権力分立・立憲主義）の効力停止状態を批判的に浮かびあがらせる仕組みである。そんなこんなで、「司法官試験」（第三連）も二度とも不合格になってあきらめたのだろう。体育は大学でも軍事訓練的な要素が入ってきて[15]、たぶんさぼったかなにかで不合格だったのではないか。楊牧もそうだったのかもしれない。

このように、詩のなかに入り込み言葉を追いかけていると、いろんな可能性がみえてきて、どういうことなのかが確定できなくなってくる。そして、「彼はいつも海岸から遠くを見つめていた、霧と波の向こうに／さらに長い海岸線が続くそうだ、高山　森林　大河」。これは中国大陸をかなり漠然と総体的に形象しているわけだが、そこからは母親が二人いるようにも読むことができる。この詩行の「そうだ（擬説）」も、「私」が「ある人」から聞いたのか（手紙に書いてあったのか）。そうではなくて「ある人」が「父親」から聞いたのか、小学校の外省人の先生にでも聞いたのか、あるいは先述のように学校の教科書に「私たち（中華民国国民）の故郷」は海の向こうと書いてあったのか。いくつかの解釈が成り立ちうる。そして「私たち（我們）」とはいったいどういう「私たち」なのか。誰と誰を含むのか。これも書き手の詩人と詩中の「私」、そして「ある人」と「彼」、「彼ら」と「私たち」と連を跨ぐ人称代名詞の交差が、迷路のように立ちはだかることの一例である。どうやら詩人は、意図的に解釈の幅をもたせて複数形の配置を組み合わせているのではないかと思えてくるのである。

こうした確定のできなさと、おそらくは仕組まれた細部の複数の解釈可能性が、読む者に「ある人」についての、より具体的な像を結ばせない。それは「私」の像についても同じである。それを「ああそうか二十世紀梨ということか」（第二連）という「私」の気づきを示唆する言葉ひとつで一気に片付けてしまうのは、それが詩というものだではすまされない飛躍がありはしないか。「二十世紀梨」が弱勢者であることの比喩であり、そして「ある人」がまさに二十世紀（東アジアの近代）が生みだした「早熟で脆弱な」（第一連）「何も象徴することのない」（第二連）梨のような存在だと言おうとしているのだとしても、「ある人」の「薄い胸板には／孤独なこころが育っている」（第一連）という形象は、少々類型化された造型にすぎはしないか。

しかしともあれ、いずれにしても政治的なアイデンティティへの所属（言い換えれば「族群」の問題）と「ある人」の出自とのズレ、あるいは個としてのアイデンティティとのズレが、この詩で問題化されていることは確かである。第一連に「彼はあきらかに何度／考えこんでも答えが見つけられないようだ、この重要な／問題に」とあるのは、そのことをあらわしている。

五　『奇萊前書』

詩の登場人物の造型がどうも判然とせず、詩のなかに入り込んでいこうとしても、それは絶えず中断され、筆者は出口がみつからなくなっていった。おそらくはそのあれこれを考えさせることが、読者に二十世紀の台湾現代史を考えるように仕向ける詩人の仕掛ではないかと思いはしても、筆者は最初、詩中の人物像を構築する手掛かりを、つい楊牧の他の詩や書物からえようとする失敗をやってしまった。これはどこまでも一篇の詩自体に即してという、詩を読むことの原則に背く行為で、いまになってみるとしっぺ返しもおおきかったというしかない。イベントのパンフレットに、脈絡のつながらないことを説明抜きで書いてしまうことになったからである。その詩とは「花蓮」であり、その書物とは『奇萊前書』[16]である。

「花蓮」（一九七八）は全七連五十二行ほどの作品だが、不思議な詩である。この詩は「窓の外の波の音は私と同じ年齢／どうやら、戦争の前夜／日本統治台湾の末期に生まれ／私と同じ辰年、しかも／彼と私は気質も似ていて、／互いにそう大事でもない秘密を持っている／真夜中に目覚めると、私は彼の話を聞く／別れてからの思いや境遇について」ではじまる。「私」を詩人だと読むなら、場所はワシントン大学のあるシアトル郊外にある私邸なのだろう。そこでは波の音が聞こえる（本当に聞こえるのかどうかは知らないが）。ここでは「波の音（濤聲）」が「彼（他）」と擬人化されているのだが、それはまた「私」のアメリカの住居に訪ねてきた親しき友とも位置付けられる。友とは戦後いっしょに「ポポモフォの台湾なまりの国語」をならった仲だ。そしてまた「彼」は「波」のように海の彼方から、花蓮にやってきた人でもあった。そしていまそばには「私」が私の故郷でいちばん美しいと思う「新婦（新娘）」が眠っている。「彼」は「私」に「君は必ず／私のように心が広く、思いももっと深くなければならない／戦争も私たちを変えはできなかった、だから／どんな挫折も君を変えるなんてできはしない）」（第五連）と語りかける。そして詩中の「君（你）」という呼びかけは、詩の中盤から「彼（他）」にではなく、「新婦（新娘）」である「君」への呼びかけに転移し、最終連で「私」は「私は君に眠っていてほしい、君を起こすのは／忍びない）」と思い、そのかわりに明日、自分の小さな秘密を教えることにすると眠っている「君」に語りかけるのである。

この詩もまた、外から眺めていると、花蓮という故郷へのノスタルジアに充ち、そして美しい妻をえた喜びにあふれた「愛の詩（情詩）」ということになるかもしれない。発表の翌年に、楊牧は終生連れそうことになる二番目と妻と正式に結婚している。この詩は、一九七五年に発表された「帯你回花蓮（君を連れて花蓮にもどる）」の続編ともされる。そして同じ年に、楊牧は第一回目の台湾大学客員教授として一年間台北に滞在している。だがこの二編を愛の詩と考えるなら、そこには結婚後そう間もなく七六年に離婚した一番目の妻と七九年に再婚した二番目の妻とのあいだの時間の秘密のようなものが隠されている。[17] しかしいまはこの詩を読み解いている紙幅はないし、一回目の台湾大学滞在の時代はまだとても「ある人が私に公理と正義についで聞いた」のような作品を発表できる時代ではなかった。

しかし、詩劇『呉鳳』（一九七九）の執筆は、漢人視点の「呉鳳神話」が原住民史観からの異議申し立てによって崩壊する以前の創作であり、現在からすれば楊牧の歴史意識の限界も指摘できるにせよ、彼の台湾本土意識を鮮明なものにしていった。そして、その発表直後に起こった七九年十二月の美麗島事件と八〇年二月の林義雄一家事件の衝撃が、楊牧の詩に強いメッセージ性を表出させることになる。林家事件は現在も未解決とされるが、在野の政治運動の代表的人物だった林義雄が美麗島事件に連座して逮捕され、獄中にいるとき起こった彼の母親と双子の娘が殺害されるという事件である。その衝撃下で書かれたのが「悲歌為林義雄作（林義雄に捧げる悲歌）」である。楊牧は、「死んだのは母と娘だけではない／大地のやすらぎも、歳月の承諾も／涙の奥深くには三世代の途絶えることのない血が滾っている／薄暗く猜疑に満ちた真昼に／愛と、慈善と、期待に別れを告げ／死んだ、死んだのは人と野獣／光明と暗黒、規律とナイフ／協調と爆破の間の可憐な差異。風雨は宜蘭の外海を波立たせ／私たちが見始めた夢と忍耐を連れ去っていった」（第一連）と、事件の衝撃をまさに「悲歌（エレジー）」として歌いあげる。

楊牧や白先勇も署名した美麗島事件に抗議する在米の台湾人作家や大学教員ら二十七名の陳情書を、八〇年一月には蔣経国総統が陳若曦から直接受け取って会談するといったこともあったにかかわらず、直後の二月に事件がおこった。この詩は台湾では掲載するところがなく、香港の文芸誌『八方』第三輯（一九八〇年九月）に発表されている。そして台湾社会がその衝撃を跳ね返すかのように、民主化運動の勢いを増していく渦中の八三年に、楊牧は客員教授として二度目の台湾大学での講義を担当する。そこで書かれたのが、「有人問我公理和正義的問題」である。

話をもどせば、この詩をどうとらえればよいのかと思いあぐねていたとき、詩「花蓮」を読んで筆者がすぐに着想したのは、「ある人」を「花蓮」の「彼」と重ね合わせることだった。そうすれば、「有人問我公理和正義的問題」における「私」と「ある人」との間の距離感と「ある人」の他者化が、一転して同い年の親しき友の人生への哀惜の情に読み替えられるように思えてしまったのである。そして「花蓮」の「彼」が、

『奇莱前書』に登場する「顔君」に重なっていった。生まれ育った花蓮時代を中心に、現在と過去との差延を阻止するかのように時空を跨ぐこの自伝的物語は、楊牧が一人の詩人となるまでの自己や詩のありかを辿っていて、彼の詩を手繰り寄せる様々なヒントが詰まっている。この本はそれぞれ単独に出版された『山風海雨』（一九八七）『方向歸零』（一九九一）『昔我往矣』（一九九七）の三部からなるもので、二〇〇三年に合本して『奇莱前書』として出版された。また、二〇〇九年には続編になる『奇莱後書』が出版されている。

その『昔我往矣』には、花蓮での少年時代の、胡先生のような外省人教師夫婦との交流や眷村に住む同窓生たちのことが書かれている。そのなかに詩人の親友ともいえる「顔君」が登場する。「顔君」は楊牧が花蓮の中学時代に知り合った同世代の外省人であり、楊牧の若い時代の文学仲間でもあった。彼の花蓮時代の母親は、本省人で継母だった。でも顔君は父親にも母親にもほおったらかしにされて、ほとんど一人で暮らしていた。父親は息子を一人暮らしにして、再婚した妻とその間に生まれた子供たちといっしょに、どこか別の家に住んでいたのだ。そして楊牧が、夫婦そろって最後に彼に会いにいったのは、顔君が「詐欺事件」をおこして獄中にいるときだった。ちょうど「ある人が私に公理と正義について聞いた」が書かれた台北にいたときのことである。その事件が具体的に何であったのかは書かれていない。そして彼はその後、しばらくして死んでしまう。

顔君は友人となった楊牧に、自分は以前は「双渓」に住んでいたと言うのだが、のちに詩人が宜蘭の双渓を訪ねたとき、そこには顔君の語った町の影もなかった。そしてどこか別の双渓の町かもしれないと詩人は思う。筆者の調べたところでは、双渓という名の町は台北の士林の圓山大飯店の近くにもあって、ここは外省人たちの居住区である。いやもっとさかのぼれば、中華民国国民政府のあった重慶にも双渓という地名があるのである。ここから推量されるのは、詩人と同い年であることから、顔君は大陸で生まれて父親と台湾にやってきたことになる。顔君はずっとそのことは、親友であるにもかかわらず詩人には話さなかった設定になっている。顔君が詩人の住む花蓮の町にやってきたのは、中学時代である。そして眷村は眷村だが、首つり人の出たあと、そのガジュマルの大木を切り倒し庭に手を加えた日本家屋に、顔君は継母と一時期住んでいた。だから詩のなかの「ある人」のような下級兵士の父親ではなかったろうが、顔君は詩人がいちばん知っている外省人の友人になる。とはいえ顔君が「ある人」の造型にかりに投影されていたとしても、もちろんあくまでモデルの一人としてである。「ある人」はさまざまな形態の外省人系の子弟たちのひとつの典型として造型されたものだ。だが顔君という具体的なイメージを重ねて詩を読むと、筆者には「ある人」が詩人によってデフォルメされていく様子が肉付けされ具体的なイメージをともなって読めてくるように思えた。そこでつい「父親といっしょに大陸からやってきたある人」と紹介文に書いてしまっていた。しかしあきらかにこれでは、ある人の像を狭めてしまうことになる。

詩を書いた時点で楊牧は、八〇年代初期から党外運動に参加し八九年に逮捕命令に抗議して焼身自殺した鄭南榕など、民主化に向けて行動する外省人二世たちの存在は意識していただろう。鄭南榕の母親も台湾人であった。ただ九〇年代初めには外省人台湾独立促進会が設立されるし、蔣経国が採用した中華民国台湾化の現実路線と経済成長の一方で、外省人系の人々の政治的アイデンティティが変化していく流れは、一九八〇年前後にさかのぼることができる。また、国民政府の専制政治のなかで弾圧されてきた外省人リベラル派の存在や、陳映真たちの文化雑誌『人間』がしばしば取り上げてきたような外省人老兵一家の貧困など、大陸からの戦後渡来者と植民地期からの台湾在住者という省籍矛盾の図式やアイデンティティの政治学の二元対立では括れない数々の社会問題が、中国ナショナリズムと台湾ナショナリズムのはざまで台湾に存在したことは確かである。しかし、そもそも楊牧のこの詩は、外省人系第二世代のなかでもさらに弱勢者とみなされる

「ある人」のような存在に焦点をあてて、その像を拡大して読みうる作品であってこそ、現在にまで詩のもつ批評性の射程を伸ばすことができる。だから筆者は、この詩をどこまでも一篇の独立したテクストとして読むという態度を維持しないといけなかった。

六 「私」は何者か

しかし、そもそも筆者がわからなかったのは、「私」がどこまでも「ある人」に対して、言わば上から目線で言葉を発していることだ。もし「私」に詩人が投影されているとすれば、楊牧は一九四〇年生まれだから、違っても一回り程度の年長にすぎない。投影されていないとすれば、「私」の年齢も不詳である。だからといって、詩中の「私」が詩人その人だとするのは、現代詩の読み方ではない。それに創作出発時の抒情詩時期はさておき、楊牧の台湾現代詩史における最大の功績は、虚構の物語的叙事詩として詩を構築したことである。それは五〇年代に『藍星』の詩人として詩壇にデビューした楊牧にとって、自身の中国語詩を戦後台湾の現代詩とするための継続的実践の作業でもあった。葉珊時期に書かれたベトナム戦争におけるアメリカ人兵士の生と死を描いた「十二星象のエチュード」(一九七〇)にはじまり、中国古典に題材を借用した「林冲、夜に奔る」(七四)、大航海期台湾の原住民の戦いを描く「ゼーランディアの砦」(七五)」、スペイン内乱を題材とした「禁じられた遊び」(七六)など、長編叙事詩における創作上の機能としての「私」の運用は、楊牧の七〇年代作品の多くに見ることができる。

しかし、同じベトナム戦争を題材とした詩篇であっても、アメリカにいてアメリカ兵を書いた楊牧と、中華民国国軍の派遣団としてベトナム戦争の現場にいた洛夫が超現実主義の方法で書いた『西貢詩抄(サイゴン詩抄)』(『魔歌』収録、七四)とを比べてみれば、叙事詩における叙情性の介入の有無において、両者の作品の相違は際立っている。それになにより叙事詩に叙情を持ち込むことは、一歩間違えば詩作において危険な行為であるのは言うまでもない。洛夫は叙事詩に叙情性を持ち込むことの危うさを、常に意識していた詩人である。楊牧はそれとは正反対で、ほとんどぎりぎりまで叙情性を介入させて、叙事詩を構築する。「十二星象のエチュード」は、楊牧がアメリカに移住した一市民としての位置から書いた反戦詩ととらえれば、それはそれで傑作ではあるけれど、それが楊牧の基本的な詩法になっている。

筆者が詩篇「ある人が私に公理と正義について聞いた」をどう読むかに頭を抱えたのは、この詩を六幕物の詩劇のようなものととらえたうえでなお、楊牧もまたペンネームであって本名の王靖獻という人物ではないのは大前提であるにせよ、詩中の登場人物である(この詩では語り手としての機能ももたされている)「私」を詩人と読むか、虚構の人物と読むかの間で揺れたからである。かりに「私」が書き手である詩人だとすると、この詩の書かれた時期の楊牧の自国の弱勢者への認識がこんなことだったのかという思いも、頭をもたげてくる。

では「私」がまったく虚構の設定だとしよう。そうすると「私」は本省人であっても外省人であってもかまわない、いわば「オヤジ」(「大人」でもよいか)そのものの心性だと言いたくなる。この詩があえてそう設定し、そんな中年男のこころの変化を描いたものだとすると、あまりに絵にかいたような図式的な展開に思える。その図式化されたありさまは、詩の書き手が詩的虚構の中で「私」がどうなっていくかの実験(探求)をしているとはとても考えられず、詩人は最初から結末を設定していることになる。それでは、現代詩としては疑問符が付く。「私」は詩人なのか、それとも虚構の人物なのかという二つの解釈のあいだで揺れ動き、筆者にはこの詩が詩としての姿をとらなくなってしまったのである。

なぜかといえば、楊牧がちょうど台湾にいた一九八三年には、白先勇の『孽子』が台北の遠景出版社で単行本化されている。この作品は外省人軍人と台湾人の母親のあいだに生まれた主人公・李青の父親への反抗という家族の物語と同性愛者となっていく物語とが合体した作品である。ただ小説では父親は大陸で捕虜になるが最後は「連隊長」だったとあるから、下級兵士ではないけれど。朱天心の「眷村の兄弟たちよ」シリーズ執筆も始まっている。そこに隠されているのは、外省人の著名な文化人の父親と台湾人名家出身の日本語教師の母親との間に生まれた娘のアイデンティティの格闘の物語である。そして外省人第二世代である楊徳昌や侯孝賢らの台湾新電影は動きだしている。民主化への動きは、まだまだ台湾警備総司令部が跋扈する警察国家の様相を呈しているとはしても、もう引き返せないものになっている。ならこの詩は、時代認識としてはどこかずれている。花蓮を舞台にすれば台北とは条件が違うことは確かだし、「ある人」を貧しい家庭の出身者と設定しているにせよである。当時、楊牧は台北にいる。こうした台湾文化界の動向を知らないとはとても思えない。とすると、この詩はどういうことなのだろうか。筆者が混乱した理由はここにもあった。そして、この作品を失敗作だと評することもできなくはないだろうと考えもした。

だがここでも、もし読者のこうした混乱を導きだすことが、楊牧の狙いであったとすればどうなるか。つまり、楊牧は「林義雄に捧げる悲歌」が台湾では発表できなかったことを踏まえ、時代のなかで表現の限界を計算しながら意図的に読みの幅を広げる曖昧さを残し、『聯合報』などの一般紙に発表することを前提にして、大衆向けの民衆詩・啓蒙詩的な要素をもたせてこの作品を書いたのではないか。だとすれば、この作品の評価も反転する。たとえそれが楊牧の意図とは異なって、結果論的にそうなったのであってもである。それがテクストの力というものだろう。混乱はその混乱ゆえに、台湾の、そして東アジアの二十世紀の歴史を読者に考えさせる。それはこの詩を読むためには、読者がこの詩を詩として再構築するしかなくなるからである。

楊牧はこのとき、まだ四十三歳である。林義雄の一歳年上だ。第一子は三歳になるかならないかだ。詩集の「私」と詩人が重なっているとすれば、詩中の「ある人」が若い人の設定だとしても、「私」とはそんなに年齢は違わない。「私」が本省人の設定とすれば、世代の差異ということより、日本植民地期を知っているかいないかの差異である。「私」が外省人とすれば、抗日戦争と国共内戦を知っているかどうかの差異になる。こうした謎の（不可解の）存在が、読者を台湾の歴史をひもとかせ、ああでもないこうでもないと考えさせるのだが、その構造も含めて「私」という虚構を楊牧が作ったのだと考えれば、詩の不可解は解消に向かう。ありていに言えば、楊牧は目覚めていく中年男の姿を書こうとしたのである。つまりこの詩の主人公は、実は「ある人」ではなく、「私」なのだ。最終第六連の「私にはわかる／そのかすれた声の意味が、彼はかつて／慟哭の声をはりあげて荒野をすすみ／嵐に向かって絶叫しながら／自己の歩みを計ったのだ、預言者ではない」という「ある人」への視線はそれをはっきり物語っている。しかしこの結末では、「ある人」の理解者にはひょっとするとなれるかもしれないが、「私」はまだ傍観者の位置にいる。

七　公理と正義の問題について

それでは「公理と正義」という、この詩の読ませ方のキーワードにもなる概念を、楊牧はどうとらえていたのだろうか。専制政治下で厳しい検閲を受けながらであっても『自由中国』の例のように、「公理と正義」をめぐる問いはなかったわけではない。また反国民党在野の党外雑誌だけでなく、国民党メディアの側でもたとえば孫文の三民主義との関連をはじめ、抗日戦争と脱日本植民地化、冷戦体制と反共愛国、国連脱退問題と対米関係であったり、さまざまな局面で「公理」と「正義」の議論はなされている。台湾国民政府の国策として推進された、「新生活運動」の継承としての「中華文化復興運動」もそうしたことの例だろう。この詩と同時代の文献のなかで「公理」と「正義」の語は、政権側であれ党外運動の側であれ、様々な文脈において主張の正当性を補完するロジックとして使用されている。また、「公理」を主流の価値コード下における道理や倫理や美徳ととらえれば、それは「正義」と一致するときも矛盾するときも妥協するときも衝突するときもある。そして民主化運動のなかで、あらためて何が「公理」で何が「正義」かが問いなおされていく。また「公理」と「正義」の関係は立場によっても異なり、歴史のなかで時代と共に変化もすれば、それぞれの価値のコードは異議申し立てを受け、修正され変化していくことになる。

さらに「公理」と「正義」に「法」の概念を持ち込めば、この詩の発表当時の台湾でも法学の領域では「正義と法」についての議論はもちろんあっただろう。アメリカではジョン・ロールズの『正義論』が一九七一年に出版されているし、表立っては戒厳令解除後からであるだろうが、「ある人」が受けたような大学の法律学の授業でも「正義論」は扱われたはずである。そうした議論は当時の台湾では「社会正義」の問題として、当然ながら政権批判とも結びついていく。社会的不公正の問題は、七〇年代には雑誌『夏潮』が正面からの問題提起を行ったし、この時期の郷土文学はその文脈上に発展した。一九七九年の『美麗島雑誌』の弾圧など激しい揺り戻しの動きはあったが、問題提起は八〇年代になってさらに盛んになり戒厳令解除に向かう民主化運動の過程では、たとえば雑誌『人間』が社会的不正義や環境正義の問題を「階級」と「正義」の文脈で提起していた。そして台湾国民政府の国民党一党独裁的な状況下で、人治ではなく法治をという訴えが、まず大前提としてあった。

楊牧に即せば、彼の「公理と正義」の概念の基盤には、さらにフーコーの権力論やレヴィナスの正義論、ジャック・デリダの「正義と法」をめぐる脱構築論などの受容もあるだろう。構造主義の台湾への紹介は八〇年代からアメリカ留学生などによってなされているし、[18]なにより楊牧はワシントン大学の比較文学の教授である。この詩における「公理と正義」という語の配置からして、楊牧は等しくすべての人間の尊厳と生存の権利を前提にして、台湾における既成の「公理と正義」の脱構築をこの詩でテーマ化していると考えることもできる。そこには中華ナショナリズムと台湾ナショナリズムの交錯が「公理と正義」への問いに反映されもすれば、専制政治下で基本的人権を基盤とした「法」がないがしろにされていることへの異議申し立てもあるだろう。現在の台湾では移行期正義がしばしば政治課題として取り上げられ、戦時戒厳令体制の非常事態下で設定された中華民国の「公理と正義」が裁かれるなかで、何が正義で何が公理かが国際関係の場でも問い直されている。[19]「公理と正義」を問うとは、政治的アイデンティティの対立のなかでどちらが正義であるかを選ぶということではなく、「ある人」のような弱勢者の位置にたって、相対主義に陥ることなく、正義と不正義の対立の中に生じるさらに深層の不正義から、それぞれの個の人間としての権利を保証するために、何が本当の正義であり、そして公理であるかを問いなおす行為である。そして「法」は正義と不可分だが、そのためにこそ再構築されていくものだということになるだろう。この詩では、「ある人」が聞いたと二つのパターンを用いて全六連の冒頭すべてで繰り返されはすれ、「公理と正義」について詩中でなんらか説明がなされるわけではない。それは読者に委ねられているのだが、だからこそ題名に「公理と正義」をもってきたことは、不特定多数の読者の獲得という点でも、八〇年代民主化運動の政治の時代にきわめてかなった選択だったといえる。

ここまで考えてきて、複数の読みの可能性が残されているにせよ、いま筆者には前述した紹介文では、「ある人」をやはり外省人下級兵士と台湾人貧女の間に生まれた子供としておくべきだったという思いがつよい。何故なら、マイノリティのテーマを課題にするのも「正義と公理」を詩題につかうのも、詩人論の問題とは別に、その詩篇自体（テクスト）の持つ射程の問題にかかわってくるからである。それに付記しておくと、実は楊牧は若い人に向けて書くという設定を好んで用いる詩人なのである。たとえば、詩論集『一首詩的完成（一篇の詩ができるまで）』（一九八九）が「青年詩人への手紙」として書かれていることなどは、その典型でもあるだろう。この詩論集は五年の時間をかけて書かれた一八編の詩論をまとめたもので、手紙の相手の青年は二一歳だったり二五歳だったりに設定されている。彼の詩学の集大成のような詩論が、どうして手紙形式で書かれねばならないのかというと、つまるところそれがこの詩人のスタイルなのだ。楊牧はこういう仕組みで書くことがすきなのだである。

また、それくらいの年齢なら「二十世紀梨」の比喩を『孽子』の李青のイメージと重ねることが可能にもなれば、「彼の薄い胸板は風をのむ爐のように膨らみ／心臓は高熱で溶けていく／透明、流動、虚無」という最終連末尾三行の「ある人」の身体的イメージの表象に、クィア・リーディングの可能性を導きだせもする。それならば政治的アイデンティティだけでなく、性別アイデンティティや原住民差別などの既成のアイデンティティに引き裂かれた人間の「公理と正義」についての問いにも、この詩の射程はひろがっていく。たとえば二二八事件から美麗島事件、そして高雄での第一回ＬＧＢＴパレードと台湾の現代史を背景に、一家三世代の家族の物語を描く徐嘉澤の小説『下一個天空（次の夜明けに）』（二〇一二）[20]は、この詩の末尾三行を本の扉に記している。その小説のなかで、主人公の父親は台湾人の祖母と日本の軍人との間に生まれた子の息子に設定され、さらにその子供たちのなかの一人はバイセクシュアルのように描かれている。

そして楊牧に即せば、『一首詩的完成』に収録された詩論「一〇　社会参与」（一九八六）からもうかがえるように、八〇年代の楊牧は詩の「社会参与」のあり方を模索していた。『一首詩的完成』は、「林義雄に捧げる悲歌」（一九八〇）に続くように詩「ある人が私に公理と正義について聞いた」を書いた楊牧が、自己の詩学のあり方を再構築しようとする詩論集であったと考えられる。楊牧にとって詩の「社会参与」の問題は、同じく『一首詩的完成』収録の「六　歴史意識」（一九八五）と通底しているものである。この詩論はT・S・エリオットの「伝統と個人の才能」をどう読むかを論じたものだが、その文中で楊牧は「三千年の中国文学を敬虔な創作精神にとらえようとするなら、四百年の台湾経験で詩人の関心を刺激しなければならない」と回りくどく書いている。楊牧がここで考える「社会参与」という詩の理念は、「四百年の台湾経験」の歴史意識をどうとらえるかの問題と根底でつながっている。[21] いわばそれが、この時点での楊牧の考えるエリオット的な「伝統」の内容になるのだろう。楊牧が詩集『有人』の「後記」で、「ある人は私に公理と正義について聞いた」を含め当時の自分の書いた叙事詩を「新楽府」の試みだとするのは、白居易が王朝の民衆社会の困苦を皇帝に知らしめるために、音読するに適した韻律にとらわない全くの非定型古体詩のスタイルで「諷諭詩」を書いて、それを「新樂府」と名付けたのと同じだと言っているまでのことである。アメリカの大学で中国文学を教える華人の比較文学研究者ならいかにも言いそうなことだが、それはエリオットのいう「伝統」とはまたちがう。そもそも楊牧がイェイツを研究するのは、言うまでもなくイギリスとアイルランドとの関係が、中国と台湾とのそれとアナロジーされているからである。

ちなみに「一〇　社会参与」の末尾には、イェイツの〝On Being Asked for a War Poem〟（一九一五）の原詩と中国語訳詩「有人要我寫一首戦争有関的詩（ある人が私に戦争についての詩を書くことを求めた）」が引かれている。イェイツの詩の題名を楊牧は、「War Poem」を「戦争詩」[22] と直訳するのではなく「戦争有関的詩」ととらえたうえで、「ある人の求めに答える（有人要我）」というスタイルで中国語訳していて、それは「ある人が私に公理と正義について聞いた（有人問我公理和正義的問題）」という題名の付け方に近似している。楊牧はこの、「こんな時代には詩人にいちばんよいのは／口を閉ざすことだ、何故なら実際／私たちは政治家を矯正する力を与えられていないのだから」（前半部）とする第一次世界大戦のはじまった翌年のイェイツの詩について、「詩の言外に表現されているものは、ある種の（政治への）参与になるのではないのか」として、晩年のイェイツに批判的ともとれる姿勢を示している。そこからは公理と正義の詩を構想するにあたって、楊牧がイェイツにおける政治と詩の問題をどう受けとめ、どう乗りこえていくかに格闘した可能性をみることができるように思われる。[23] 公理と正義の詩について、楊牧もとうとう「政治詩」を書いたと言われれば、彼はきっとこの詩は「政治詩」ではない、「政治有関的詩」なのだと言ったに違いない。そして楊牧がこうした自己展開の作業ののちに自己定位した地点が、エッセイ集『疑神』（一九九三）のなかで提示される「アナーキー（安那其／無政府主義者）」であったと整理もできるだろう。それは激動する台湾社会のなかでナショナリズムとアイデンティティの政治に対する楊牧なりの距離の置き方でもあれば、ながく台湾を離れアメリカという異郷にあって創作した過去の自己を台湾の現在に接続する方法にもなっている。そして楊牧は、一九九六年になって花蓮にもどる選択をしている。

詩論における「社会参与」や「歴史意識」といった用語の使用には、楊牧の英語詩への関心が、この時点にきてW・B・イェイツからT・S・エリオットを媒介としてニュー・カントリー派的なものへの関心に移行していったのではないかと考えてみることもできる。この詩をめぐって検討してきたような台湾社会の問題は、イェイツ的な詩学における社会批評性の限界を楊牧に考えさせたのではないか。詩人としての出発期の楊牧が、覃子豪を中心に創刊された『藍星詩刊』に投稿をはじめたり、瘂弦や洛夫たちの『創世記』に加入したりしたのは、覃子豪がちょうどスペンダーの詩論〝The Modernist Movement Is dead〟（一九五二）を援用して、紀弦の『現代詩』を相手に戦後台湾の中国語現代詩をめぐる論争を展開していた時期である。[24]

しかし楊牧は「現代派運動」には距離をとるかのように叙情詩を書き続け、一九六四年には台湾を離れてアメリカに移住した。彼は台湾の現代詩壇の動向に批評的に口をはさむことも極力控えて、高踏派的な態度をとったりもした。[25]それでも、詩人としての名前を台湾の読者の記憶に新たに刻印するかのように七二年には詩人名を葉珊から楊牧にかえ、詩集を台北の出版社から出しつづけることで、台湾との距離をはかりながら独特の詩学を展開していった。そんな彼が八〇年代中期になって、S・スペンダーの *The Making of a Poem*（一篇の詩ができるまで）（一九五五）という詩論集の書名に倣ったかに見える『一首詩的完成』を書いたのは、台湾とどう向かい合うかを含め楊牧の詩学の変容を示すものであり、スペンダーのいう「The God that Failed（躓いた神）」[26]ののちの詩人の像を、台湾の社会が民主化に向かうなかであるからこそ、ようやく詩人としての自己に重ねてみることができるようになったのだという整理も成り立つことになる。

八　最後に

一九八〇年代の台湾では、「政治詩」とカテゴライズされる作品が多くの詩人によって書かれた。ここでの「政治詩」とは具体的には政治的タブーの扉を開く作品、詩的表現による政治（社会）への異議申し立てをおこなう作品、そして二二八事件や白色恐怖の時代を題材とした作品といった意味合いである。[27]ここでいう「政治詩」は、「政治宣伝詩」のことでない。八〇年代の「政治詩」は、七〇年代の「現代詩論戦」や「郷土文学論戦」で批判の標的とされた「現代主義詩」の対立軸として設定された「現実主義詩」の枠内に止まるものではなく、表現の自由の拡大が書く題材の幅をひろげ、詩の方法を多様化させていくなかで、登場したものだ。一九七九年から『陽光小集』を主宰して「政治詩」の特集を組み、自身も「政治詩」とカテゴライズされる作品を書いてきた向陽は、八〇年代台湾詩壇の動向を幅広くとらえ、七〇年代末期の党外運動（反体制運動）時期を継承する「継承期」、戒厳令解除に向かう「分岐期」、一時的な低迷に陥る「低迷期」の三期に区分している。[28]「ある人が私に公理と正義について聞いた」は、そんな「継承期」の政治の時代の作品であり、しばしば楊牧の代表作のように言われるが、それまでの彼の詩歴を考えるなら、むしろ異色の作品である。この詩のわかりにくさと見えるものも、彼の詩作史においては実験的で冒険的な作業だったためかもしれない。後に楊牧は、この詩の系譜に属するともいえる、天安門事件に抗議する「在一隊坦克車前（戦車の隊列の前で）」（八九）やチェチェン紛争におけるロシア軍に抗議する「失落的指環（失くした指輪）」（二〇〇〇）など、世界の紛争に台湾の姿を重ねるメッセージ性の強い叙事詩的作品を書いていく。政治の民主化とともに台湾の詩壇と詩文学も一層の多元化が進み、ことさらに「政治詩」という語がつかわれることも、やがてなくなっていく。

わかりにくさということでは、台湾の詩壇では「学院派」という言葉が生きていて、楊牧はしばしばその代表的詩人とみなされる。[29]それは大学の教員で詩を書いているとか、学識があって典故を多用するとかといった、少し揶揄するニュアンスもあるのだが、陳芳明は楊牧を論じて「彼の作品を解読するのは、単純な鑑賞の姿勢では不可能で、知識が必要だし、さらには人文精神の発露を求められる」[30]としている。たしかに楊牧の詩には、そうした作品が多い。わかりにくさの多くはそんなところからもきていて、ときにはペダンティックですらある。基本的には抒情の詩人でありながら、けっして大衆詩人でも民衆派詩人でもない。楊牧が「学院派」と目される所以である。そんな詩人が台湾の社会的問題にかなりストレートに切り込もうとした作品が、「ある人が私に公理と正義について聞いた」である。実験的で冒険的というのは、そうした意味でもある。最終連のカタストロフィ的な設定も、時代の状況のなかで、楊牧が詩中に社会意識と歴史意識の向かう先を構築しようとした結果だと考えればわからないでもない。楊牧が時代へのメッセージの役割をもたせて、この詩をそのように構築したのだととらえれば、理解もできる。彼が死後、台湾を代表する「国民的詩人」のように称賛されるのは、この詩があってのゆえである。

楊牧の詩を、基本的に「ブルジョア詩学」だととらえる議論はある。最初はアイオワ大学の国際創作プログラムがきっかけだったが、いずれにせよ楊牧は張系国が描くような「バナナボート（香蕉船）」[31]の船底に隠れてアメリカに出ていったような人間ではない。もちろん張系国も、そんな密入国者から手紙をもらう側の台湾出身のアメリカ留学生ではあったけれど。台湾大衆文化の研究者でもある石計生（一九六二年生まれ）は「ブルジョア詩学楊牧論」（一九八七）[32]で、詩集『有人』（一九八六）までの楊牧詩を題材にベンヤミンとルカーチを援用して、楊牧の詩学を「ブルジョワ詩学」と規定したうえで、その詩にどのように「プロレタリア詩学」的なものが介入していくかという分析をしている。石計生がそのトピックになる作品として取り上げるのがこの詩で、彼は発表された直後に読んだという。石計生は詩集『有人』「後記」の「この詩は人（々）のために書いた」という言説に着目し、楊牧は限界を超えることはできていないが、彼の詩人としての資質が、台湾にそれまでの資本主義（国家資本主義）とは違った新しい資本主義（グローバリズム）が進展し階級格差が拡大していく状況下で、詩の内面空間にブルジョア詩学とプロレタリア詩学を問わず、社会の矛盾をとおして対立を乗り越えようとする、より高度の詩学をうちたてざるをえなくなったと論じる。そうしたなかで、この作品は族群を超えるという台湾にとっての本質的な課題を提示したものだとする。石計生の論は、七〇年代からの郷土文学論争における陳映真たちの論点とも通じている。

詩中における「対話」の有無ということについては、この詩は「ある人」の問いを受けた「私」との応答（対話）を描こうとしているのではなく、「私」をいわば台湾社会の代理者のようなものに設定し、詩に社会との対話をさせようとしているのだととらえることができる。そして詩中の登場人物として解釈の幅が残されていることから、「私」は複数いて、実は「ある人」も複数いて、詩人はできるだけ多くの読者にその登場人物に自分を重ね合わせることを狙っていると考えることもできる。中国語の「有人」は、そもそもが単数でも複数でもかまわない不特定の誰かの意味である。語法的には、「誰かが～」にも「～する人がいる」にも訳すことができる。日本語で「ある人」と訳せば限定的なイメージがあるが、「誰か」と訳せ不特定な誰かという曖昧性が介入してくる。実はそこもこの詩題のねらい目だろう。先述したように楊牧は葉珊という詩人名の時代から、ベトナム戦争のアメリカ人兵士や、スペイン内乱とロルカを題材にするなど、長編叙事詩を書いてきた。七九年には長編詩劇『呉鳳』もある。「ある人が私に公理と正義について聞いた」もそうした系譜のなかにある全六幕ものの劇詩ととらえるべきだろう。虚構の叙事の構築をとおして詩人はこの詩を読む多くの「私」たちに、つまり詩の発表された時点であれば、政治的アイデンティティへの帰属で人を規定するのでは解決しない課題を、民主化の過程にある台湾社会の人々に問いかけることを目的としたのだと考えることができる。楊牧自身の言葉を借りるならば、そんな「無政府主義者」の詩劇を展開しながら、この詩は詩とは何かを同時に読者に問いかける複層性を持っているのである。

楊牧の死後、多くの追悼文が書かれた。なかには、太陽花学生運動のなかでこの詩を繰り返し読んで自分を鼓舞した（許宸碩）や、何かあると自分はこの詩を読むのだが新型肺炎の状況下のコンビニでまた読んでいてカミュの『ペスト』を思いだした（夏夏）など、若い世代の活動家や作家の読詩感もある。[33] 新型コロナ禍のなかの私たちをカミュの『ペスト』が描きだす不条理の世界の住民になぞらえる論は日本にもあるが、[34] さらに楊牧のこの詩の最終連の「ある人」の像を『ペスト』の主人公たちと重ね合わせる夏夏のエッセイは、追悼文というオマージュの場とはいえ印象に残るものだった。そしてもう一篇、なるほどと思わされたものに、香港で書かれた鄧正健の追悼文[35]がある。彼は、楊牧の詩を多く読んできた者とそうでない者とではかなりこの詩の評価の仕方が違うはずで、楊牧の愛読者ならこの詩が広く歓迎されるのを訝しく思うのではないかというところから、論をはじめている。そして、この詩の優れているところは、その戦闘力ではなく、楊牧が「政治詩」を書くなかで、同時に芸術性とのバランスをとろうとしていることだとする。そしてこの詩が一般社会の読者に好まれるのは、生きる時代の暗さや、そのなかで波立つ人心、そして社会に立ち向かうこころざしの揺らぎが、詩は決して現実的な問題を解決できるものではないにせよ、公共の倫理の答え（まさに公理と正義とは何かという）を求め、また芸術による慰撫（詩を読み、詩を写し、自分が成熟した詩人と対話をしていると想像するといった）を求めているからだと、楊牧詩における政治と文学の問題を考察している。陳芳明は、この詩が発表された当時、ほとんど亡命者のような状態でアメリカにいたが、息の詰まるような閉塞感と絶望感に襲われ出口も答も見つからないなかで詩を読んで、自分も手紙を書いた青年と同じだと思ったと回想している。[36]それは、今日の夏夏の感想や鄧正健の考察とも通じている。残念ながら詩誌などに掲載された発表当時の詩評をみつけられずにいるのだが、石計生の回想のようなこともあれば、陳芳明の回想のようなこともあったろう。楊牧がこの詩の読者として期待したのは、より広範な市民的読者層であったろうけれど、テクストとはほんらい作者の意図をこえていくものである。

いずれにしてもこの詩を読むために（読むことで）、読者は現在と過去と未来に向けての「公理と正義」への問いを、東アジアの近現代の歴史のなかに追いかけていくことになる。陳芳明は、「楊牧の重要性は、（中略）、一人の長く異域に自己を流浪させた詩人が、不在のエクリチュール（不在場的書写）で彼の歴史への臨場（在場）を証明したところにある」[37]とする。陳芳明のいう「不在のエクリチュール」とは、直接的には楊牧の書く叙事詩のなかに詩人が不在であること、そして楊牧が台湾（花蓮）を遠く離れて台湾の詩を書き続けたことを指している。がそれだけではなく、この用語にはデリダの原初のエクリチュール論の受容の痕跡も見てとれる。それは楊牧に対する陳芳明の最大のオマージュなのだろう。しかしなるほど、あたかも詩人の不在が媒介となるかのように、楊牧の詩は、詩の描く現場に不在の読者を詩の構築に参加させることで歴史への臨場に誘い、さらに読者をその生きる時代と場所の現在における公理と正義についての問いへと導いていくのである。

＊注

1 現在までに、二シリーズ全十三作が製作されている。「他們」には林海音と林文月の二人の女性作家も含まれる。

2 テキストとして、『楊牧詩集Ⅱ』収録分を用いた。日本ではこの詩は故・上田哲二の翻訳があり、楊牧詩の選集『カッコウアザミの歌』（思潮社、二〇〇六）に収録されている。上田はアメリカ留学時に楊牧の学生だった時期がある。上田は『シリーズ台湾現代詩Ⅲ』（国書刊行会、二〇〇四）でもこの詩を訳していて、二つのバージョンにはかなり異同があるが、そこには翻訳者としての苦心がみてとれる。

3 楊照の回想には「一九八四年の初めにこの詩を新聞の副刊で読んだ」とある（『楊照精選集』、九歌、二〇〇二）。台湾でこの詩に言及する文献は多数あるが、筆者の管見の限りでは、不思議なことに初出の新聞や雑誌名、掲載年月日を示したものはない。鴻鴻氏にもたずねてみたところ、『聯合報』副刊か『中国時報』の副刊かで読んだ記憶があるが、確認できないとのことだった。当時の報道媒体の国立国家図書館によるデジタル化はすすんでいるようなのだが館外からのアクセスができず、また台湾作家作品資料庫でも初出は不明で、新型コロナ禍の現時点では未詳とするしかない。楊牧は当時、『聯合報』副刊「交流道」に専欄をもっていたので、そこからおそらく『聯合報』ではないかと思われる。

4 若林正丈「現代台湾における台湾ナショナリズムの展開とその現在的帰結―台湾政治観察の新たな課題」、台湾学会報第五号、二〇〇三。

5 蔡秀卿・王泰升『台湾法入門』、法律文化社、二〇一六。

6　桃太郎と植民地主義の暗喩については多くの論があるが、ここではロバート・ティアニー（大﨑晴美訳）「南洋の桃太郎：民話、植民地政策、パロディ」（『JunCture：超域的日本文化研究』第六号、二〇一五）をあげておきたい。

7　林桶法「戦後初期到一九五〇年代台湾人口的移出與移入」（『台湾学通訊』第一〇三期、二〇一八）と葉高華「外省人的人数、来源與分布」（同上）による。

8　「戡乱時期陸海空軍軍人婚姻条例」（民国四〇年立法四一年公布）による。

9　黄宣範「二　台湾各族群的人口與政経力量」『語言、社會與族群意識：台湾語言社会学的研究』、文鶴出版、二〇〇八。初版は一九九三年。

10　星純子「台湾台中市東勢区における寄接梨の発展と品質向上活動：技術論と社会発展の観点から」（『茨城大学人文学部紀要社会科学論集』、二〇一五）。星論文のこの記述は、朱長志「台湾山地之果樹」（『台湾銀行季刊』第十二巻四期、一九六一）を参照している。

11　黄宣範「二　台湾各族群的人口與政経力量」、注9に同じ。

12　陳正醍「台湾における郷土文学論戦（一九七七―一九七八）」、『台湾近現代史研究』第三号、二六頁、一九八一。

13　三木直大「第一二章 台湾現代詩の成立と展開」、『台湾近現代文学史』、研文出版、三九五頁、二〇一四。

14　ここでは中国語原文の「語言社会学」を直訳して「言語社会学」とした。言語社会学と社会言語学はほぼ同義に用いられもするが、周知のように社会学と言語学のどちらに重点を置くかによる区別がある。台湾における言語社会学のパイオニアである黄宣範（一九四一年生まれ、注9）が、UCバークレー校での客員研究員を終えて台湾大学で教え始めるのは一九七一年からであり、かりに「ある人」が台湾大学に進学したのだとすると七〇年代に学生だったことになる。ちなみに楊牧は、一九七一年にバークレー校で学位を取得している。管見のかぎりだが、台湾で社会言語学の用語は黄宣範の研究以降に登場している。

15　笹島恒輔「国民政府台湾移転以後の中華民国の体育とスポーツ」、『体育研究所紀要』第三巻第一号、慶応義塾大学、一九六三。蔡欣延（賈強・小林勝法訳）「台湾の大学における体育教育の危機とその対策―一九九四年の『大学法』改正から考える」、『大学体育』三〇巻三号、二〇〇四。

16　日本では上田哲二訳『奇莱前書―ある台湾詩人の回想』（思潮社、二〇〇七）がある。

17　利文祺「海岸七畳」（楊牧詩）の「賞析」（『毎天為你讀一首詩』の記事、二〇一六・八）による。http://cendalirit.blogspot.com/2016/08/2016082.html

18　たとえば廖炳惠『解構批評論集』（東大出版、一九八五年初版）など。

19　許若蘭「正義（Justice）」、史書美等編『台湾理論関鍵詞』、聯経、二〇一九。

20　徐嘉澤『下一個天空』、大塊、二〇一二。三須祐介訳『次の夜明けに』（書肆侃侃房、二〇二〇）がある。

21　三木直大「第一二章 台湾現代詩の成立と展開」、注一〇に同じ。

22 イギリスの「戦争詩」については、風呂本武敏『華開く英国モダニズム・ポエトリ』（溪水社、二〇一六）の「五　戦争詩―第一次大戦・スペイン市民戦争・第二次大戦・北アイルランド」を参照した。

23 渡辺久義「イェイツにおける詩と政治、あるいは孤独と集団」（『英文学評論』第四六号、一九八二）を参照した。

24 三木直大「台湾現代詩をめぐる歴史記憶とその表象」、『アジア社会文化研究』第21号、アジア社会文化研究会、二〇二〇。楊牧は当時のことを「関於紀弦的現代詩社與現代派」（『現代文学』第四六期、一九七二）で関連文献を整理している。

25 楊牧は『伝統的與現代的』（志文、一九七四）の「序文」で、自分の創作の範囲は現代文学だが、同時代の台湾文学を批評するのはあまりに冒険的なので、研究や批評の対象にするのは古典文学だとずっと決めていたと書いている。

26 S・スペンダーの一九四九年出版の批評集の書名でもある。日本語訳に海老塚敏雄訳『躓いた神』（南雲堂、一九六二）がある。スペンダーはスペイン内戦における経験を出発点として、戦後冷戦体制下においては、詩を書くことによって自己の内部においては孤独な全能者たる神のようにふるまう存在たりえる、ボードレールやランボーのようなモダニズム詩人の不可能を論じている。また、スペンダーの *The Making of a Poem* には徳永暢三の日本語訳（荒地出版社、一九七〇）があり、文中における「一篇の詩ができるまで」は徳永の訳語に倣っている。

27 台湾における「政治詩」の状況一般については、沈瑩玲「詩與政治的対話：解厳前後台湾政治詩研究（一九七七～一九九六）」（国立台北教育大学台湾文化研究所、二〇〇八）を参照。

28 林淇瀁（向陽）「八〇年代台湾現代詩風潮試論」、第二屆現代詩学研討会（彰化師範大学）、一九九七。向陽の「政治詩」については、『乱　向陽詩集』（三木直大編訳、思想社、二〇〇九）の「訳者後記」。

29 李敏勇「葉珊調，楊牧風，學院詩人的古典情境和浪漫心　―紀念某種詩風景」、『自由時報』「自由副刊」二〇二〇年三月二五日。

30 陳芳明『台湾新文学史（下）』（日本語訳版）、東方書店、二九頁、二〇一五（『台湾新文学史』聯経、二〇一一）。

31 張系国『香蕉船』（洪範、一九七六）収録。初出は一九七三年の『中国時報』副刊（日付は未詳）。野間信幸訳が『バナナボート』（JICC出版、一九九一）に収録。

32 石計生「布爾喬亞詩学論楊牧」、『両岸』詩叢刊第三集、一九八七。孟樊編『新詩批評（當代台湾文学評論大系）』（正中書局、一九九六）に収録。後に石計生『探索芸術的精神：班雅明、盧卡奇與楊牧』（書林出版、二〇一八）に収録。

33 『印刻文学生活誌（楊牧特集）』二〇二〇年四月号。

34 たとえば中条省平「カミュ『ペスト』は教えてくれる」（『文藝春秋』二〇二〇年六月号）など。

35 鄧正健「我們問楊牧公理和正義的問題」、『明報』「世紀副刊」二〇二〇・三・二五、四・一。

36 陳芳明「早熟脆弱如一顆二〇世紀梨」、『文訊』二〇〇六年一二月号。

37　陳芳明『台湾新文学史（下）』（日本語訳版）、注30に同じ、三一頁。

＊参照文献（文中引用以外の主なもの）

上田哲二『台湾モダニズム詩の光芒』、三恵社、二〇〇六
若林正丈『台湾の政治―中華民国台湾化の戦後史』、東京大学出版会、二〇〇八
古関喜之「台湾における寄接ぎナシ栽培の展開と生産地域の課題」、『地域学研究』第二五号、駒澤大学、二〇一二
須文蔚編『楊牧（臺灣現當代作家研究資料彙編五〇）』、国立台湾文学館、二〇一三
高橋哲哉『デリダ　脱構築と正義』、講談社学術文庫、二〇一五
顧蕙倩・陳謙編著『現代詩讀本』、五南、二〇一七
森際康友「正義と法―正義概念の働きを法システムにおいて考察する―」、『法律論叢』八九巻第四・五合併号、二〇一七
神島裕子『正義とは何か‐現代政治哲学の6つの視点』、中公新書、二〇一八
呉　豪人・北村嘉恵・森宣雄「特集　シンポジウム　転型正義と台湾研究」、『日本台湾学会報』二〇号、二〇一八
唐　捐「漢語台灣楊牧詩」、『自由時報』自由副刊、二〇二〇・三・一八
張　松建『華語文學十五家：審美、政治與文化』、秀威出版、二〇二〇
須文蔚編『告訴我，甚麼叫做記憶：想念楊牧』、時報、二〇二〇
小笠原淳「楊牧と洛夫―記憶の風景、流木の美学」、『現代詩手帖』二〇二〇年一一月号、思潮社

第Ⅲ部

民主化が生み出した「台湾」

第八章　台湾民主化のもとでの学術研究

――新清史を例として

李　明仁
野口　武　訳

一　はじめに

一九四五年の第二次世界大戦後、蔣介石を代表とする同盟軍は台湾を接収したが、一九四九年に国民党が中国大陸での国共戦争に敗れて台湾に撤退すると、ここに台湾における五十年の一党専制統治が開かれた。同時期の国民党は戒厳令体制を実施し、政治、経済、社会から教育や文化までもが戒厳令体制のもとで大いに弾圧された。学術分野では歴史学も抑圧され、一九八〇年代の時期まで大学の歴史学界では、中国史研究の博士や修士課程の学生らは、みな台湾史や一九二七年の北伐後に関する論文を暗黙のうちに細々と研究することで、政治的排除から逃れていた[1]。

しかし、一九八〇年代に台湾社会の経済が勢いよく発展し、政治的局面に突入すると、民衆は自由や民主を求めて覚醒し、自主的に選んだ手段を通じて自らの心中にある指導者を選ぶことができた。特に一九九六年になると台湾は自らの意志のもとで自らの国家の最高指導者——最たるものとして総統を選挙することができた。学術面においては政治的に民主化されたことで、みなが過去の一党独裁の下での束縛から離れ、自己の学術領域に関連した知識を追求していった。加えて、このとき台湾国外の留学から帰国した研究者たちが新たな思想や研究方法をもたらし、台湾国内の研究における思想や方法のいたるところに影響していった。

人文社会学研究のなかで特に注視すべきことは、異文化間で接触したときに生じる融合と摩擦についてである。なかでも漢族と非漢族間の文化に関する問題に関心が向くと、さらに過去の優れた漢族研究をもとにした理念にも大きな衝撃を与えた。歴史学の研究所が受けた衝撃も非常に大きなものがあり、もはや過去の漢族を中心とした考えだけではなく、広く多元文化的な視野からの考察を採り入れていった。

日本の漢学は幕末以来すでに隆盛を極めていたが、明治時代にヨーロッパがもたらした史学研究が東洋学の研究を切り開くと、日本東洋史の創始者のひとりである白鳥庫吉が朝鮮、満洲、蒙古の研究に着目し、中国を征服した異民族の研究にも関心が払われていった。一九四九年にドイツ系アメリカ人であるカール・ウィットフォーゲルの『中国社会史—遼（九〇七～一一二五）』によって征服王朝理論が提示されると、異民族の中国に対する征服や統治が強調され、文化人類学における文化変容（Acculturation）の概念が取り入れられるようになり、もとの漢族を中心として「同化」（Assimilation）する漢化などの吸収理論（absorption theory）の観点に取って代わっていった。[2]この考察は次第に日本史学界でも高く評価されていった。[3]一九八〇年代の台湾では当時欧米からもたらされたものや、あるいは日本などの留学から帰国した研究者の影響を受けており、それら理論が台湾学術学界に及ぶと次第に人々に知られていったものの、決して学術界のなかで重視されたわけではなかった。戒厳令が解かれるとこうした理論も徐々にみなに理解されたため、征服王朝論の見解も、教育部の改訂した高校教科書である「九五暫綱」第二版の課程綱領のなかに、わずかな期間ではあるが取り入れられもした。

このほかにも例えば台湾本土化運動が推進されたなかでは、杜正勝が歴史学の研究に、台湾を主体とする同心円理論を提示した。台湾の地図を右に九十度に向きを変えたものであり、[4]「中国」あるいは「中華民族」とは何かといった概念の形成、及びその討論も次第にみなに意識されるようになっていった。[5]

二〇世紀末から二一世紀となり、アメリカの歴史学界でわき起こった「新清史」論争は、台湾歴史学界にもわずかながら波紋を呼ぶものとなっていった。

二 「新清史」研究の論述

(一) 新清史の起源

新清史論争は、主としてイヴリン・S・ロウスキー（Evelyn S. Rawski、中国語名：羅友枝）が一九九六年に、アメリカアジア研究学会〔Association for Asian Studies〕会長の就任演説で「清史を再認識する（再観清史）」の報告を発表すると、[6]何炳棣（Ping-ti Ho）が一九六七年に発表した「清代における中国史の重要性（清代在中国史的重要性）」において、清朝が中国統治に成功し得たのは、満洲人の「漢化」によって成功したものとする見解を批判したことに始まるものであった。[7]その二年後（一九九八年）に何は再び論文「漢化を守るために――ロウスキーの『清史を再認識する』に反論する（捍衛漢化―駁羅友枝之『再観清史』）」を発表し、ロウスキーの意見に反論したが、[8]しかしロウスキーは何の対話にさらなる発言はしていない。

両者の清史研究の論争は、主として「漢化論」におけるものであったとはいえ、実際に新清史研究は一朝一夕に形成されたものではなかった。その背後には醸成期間があり、その後に成果が積み重ねられて徐々に現れてきたものであり、今日に新清史研究にたどり着いたとはいえ絶えず変化のなかにあった。

(二)「新清史」研究及びその論争

「新清史」研究の学術的背景は、中国大陸における清史研究者の定宜庄と、アメリカ「新清史」研究の主要人物であるマーク・C・エリオット(Mark C. Elliott、中国語名:欧立徳)が共著で記した「二一世紀如何書写中国歴史:「新清史」研究的影響与回応」で指摘した二つの点による。まずは清代の檔案の問題であり、特に満文檔案の新たな発見が直に関係している。次に西洋の史学理論が多分野の学術的転回の影響を受けていることである。この学術的転回には、言語学やポストモダニズム、ポスト植民地論、文化やエスニックグループなどが含まれ、「新清史」もある種の「脱中心化」的思考を帯びた。[9] こうした学術上の従来の背景が積み重なって現れた「新清史」研究の成果は、いつしか掘り起こされて花開く結果となるものであった。

「新清史」学派の研究者がそれまでの研究で積み重ねてきた成果は、二〇世紀末から二一世紀初めに次々と関連する論文として発表された。その中でも関心を呼んだのがいわゆる「新清史」の、ロウスキー『最後的皇族——満洲統治者視角下的清宮廷』、パメラ・キール・クロスリー(Pamela Kyle Crossley、中国語名:柯嬌燕)『歴史的透鏡——清帝国意識形態中的歴史和族性認同』、エドワード・J・M・ロード(Edward J. M. Rhoad、中国語名:路康楽)『満与漢——清末民初的族群関係与政治権力(一八六一—一九二八)』、マーク・C・エリオット(Mark C. Elliott、中国語名:欧立徳)『満洲之道——八旗制度和中華帝国晩期的族群認同』[10] の四書である。それぞれ一九九八年、一九九九年、二〇〇〇年、二〇〇一年に刊行されており、そのほかに関連する重要な論考も出版された。[11]

上述した何炳棣とロウスキーの論述は、ロウスキーが何氏の「清代における中国史の重要性」に対して批評し、何氏が「漢化を守るために――ロウスキーの『清史を再認識する』に反論する」において厳しく反論したものの、その後「新清史」研究者は何氏にさらなる回答を示してはいない。二〇世紀の終わりにはさして影響しなかったようである。しかしながら、中国大陸ではいくばくかの研究者が「新清史」研究に対して反省や考えを示し[12]、エリオットも新清史を主題とした一遍の論文を記したが[13]、中国大陸の歴史学界ではわずかな「考え」、「反省」、「反応」があったとはいえ、およそ影響を受けたとは言えない[14]。

中国大陸が「新清史」研究に対して強烈に反応したのは、二〇一〇年代に中国人民大学が主宰した「清代政治与国家認同」国際学術討論会である。まず「新清史」を特別なテーマとし、あわせてこの討論会の準備のために『清朝的国家認同――「新清史」研究与争鳴』論文集を編纂した[15]。この会議の後にも『清代政治与国家認同』の上下冊が出版された[16]。中国大陸の学術界に関心が及ぶと、「新清史」に多少の支持はあったものの、大多数が反対の立場であり、激しい反論が展開され、その論文数の多さには目を見張るものであった[17]。

(三) 台湾学界の新清史に対する反応

台湾学会の新清史に対する反応は、中国大陸よりもむしろ数年早かった。二〇〇三年の一二月一二日から十三日に中正大学歴史系の汪栄祖教授主導で「漢化・胡化・洋化――中国歴史文化的質変与多元性格国際学術研討会」が挙行された。この会の後、『民族認同与文化融合』及び『胡化漢化与漢人胡化』の二書を出版している[18]。前書は民族アイデンティティを主軸とし、後者は漢民族化のテーマを重視したものである。この二つのテーマはいずれも「新清史」研究者に注意や関心を呼ぶ問題となった。

なかでも『胡人漢化与漢人胡化』は「新清史」研究とより関連しており、同書に収める七篇の論文は、「漢化」の主題と関連している。[19] そのなかでも王成勉の「没有交集的対話――論近年来学界対『満族漢化』之争議」では、まず「同化」(assimilation)と「文化変容」(acculturation)の定義上の違いを説明し、次に「満族漢化」に反対することを主題とした研究や、「満族漢化」を採用することを主題とした研究の歴史を回顧している。最後に、「満族漢化」に賛成、反対を問わず双方とも、互いに定義がはっきりしていないため、「新清史」研究に賛成あるいは反対する人たちには、共通認識に至るものがないと指摘した。従って「両者は完璧なもの、あるいは相手に受け入れさせることのできる『漢化』の定義を提出する前から、すでに互いを批判しはじめていた」のであり、「事実上『漢化』の定義は中国の研究者の間で一致を見ることはなかった」[20] と王成勉は述べている。その結論はタイトルが示すように、「対話が交わされることはなかった」ということである。このほかにも、陶晋生と蕭啓慶らも「同化」や「漢化」を主題に詳述している。台湾学界では二一世紀の初めにはすでにアメリカの「新清史」研究に対して注目や関心があったと言えよう。

この後、汪栄祖は中正大学から中央大学に転任しても、「新清史」研究に対する関心を持ち続けていた。さらに二〇一二年の秋に中央大学人文研究センターで清帝国の特質を議題として、両岸研究者の論文報告会を開催した。会議後には、会議論文のうち八つの論考を選び、『清帝国性質的再商榷――回応新清史』のタイトルで、二〇一四年に出版した。[21] 会議論文の内容から見て取れるのは、台湾学術学界の研究が「新清史」の内容や方法に対して異なる見解を持っていることである。その後、汪栄祖も「新清史」研究に反対したため、中国大陸の研究者の姚大力と数度にわたって『東方早報・上海書評』で論戦した。両者の論争は『殊方未遠――古代中国的疆域・民族与認同』に収録されている。[22]

台湾でほかに「新清史」研究に着目したのは中央研究院である。二〇一三年に中央研究院台湾史研究所によって組織された新清史読書会は、林文凱と詹素娟が主宰した。会員は中央研究院の研究員で構成され、各大学の教員及び博士や修士課程の学生全一五名が参加し、年間に一一回の研究読書会を実施した。彼らは、まず「新清史」の弁証をもたらした何とロウスキーの二つの論文から講読をはじめ、次に「新清史」の四書及び関連する専門書を深く研究し、最後に「新清史」を敷衍する関連著作と、マサチューセッツ工科大学のエマ・テン（Emma Teng、中国語名：鄧津華）の『台湾的想像地理――中国殖民地旅遊書写与図像（一六八三―一八九五）』を取り上げた。[23] さらに、中央研究院は「新清史」研究の代表的な研究者であるケント・ガイ（R. kent Guy、中国語名：蓋博堅）とエリオットを招聘し、同研究院で「新清史」をテーマに講演している。[24] しかし、その後の台湾学術界では「新清史」に関する研究論文の報告は少ない。

二〇一六年になると徐泓が「『新清史』論争――従何炳棣・羅友枝論戦説起」を発表し、新清史論争の背景について詳細に述べている。結論で彼は西洋史学理論が中国史研究を援用するわけではないこと、満洲族中心論に反対すること、学術討論が政治思想の影響から脱却すべきであること、また「新清史」研究が学術的な基準を守り、情緒的な用語を避けるべきであることを指摘している。[25] 台湾学界に「新清史」研究の論文発表が少ないことは、確実に意に留めるべき現象である。

三　征服王朝論

「新清史」研究所によりもたらされた非漢政権の問題は、日本学界では長らく一定の研究過程と成果を有していた。彼らは明治時代から中国の異民族王朝研究に対して特に関心を持っており、研究手法も発展させていた。朝鮮、満洲、蒙古の研究から始まり、さらに北アジア史研究にまで至った。[26] 戦後はウィットフォーゲルが一九四九年に出版した『中国社会史——遼（九〇七～一一二五）』のなかで提示した「征服王朝論」を受けて、日本国内でブームを巻き起こし、一九八〇年代にはその流れが台湾にも影響することとなった。

「征服王朝論」は、まず非漢族の中国征服者が、エスニックグループ間の差異に応じるため、異なる生活方式の被統治者に対して、異なる統治方式を採用したと主張する。すなわち、遼は南北に官を置いた二元統治であった。モンゴル部族で言えば、中国領域内とモンゴル本部には元朝が興ったが、外にはキプチャク・ハン国、オゴデイ・ハン国、イル・ハン国やチャガタイ・ハン国などの非中国領域内の諸国にはみな異なる管理方法があり、多元的な統治形式であった。さらに、これら異民族の統治者は、文化上では異なるものの、同一の政権の統治下に置かれたために、相互間に文化的接触があれば、文化的衝突あるいは融合を招いた。過去にはすべて「同化」するという見方で、これら非漢族が最後にはみな「漢化」されたと見なしていたが、ウィットフォーゲルはこの二つの異なる文化エスニックグループの接触が、最終的に文化的に相互に影響し転用されたという「文化変容」の観点を提示した。そしてこのような統治者は高く自らのエスニックグループへの意識を持つため、自らの部族の文字を漢字と区別して創り上げたことも強調している。[27] 以上、征服王朝の採り入れた「二元統治」、「文化変容」、「文字創造」の三つの特徴が征服王朝論の概要である。[28]

征服王朝の論述によれば、清朝も征服王朝のひとつに挙げられ、清朝研究においてもそうした範中に括られたため、特に強調されることも注意が払われることもなかった。二〇世紀の末期になると、「新清史」研究の論争の導火線は「漢化論」を出発点として、まさしく征服王朝研究の重要な特徴のひとつとなった。加えて、征服王朝の異民族の漢族に対する征服と統治は、満洲人が中国領域内の漢族を征服する内容と似たものであった。「新清史」研究者が満文檔案を重視したのは、征服王朝論者の「文字創造」にも相通じるところがあった。しかも、言うまでもなく非漢族征服者の多くは「内陸アジア」からやって来たものとして、彼らの内陸アジア的な性格も特に取り上げられた。このため「新清史」研究に賛同するか否かを問わず、研究者はみな内陸アジアに関する研究に眼を向けていった。[29]

征服王朝論の研究が戦後台湾で発展したのは、筆者が「中国史上的征服王朝理論」のなかで述べたように、中国大陸から来台した姚従吾をさきがけとして、台湾史学会ではもともと胡漢関係に関心を寄せていた。しかし、彼が注目したのは非漢政権である王朝の二元体制の問題であり、征服王朝理論を提示するまでには至らず、その後は彼の学生であった陶晋生と蕭啓慶の研究が言及することとなった。陶晋生は彼らが征服した地域から、[30]蕭啓慶は政治と経済の観点から切り込んでいった。[31]両氏が北方の非漢族研究についてそれぞれの専門をもとにして、後に上述した「漢化・胡化・洋化——中国歴史文化的質変与多元性格国際学術研討会」において、両氏の文化的な問題についての見解が示された。陶氏は「同化的再思考」を発表し、「中国史上の同化（assimilation）は、つまりは漢化あるいは華化（Sinicization）であった」と述べている。最後に、社会学者のアルバ（Alba）とニー（Nee）が同化について、「文化と社会の差異に表れる民族と種族の区別は減少し、最後には消えてしまう」と定義した。[32]蕭氏は「論元代蒙古色目人的漢化与士人化」を発表し、漢化の定義が不明瞭なことを解決するため、細かく「士人化」の見解を提示して、解決方法としている。「士人化」と「漢化」の差異は以下の二点がある。

（一）「士人化」した異民族の人士は、必ず士大夫文化（士人文化）を知悉しており、知識人集団の一員となる。「漢化」した者は漢人の「小伝統」をわずかに受け入れることができるが、必ずしも士大夫文化に知悉するわけではない。歴代の漢族族長と接触した異民族の下層民衆はおよそこの通りであった。

（二）「漢化」した者は、必ず本来のエスニックグループのアイデンティティを放棄し、漢族に融合して一体にならねばならない。しかし、「士人化」した者は漢族の士大夫文化を受け入れても、必ずしも本来のエスニックグループのアイデンティティを放棄はせず、もともとの文化を選択的に保留した。後に筆者は三つの士大夫化を取り上げて漢化される三つの例として証明した。最終的に筆者は『中国社会史――遼』におけるウィットフォーゲルの観点を取り入れて、征服王朝が建てたその王朝が瓦解した後、はじめて漢文化のなかに完全に同化できると指摘した。[33] これらは征服王朝論のなかでも文化的問題に関するものであり、「新清史」研究のうちの漢化問題に関連するものでもあった。

このほか、台湾に帰国した研究者が日本からもたらした征服王朝論がある。例えば鄭欽仁は日本での研究から帰国した後に台湾大学に戻って教員を務め、授業で征服王朝論を紹介した以外にも、日本研究者の征服王朝論研究の翻訳に従事し、それを国内に紹介するため、一九九九年に筆者と共同で『征服王朝論文集』を編訳、出版した。筆者は翌年にも「中国史上的征服王朝理論」を発表し、台湾や日本、中国大陸での征服王朝論の研究における発展のありようを紹介した。二〇一六年には政治大学民族研究所の蔡長廷の博士論文「日本対北亜史的研究歴程」の第三章第二節「征服王朝論的提出与異民族王朝論之比較」、及び第三節「日本征服王朝論的継承与批判」において、日本学術界の征服王朝論の研究に対する批判と展開がより詳細に論じられている。[34] この後、台湾学術界においても征服王朝論に賛同しないものが現れている。[35]

四　征服王朝論と新清史

清朝は征服王朝のひとつとされるが、長らくその征服王朝との関連性は軽視されてきた。[36] 突如として清史研究に現れた「新清史」において、その特徴は征服王朝との関係のうちどこにあるのであろうか。

（一）「新清史」と「征服王朝」が研究、論述する統治者というのは、中国の漢人からすればみな異民族であり、彼らは中国の領土の一部あるいは全てを征服・統治した。

（二）このような征服・統治者は、遊牧あるいは半農半牧社会の異民族であったため、彼らは経済、生活、社会組織や文化において伝統的漢族の農業国家とは区別された。このためウィットフォーゲルの『中国社会史――遼』では、これら両社会の生活形態に差異があったために、制度を管理する上では二元統治モデルを作り上げたことに着目している。さらに「新清史」研究者は、清王朝の最高統治者が中国本土や満洲、モンゴル、チベット、新疆で代表的な意義に違いが現れていることに特に着目している。

（三）上述したことから、「征服王朝論」者も特にこの両者の文化的差異を強調している。このため「文化変容」と「同化」の違いを提示し、伝統文化のうえでの漢民族文化に吸収される理論の見方には反対している。これはまた「新清史」研究者が述べる「反漢化」説と相互に類似する点がある。しかしながら、吸収理論は今日でもなお少なからず研究者に引用されている。

（四）「征服王朝」論者は征服王朝が自民族の自我意識と漢族との差異性を強調するために、自らの民族の文字を創造したことに注目する。従って「新清史」の研究者は特に満文檔案の重要性を強調している。

（五）「新清史」研究者が内陸アジアの観点から切り込んだことは、研究者の注目するに値する。[37]

中国大陸の学術界では二〇世紀以前には征服王朝研究が軽視されていたが、[38]二〇世紀末に至り「新清史」研究が隆盛すると、清朝に対して内陸アジアの性格や漢化論、政権の性格、帝国の性格などの諸問題に関心が及び、これらは征服王朝研究の内容と相互に関連したため、それに伴って征服王朝論も再度関心が払われることとなった。

五　結論

「新清史」に賛同する研究者であろうと「旧清史」の研究者であろうと、歴史学研究ではもとより常に資料収集をすべきであり（各種言語の資料が満文、漢文、チベット文、ウイグル文、ロシア語であるため）、自らの研究に関連した新たな理論および研究方法を採り入れるべきである。なおかつ新たに出土した考古学資料や民俗学的理論、神話や伝説、人類学や社会学の調査や方法のように、分野を跨いだ方法あるいは情報を運用すべきである。

したがって、（一）未来の「新清史」研究は縦軸の時間上で遼や金、元、西夏といった各非漢族の征服王朝を比較して、五胡十六国や北朝などのいわゆる「浸透王朝」の政治制度や統治モデルにまでさかのぼって注意を払わねばならない。

（二）空間上の横軸において比較すべきなのは、ロマノフ帝国やムガール帝国などの世界史における他の征服帝国を考察してゆくことである。初期ローマ帝国でさえも考察対象となり得る。適切な比較モデルを検討しようとする際に、最も論理的かつ安全な方法は、オスマン帝国（実質的に明清期）や、ロシア帝国、ヨーロッパのハプスブルク帝国のような、清朝に類似した彊域範囲をもち、かつ同時期に存在した帝国を選択することである。

（三）かつ、清朝と同時期、あるいはやや後期のヨーロッパの各帝国主義や植民地主義国家との比較及び研究である。[39]

台湾の戦後の歴史学研究は「新清史」研究を例にすると、まず中国大陸から台湾大学に来た姚従吾を主として、彼の辺疆史研究を起点に始まった。[40] 後にアメリカに留学した弟子の陶晋生と蕭啓慶によって彼の意思が引き継がれ、引き続き台湾に征服王朝論の研究が紹介された。[41] このほか日本から帰国した鄭欽仁が東京大学の護雅夫を受け継ぎ、日本の「征服王朝」論が導入された。台湾の征服王朝論はアメリカと日本の異なる二つの地域から伝えられたといえる。「新清史」研究が進展すると、それはもともとアメリカ学術界では主流の研究ではなく、また日本の学界ではすでに戦前からの「満蒙史」が戦後の「征服王朝史」研究へと転換した。現在では「中央ユーラシアアジア史」の研究を主とし、[42] 一貫して研究方法と研究過程を保っているため、「新清史」研究の論争に加わることは少ない。したがって、台湾の新清史研究は直接アメリカから伝えられたものである。

＊注

1　彭明輝は一九四五年から二〇〇〇年までの各校歴史学科の修士論文を分析し、そのうち台湾史が一五・九％、中国史の論文は七三％、世界史は一一・一％を占めているとした。彭明輝「台湾地区歴史研究所博・碩士論文取向：一個計量史学的分析（一九四五—二〇〇〇）」、『台湾史学的中国纏結』（台北市：麦田出版、二〇〇二年）一五一—二〇五頁。このほかに一九四五年から二〇〇〇年までに報告された歴史ジャーナルについて、同氏は関連する研究として、分断史を基礎とする研究分析が台湾史で五・三％、中国近現代史の論文が一九・三％を占めているとしている（著者は一九二七年前後の論文の数量は分析していないため、説明はない）。彭明輝「従歴史学期刊論文分析台湾史学研究動向（一九四五—二〇〇〇）」『国立政治大学歴史学報』一九（台北市：政治大学歴史系、二〇〇二年五月）三三五—三六三頁。

2 李明仁「中国史上的征服王朝理論」，台湾歴史学会編輯委員会編『認識中国史論文集』（台北県：稲郷出版社、二〇〇〇年）一〇五－一二六頁。

3 日本研究者の征服王朝論に関する研究として、鄭欽仁・李明仁編訳『征服王朝論文集』（台北県：稲郷出版社、一九九九年）。

4「同心円史観」とは何か。杜正勝は一九九七年に報告した「一個新史観的誕生」のなかで、「台湾を中心として、その圏内から外に向けて世界を認識すること、歴史を認識する」ということは、「内から外に、郷土史、台湾史、中国史、アジア史から世界史に至るまで、順に進んでゆくもの」として明確に説いている。杜正勝「一個新史観的誕生」『当代』一二〇期、一九九七年八月号。

5 鄭欽仁「中華民族論的演変」『台湾風物』六〇：四（台北市：台湾風物出版社、二〇一〇年一二月）。後に『中国現状与歴史問題』（台北市：現代学術研究基金会、二〇二〇年）に収録。

6 Evelyn S. Rawski（中国語名：羅友枝）, “Presidential Address: Reenvisioning the Qing: The Significance of the Qing Period in Chinese History〃, The Journal of Asian Studies, 55：4(1996), pp.829-850.

7 Ping-ti Ho（何炳棣）, The Significance of the Ch'ing Period in Chinese History, The Journal of Asian Studies.26：2.(1967), pp. 189-195.

8 Ping-ti Ho（何炳棣）, In Defense of Sinicization: A Rebuttal of Evelyn Rawski's “Reenvisioning the Qing〃, The Journal of Asian Studies, Vol. 57, No.1 (Feb., 1998), pp. 123-155.

9 定宜庄・マーク・C・エリオット（Mark C. Elliott 欧立徳）「21世紀如何書写中国歴史：「新清史」研究的影響与回応」『歴史学評論』一（北京：社会科学文献出版社、二〇一三年）一一七－一一八頁。中国大陸の研究者である鍾焓は『清朝史的基本特徴再探究――以対北美『新清史』観点的反思為中心』の第一章第一節「『新清史』崛起前的学術背景：『旧清史』研究的一度輝煌和旋即衰落」において、北アメリカに「新清史」が起こった背景を語っている。彼は北アメリカの明清史学術界を「新清史」と「旧清史」の二派に区分して、「旧清史」は「清承明制」（清の明制継承）を強調しており、政治や制度史の側面からすでに成果を出しているとする。両者の差異は「旧清史」が「新清史」と異なり「漢化論」に対して強く批判を加えていないことであり、また「新清史」研究者は新たな檔案資料を用いること以外に、アジア史の立場を引いて自己の学派の学風的特徴を示したと述べている。鍾焓『清朝史的基本特徴再探究――以対北美『新清史』観点的反思為中心』（北京：中央民族大学出版社、二〇一八年）一六－二二頁を参照のこと。

10 Evelyn S. Rawski, The Last Emperors：A Social History of Qing Imperial Institutions. University of California Press,1998. 中国語訳に、周衛平訳『最後的皇族――満洲統治者視角下的清宮廷』（新北市：八旗文化／遠足文化、二〇一八年、第四刷）。Pamela Kyle Crossley, A Translucent Mirror: History and Identity in Qing Imperial Ideology. Berkeley: University of California Press, 1999. Edward J. M. Rhoads, Manchus and Han: ethnic relations and political power in late Qing and early Republican China, 1861-1928.

Seattle and London : University of Washington Press, 2000. 中国語訳に、王琴・劉潤堂訳『満与漢——清末民初的族群関係与政治権力（1861-1928）』（北京：中国人民大学出版社、二〇一〇年）。Mark C. Elliott, The Manchu Way: The Eight Banners and Ethnic Identity in Late Imperial China. CA: Stanford University Press, 2001.

11 「新清史」のその他の重要な著作については、定宜庄・エリオット「21世紀如何書写中国歴史：「新清史」研究的影響与回応」一二〇―一二二頁、を参照。

12 定宜庄「由美国的〝新清史〟研究引発的感想」『清華大学学報』二〇〇八：一、（哲学社会科学版）九―一一頁。

13 マーク・C・エリオット（欧立徳）「満文檔案与『新清史』」、劉鳳雲・劉文鵬編『清朝的国家認同「新清史」研究与争鳴』（北京：中国人民大学出版社、二〇一〇年一二月）三七七―三九三頁。原文は『故宮学術季刊』二四：二（台北：国立故宮博物院、二〇〇六年）。

14 定宜庄・エリオットの両者の推論によれば、中国学術界が新清史研究に対して未だ反応しない原因として、「外国語に通暁しないため、中国の人がこれは重要ではないと見ている、あるいは満族史は民族史に含まれるものと考えるため、清史研究の縁辺であることによって軽視された」と指摘する。定宜庄・マーク・C・エリオット「21世紀如何書写中国歴史：「新清史」研究的影響与回応」一二一―一二二頁。

15 劉鳳雲・劉文鵬編『清朝的国家認同——「新清史」研究与争鳴』（北京：中国人民大学出版社、二〇一〇年）。

16 劉鳳雲・董建中・劉文鵬『清代政治与国家認同』上下冊（北京：社会科学文献出版社、二〇一二年三月）。

17 筆者が「中国期刊網」から新清史研究に関連する文章を検索してみると、数え切れないほどである。関連する内容を読むとその大多数が「新清史」研究に反対するものであり、中国民族主義の立場のものが少なくない。

18 二〇〇二年に葉高樹が清朝前期の文化政策を討論した際に、何炳棣とロウスキーの論戦に及んだことについては、葉高樹『清朝前期的文化政策』「緒論」、（台北県：稲郷出版社、二〇〇二年）一一―一二頁、を参照のこと。汪栄祖・林冠群主編『民族認同与文化融合』（嘉義県：国立中正大学人文研究中心、二〇〇六年）。汪栄祖・林冠群主編『胡人漢化与漢人胡化』（嘉義県：国立中正大学人文研究中心、二〇〇六年）。

19 汪栄祖の「論多民族中国文化交融」を含め、陶晋生「同化的再思考」、王成勉「没有交集的対話——論近年来学界対『満族漢化』之争議」、雷家驥「試論『五胡』及其立国情勢与漢化思考——兼考『五胡』一名最初之指渉」、蕭啓慶「論元代蒙古色目人的漢化与士人化」、陳捷先「従御膳看盛清宮中飲食漢化」、楊維真「西南民族文化的交融」。

20 王成勉「没有交集的対話——論近年来学界対『満族漢化』之争議」八〇頁。

21 汪栄祖主編『清帝国性質的再商権——回応新清史』（桃園県：国立中央大学出版中心、遠流出版社、二〇一四年）。このうち台湾研究者は汪栄祖、呉啓納、甘徳星、葉高樹と徐泓らの五名である。

22 葛兆光、徐文堪、汪栄祖、姚大力等著『東方早報・上海書評』編輯部編、『殊方未遠——古代中国的疆域、民族与認同』（北京：中華書局、二〇一六年）。本書は七部に分かれ、第六部は「新清史」研究の学術課題であり、汪栄祖や姚大力の論文を収録している。収録したタイトルと元の文章は、以下を参照のこと。汪栄祖「清帝国性質的再商榷」、本文は、汪栄祖主編『清帝国性質的再商榷』（桃園県：国立中央大学出版中心、二〇一四年）の導入部分に収録されている。姚大力「不再説〝漢化〟的旧故事」『東方早報・上海評論』二〇一五年四月二二日、汪栄祖「為〝新清史〟辯護須先懂得〝新清史——敬答姚大力先生〟」『東方早報・上海評論』二〇一五年五月一七日、姚大力「略蕉取精、可為我用——兼答汪栄祖」『東方早報・上海評論』二〇一五年五月三一日、汪栄祖「学術批判可以等同於〝打棒子〟嗎?」『東方早報・上海評論』二〇一五年六月二一日、姚大力「〝新清史〟之争背後的民族主義——可以従〝新清史〟学習什麼?」。両者の論述は後に感情的なものとなり、学術批判ではない用語が現れている。

23 エマ・テン（Emma Teng、鄧津華）の Taiwan.s Imagined Geography: Chinese Colonial Travel Writing and Pictures, (1683-1895). By Emma Jinhua Teng, Harvard University Asia Center, 2004. 中国語訳は楊雅婷訳『台湾的想像地理——中国殖民旅行書写与図像（1683-1895）』（台北市：国立台湾大学出版会中心、二〇一八年）。

24 R・ケント・ガイ（R. Kent Guy、蓋博堅）が中央研究院明清研究推動委員会主催の「二〇一一明清研究前瞻」国際学術研討会で講演した主題として、「清朝是什麼様的政権?」（What Sort of Regime Was the Qing?）。エリオットが二〇一六年に講演したものとして、「歴史学与政治話語——関於新清史反省与回応」（A Reflection and Response to the New Qing History）。

25 徐弘「『新清史』論争——従何炳棣・羅友枝論戦説起」『首都師範大学学報』（社会科学版）二〇一六：一、一—一三頁。徐弘は二〇一四年に「論何炳棣撰『清代在中国史上的重要性』」を発表し、汪栄祖主編『清帝国性質的再商榷』一九三—一九九頁、に収録されている。彼は何炳棣の主張に「清帝国はひとつの多元民族的帝国であり、漢民族や漢文化を主体とするのみならず、多数を占め優勢であった漢族及びその文化を採用し認めたことが清帝国を長く安定させた要因である。『清代在中国史上的重要性』の論点は、総じて、今に至ってもなお不動である。」（一九九頁）と述べている。

26 日本の北アジア史研究の背景について、蔡長廷『日本対北亜史的研究歴程』（台北市：政治大学民族学系博士論文、二〇一六年）。

27 征服王朝論は日本学界での主な論述に関する訳書として、鄭欽仁・李明仁編訳『征服王朝論文集』（台北県：稲郷出版社、二〇一〇年、再版第二版）を参照のこと。

28 カール・ウィットフォーゲル著、蘇国良・江志宏訳「中国遼代社会史（九〇七—一一二五）総述」、鄭欽仁・李明仁編訳『征服王朝論文集』一—六九頁。

29 「新清史」研究に数多の著作がある鐘焓は「新清史」研究の質疑に対する著作のほか、最近では内陸アジア史研究の著作にも関心を寄せている。鐘焓『重釈内亜史——以研究方法論的検視為中心』（北京：社会科学文献出版社、二〇一七年）。また、鐘焓「重写以『中央欧亜』為中心的『世界史』——対日本内亜史学界新近動向的剖析」『文哲史』二〇一九年六月、五—二五頁、がある。同書の内容は日本の征服王朝理論に対する論述が参考になる。

30 陶晋生「辺疆民族在中国歴史上的重要性」、及び「歴史上漢族与辺疆民族関係的幾種解釈」、『辺疆史研究集』（台北市：商務印書館、一九七一年）に所収。

31 蕭啓慶「北亜遊牧民族南侵各種原因的検討」『元代史新探』（台北市：新文豊出版社、一九八三年）三一三頁。

32 陶晋生「同化的再思考」『胡人漢化与漢人胡化』四三・四四頁。

33 蕭啓慶「論元代蒙古色目人的漢化与士人化」『胡人漢化与漢人胡化』一七八—一七九頁。

34 蔡長廷「日本対北亜史的研究歴程」九六—一二二頁。

35 汪栄祖は「漢民族と漢文化の拡がりから見ると中国の歴史文化のつながりは、中国域内の各民族における長期的な歴史のなかの文化的融合にあると考えられる。その結果、複雑で豊かな中華民族と文化を次第に形成していった。中国の空間は歴史の時間において度々変化し、総じて言えば絶えず拡張しており、その拡がりは少数民族の貢献によるところが少なくない。彼らは外来の『征服王朝』ではなく、中華帝国を拡張し、今日の中国の疆域を築き上げるのを手助けした」としている。汪栄祖「論多民族中国文化交融」三一頁。

36 エリオットは「関於『新清史』的幾個問題」で、「現代中国と清朝を含む征服王朝との関連における重要性は明らかである。しかし、長きにわたって、この関係はむしろ軽視されてきた」と述べている。劉鳳雲・董建中・劉文鵬編『清代政治与国家認同』上下冊（北京：社会科学文献出版社、二〇一二年三月）八頁。

37 「新清史」研究の理論と関連させるべきなのか、羅新は北朝史の研究から内陸アジア史の要素に着目している。羅新「内亜視角的北朝史」『歴史学評論』一（北京：社会科学文献出版社、二〇一三年）一一六—一四六頁。また、羅新『黒氈上的北魏皇帝』（北京：海豚出版社、二〇一四年）七五—九五頁、に収録。このほかに、鐘焓「重写以『中央欧亜』為中心的『世界史』——対日本内亜史学界新近動向的剖析」、楊念群「清朝『正統性』再認識——超越『漢化論』『内亜論』的新視角」『清史研究』二〇二〇年第四期、一—四二頁。いずれも「新清史」の内陸アジアの性質に関心を向けている。

38 筆者は「中国史上的征服王朝理論」で、「中国大陸の研究者は一九四九年以後、胡漢関係の研究は、一九四九年以前の文化によって分類、研究が踏襲されたが、後に共産党の統治下において、胡漢関係の研究はマルクス・エンゲルスの階級理論を採り入れて解説された。とはいえ、決して漢化吸収理論から脱却できたわけではなく、したがって、ウィットフォーゲルの征服王朝理論の文化変容（涵化）理論を受け入れることができたわけではない」ことを指摘した。一一一—一一二頁。宋金徳も「評『征服王朝論』」で、中国史学界が長きにわたって征服王朝論の研究を無視してきたことを指摘し、中国史家が征服王朝の論述を避けて研究してきたのは、およそ中華民族多元一体の論述と衝突するからであるとする。エリオットも「関於『新清史』的幾個問題」で、この見解を引用している

（七頁）。このほか、中国研究者はこうした研究が中国の民族を分裂させるもの、あるいは中国を分裂させるものであり、同時に帝国主義が中国侵略に向けて反動的理論を作り出したと見ており、征服王朝論は帝国主義の侵略に尽くすものと捉える人もいる。宋金徳「評『征服王朝論』」『社会科学戦線』二〇一〇年一一期、八二頁。

39 筆者はかつて征服王朝論が植民地主義理論と結びついた場合、どのような状況が現れるのかを比較した。清朝が征服王朝として異民族に対して行った征服は、護雅夫の言うように東アジアの話に限らず、植民主義国家といかなる違いがあるのか。李明仁「中国史上的征服王朝論」一二四—一二五頁、護雅夫著・鄭欽仁訳「内陸亜世界的展開　総説」一五一—一五二頁、を参照のこと。

40 姚従吾の辺疆史研究への貢献については、蕭啓慶「姚従吾教授対遼金元史研究的貢献」、姚従吾『元代史新探』三四一—三五一頁、を参照せよ。

41 姚従吾はほかに北アジア史やモンゴル史を専攻する学生の札奇斯欽と、一九六九年に政治大学で辺政研究所を立ち上げた。李明仁「中国史上的征服王朝理論」一一七—一一八頁、を参照のこと。

42 鐘焓「重写以『中央欧亜』為中心的『世界史』——対日本内亜史学界新近動向的剖析」、五—一七頁。

第九章　台南の郷土研究における戦前と戦後

——日本統治期から国民党統治期、さらに民主化・本土化の時代へ

大東和重

はじめに

台湾では一九八〇年代以降、民主化とともに本土化が一気に進んだ。民主化や本土化を推し進めた台湾人は、一九三〇年代から五〇年代に生まれた世代を中心とするが、この動きを支えたのは、李登輝（一九二三—二〇二〇年）を筆頭に、戦前の日本統治期を経験した台湾人の、いわゆる「本省人」である。

李登輝らの生まれた一九二〇年代は、日本統治下にあって、台湾議会設置請願運動を中心に、言論による政治文化面での民族運動が最も盛んに行われた時期に当たる。二〇年代の民族運動と、八〇年代以降の民主化・本土化の運動とは、直接のつながりを持たない。しかし仔細に検討すると、両者の間には、戦前の日本統治期と戦後の国民党統治期を生き、二つの時代の橋渡しをした人物の姿が浮かんでくる。

本稿では、一九二〇年代の民族運動と、八〇年代の民主化・本土化運動の連続性について、台南の郷土研

究を材料に考えてみたい。二〇年代の台南で民族的な文化運動を支えた人々は、一九三七年に始まる日中戦争から、四一年に始まる太平洋戦争にかけての、言論が抑圧された時代、郷土研究を心の支えとした。さらに四七年の二・二八事件以降の、白色テロの時代にも、やはり郷土研究に生きる意味を見出した。政治と一定の距離を取り、文史工作という名目のもと、台南の郷土研究者たちは、本土化の下準備をつづけたといっていい。やがて八〇年代、民主化の進展とともに、先達の仕事を継承したさらに下の世代が、本格的な本土化の動きを推し進めるが、そこには両者の間をつなぐ世代が必要だった。

筆者はこれまで、『台南文学』、『台南文学の地層を掘る』、及び『台湾の歴史と文化』の三冊において、台南で活動した日本人・台湾人の文学活動を論じてきた。[1] 本稿ではこの三冊で対象とした人物らに対し、戦前から戦後にわたる長いスパンにおいて光を当て、台南という地域の郷土研究を材料に、戦前と戦後の連続性について輪郭を描いてみたい。[2]

一、日本人による台南研究と台湾人生徒たち

一九二二年、台南に生まれた黄天横《こうてんおう》（一九二二―二〇一六年）は、李登輝と同世代で、郷土史家として知られ、晩年に人生を回顧したオーラルヒストリー、『固園黄家　黄天横先生訪談録』（国史館、二〇〇八年）を残した。黄は台南の名家に生まれ、[3] 南門小学校を経て、台南第一中学校に学んだ。戦争が激しくなる四〇年代前半、内地への進学は諦めざるを得なかったが、戦前に培った歴史学や民俗学に対する関心を持ちつづけ、戦後は事業を営むかたわら、台南を中心とする郷土研究において大きな貢献を果たした。[4]

黄天横と同じく一九二〇年代に台南に生まれ、台湾の民主化や本土化に対し大きな影響を及ぼした人物に、

台湾語学者の王育徳《おういくとく》（一九二四―八五年）、作家の葉石濤《ようせきとう》（一九二五―二〇〇八年）がいる。戦前の台南で相互に深い交流があったわけではないが、日本人や台湾人による台南の郷土研究の人間関係に組み込まれることで、間接的なつながりを持った。

黄天横が最初に台湾の歴史に対し関心を持ったのは、台南一中で歴史科の教師、前嶋信次《まえじましんじ》（一九〇三―八三年）から教えを受けたことだった。台北帝国大学で助手をしていた、イスラム史や東西交渉史が専門の前嶋は、学閥の争いに敗れ、南部の古都台南の旧制中学へと赴任した。学術と切り離された環境で無聊をかこちながら、台南や台湾の歴史研究に没頭していた前嶋は、教壇では教科書そっちのけで、目下研究している台南や台湾の歴史を語った。台南一中は主に日本人が学ぶ学校で、台湾人生徒は少なかったが、その数少ない台湾人生徒に対する、前嶋の影響は大きかった。黄は一中に在学した五年間、前嶋の歴史の授業を受け、四・五年生時は前嶋がクラス担任だった。『固園黄家』では一章を割いて思い出を語った。

中学校教師の多くは高等師範学校出身者で、官僚的な気質で植民地の生徒に接した。日台の生徒に対し差別待遇があった中、前嶋は大きく異なっていた。

> 先生の歴史の授業はとても面白く、一般の高等師範学校出身の教師は教科書を見ながら教えたが、先生は授業をするのに教科書は使わず、侃々諤々と談じた。
> 先生はもともと東西文化交流史が専門で、中国史に造詣が深く、台湾史にも関心を持っていた。授業の多くは中国史や台湾史の話で、終業のベルが鳴るのを聞くと、その日学ぶはずだった教科書の部分を生徒に読ませ、授業の進度を間に合わせるのだった。[5]

黄天横が台南一中へ入学する前のことだが、前嶋が生徒たちに夏休みの宿題として、史跡のフィールドワーク調査の報告を提出させたことがあった。するとある台湾人生徒が、台南市郊外の洲仔尾に伝わる、前足を切り落とされた「石馬」に関する伝説をもたらした。前嶋は生徒を連れて現場に赴き、実際に前足のない石馬を掘り出した。石馬は二頭あるとの伝説で、戦後に二頭目も発掘され、台南を代表する史蹟である赤嵌楼に安置された。

前嶋は領台初期に台湾調査で活躍した伊能嘉矩《いのうかのり》（一八六七―一九二五年）を尊敬し、授業で伊能の代表作『台湾文化志』を紹介したことがあった。「当時は台北帝大にもまだ台湾史の授業はなかったので、一般人には読む機会のない本だった」[6]。そんな本を、旧制とはいえ中学生に向かい紹介する前嶋は、異色の存在だった。植民地の地方都市に、台南の歴史を掘り下げることで、台湾から東アジア、さらに東西交流の歴史へと、広い射程の研究をする、博識の学究がいて、十代半ばの少年たち相手に、自らが現在進める研究を、熱意を込めて語る。地元紙『台南新報』には、正月になると、歴史散歩の名篇「台南行脚」一―七（一九三六年一月一／四―七／九／一〇日）や「初春訪古」一―五（一九三七年一月一日／七―九／一二日）が連載された。専門のイスラム史研究もつづけており、黄天横が職員室へ行くと、前嶋の机にはアラビア文字の本がうず高く積まれていた。心ある生徒は敬意を抱かずにいられなかっただろう。ただし前嶋にとっても、台南での時間は、不遇という言葉で片づけられる時間ではなかった。台南に八年間いたからこそ、その研究がより大きなものとなった[7]。

自分たちが稀有な授業を受けていることに、台南一中の生徒のどれだけが気づいていたかはわからない。中には、偏った授業を聞かされることに、不満を持つ生徒もいたかもしれない。しかし、黄天横を含む何人かの生徒たちは、不思議な恩恵に浴することを光栄とし、前嶋の教えを受けることで、自らの住む土地に深い歴史の層が埋もれていると知る。前嶋と親しく、しばしば調査旅行をともにした、一中の地理科教師、内《うち》田勤《だいさお》（一九〇六―四七年）も、台湾を題材とした工夫ある授業により、黄に影響を与えた。[8] 恐らく教師たちにその意図はなかっただろうが、彼らの台湾研究は、生徒たちに台湾人としての意識の芽生えを促した。結果として、一中から台湾研究に興味を持つ人物が輩出する。代表的な一人が郷土史家の黄天横であり、台湾語学者の王育徳であり、考古学に情熱を注いだ陳邦雄である。日本人の中にも、東西の美術交流史を専門とした、上原和（一九二四―二〇一七年）が育った。[9]

前嶋信次は、同じく台南の中等教育機関で教える、台南第一高等女学校の教師、國分直一《こくぶなおいち》（一九〇八―二〇〇五年）や、第二高等女学校の新垣宏一《にいがきこういち》（一九一三―二〇〇二年）らと親しく交流し、互いに刺激し合いながら研究を進めた。

日本内地に生まれ、高雄で育った國分直一は、台南一中の卒業生で、台北高等学校を経て京都帝国大学を卒業後、台南で主に日本人を教える一高女の教員をしていた。台北高校の先輩である鹿野忠雄《かのただお》（一九〇六―四五年）から影響を受け、民族学に関心を持ち、一九二〇年代末から台南周辺で考古学の発掘に従事していた。当時台湾南部で起きていた考古学ブームの牽引役と呼ぶべき存在だった。週末の発掘にしばしば生徒たちを引率し、その中に國分の友人、台南二中の生物科教師、金子壽衛男《かねこすえお》（一九一四―二〇〇一年）の教え子たちの姿があった。

金子寿衛男が、主に台湾人生徒を教える台南二中で設けた、「博物同好会」のメンバーの一人が、のちに南部文壇を代表する作家となる、葉石濤である。読書の好きな文学少年だった葉は、尊敬する金子先生に連れられ、週末になると発掘へ出かける、考古学少年でもあった。生物学者の金子は、民族考古学者の國分直一と連れ立ち発掘調査に出ることが多く、葉は自然と國分からも教えを受けた。歴史学が専門の前嶋に対し、國分の台南研究は、考古学と民族学、中でも平埔族のうち、台南周辺に居住していたシラヤ族の研究に特色があり、のち『壺を祀る村　南方台湾民俗考』（東都書籍、一九四四年）を著した。[10]

旧制中学を卒業した葉石濤は、やがて文学の道へと入っていくが、國分の影響を深く受け、戦後も長く國分の著書を読みつづけた。葉が一九八〇年代、平埔族女性を主人公とした一連の作品を書くのは（『西拉雅族的末裔』前衛出版社、一九九〇年）、國分の存在抜きには語れない。台南の地層を掘り進めることで、國分は平埔族に行き当たり、それが葉へも刺激を与え、台南・台湾の歴史を再認識するきっかけとなったのである。[11]

前嶋信次や國分直一と深く交流しながら、台南の民俗を研究し、小説を書いたのが、台南二高女の国語教師、新垣宏一である。新垣にとって前嶋は、台北高校在学中にフランス語の手ほどきをしてくれた恩師であり、台南研究の師だった。新垣は高雄で生まれ育った生粋の「湾生」だが、小学校と旧制高校の先輩に当たる國分は、幼くして内地から高雄へ移住した、湾生に近い存在で、台南研究の導き手となった。文学を愛好した新垣は、文学散歩をきっかけに台南の民俗に関心を深め、『台南新報』が改称した『台湾日報』に、「雷神記　廟を調査して」一―一〇（一九四〇年九月一〇―一五／一七―二〇日）や「風獅仔覚え書　屋上の魔除け人形」一―三（一九四一年四月一六―一八日）などの名随筆を残した。新垣の考証や小説には、台湾という土地と人に対する、「湾生」としての深い感情が満ちている。[12]

前嶋信次の台南一中での教え子である王育徳は、台北高等学校在学中、文芸部に所属したが、新垣宏一は文芸部の先輩に当たる。育徳とその兄育霖の兄弟は、休暇になるとしばしば新垣家を訪れた。兄の縁談の相談をしたこともあり、新垣はそれを短篇「訂盟」（『文芸台湾』第五巻第三号、一九四三年一二月）に描いた。王兄弟が高校在学中に趣味とした、台湾の民間歌謡を印刷した「歌仔冊」の収集は、新垣の友人である中村忠行（一九一五―九三年）らの趣味から刺激されたもので、戦後に王育徳が台湾語研究に着手したとき、「歌仔」は重要な資料となった。彼らの交流には個人的な人間関係にとどまらない意味があった[13]。

台湾人生徒たちの関係についていえば、黄天横は台南一中の後輩である王育徳と、個人的な交流こそなかったが、いずれも台南の有力な家庭に生まれたため、親の世代は交流があり、存在を承知していた。王が台北高校文芸部の雑誌『翔風』第二二号（一九四一年七月）に書いた論文「台湾演劇の今昔」を黄は知っていたし、戦後すぐに王が台南で展開した演劇活動にも注目していた[14]。

一方、葉石濤は王育徳の弟育彬と台南二中で親しく、両家はすぐ近所だった。光復後には、東京帝国大学で中国語の標準語を習った王育徳のもとに、中国語を習いに通ったことがあった。王が演劇活動を始めた際には、同じく文学青年だった葉が脚本を書いて王に見せたものの、鼻であしらわれたことがあったという[15]。

以上の通り、一九二〇年代に台南に生まれた黄天横、王育徳、葉石濤の三人は、お互いさほど密なつながりはなかった。しかし、台南の中等教育機関に勤めながら、歴史や民俗、民族や考古学の研究を行う日本人たちと、教師生徒の関係を通じてつながっていた。彼らは日本人の研究者らの台南研究を通して、台湾を再発見しつつあった。

二、台湾人による台南郷土研究

次に、台湾人による台南郷土研究と、日本人及び若い台湾人らとの関係を見てみよう。

一九四一年七月、皇民化運動の進む中、台北で金関丈夫《かなせきたけお》（一八九七—一九八三年）や池田敏雄《いけだとしお》（一九一六—八一年）らにより雑誌『民俗台湾』が創刊されると、台南の國分直一らが協力した。協力したのは日本人だけでなく、台湾人にも熱心な協力者が現れ、台南からも寄稿者が出てくる。台南市内の石暘睢《せきようしょ》（一八九八—一九六四年)、荘松林《そうしょうりん》(一九一〇—七四年)、台南市北郊の台南州佳里に住む呉新榮《ごしんえい》(一九〇七—六七年)の三人である。

最年長の石暘睢は、台南の歴史を研究する人々にとって、「台南の生き字引」と称すべき先達だった。[16]台南の旧家に生まれ、独学で文献や古物を集め、台南史の考証を進めた。一九三〇年、台南で台湾文化三百年記念会が開催された際に、村上玉吉により招聘されて委員となり、三二年「台南市史料館」が設立されると職員となった。三二年に台南へ来た前嶋信次は、三五年、台湾始政四〇年記念事業として台南市に「台湾歴史館」が開かれた際に、ともに委員となって石暘睢と知り合い、石の導きによって研究を進めた。前嶋から紹介を受けた國分直一や新垣宏一も、台南を歩く上で石から教えを受けた。國分が関わって『民俗台湾』で「台南特輯号」が組まれた際には(第二巻第五号、一九四二年五月)、石も原稿を寄せた。

石暘睢の一回り年下ながら、肝胆相照らす仲だったのが、荘松林である。若くして強い民族意識を持ち、一九二〇年代、台湾文化協会台南支部の演劇運動に関わった。その後厦門の集美中学で学び、二九年台南へ戻って以降は、台湾民衆党が指導する民族運動に参加し、左翼雑誌『赤道』などを刊行した。しかし警察から何度も訓告を与えられ、民族運動から離れて正業に就かざるをえず、世過ぎに小さな玩具店を開くなどした。三〇年代後半以降、石はその情熱を台南の民俗研究に注ぐ。[17]

石暘睢と荘松林は、一九二九年、台南の中国語書店の一つ、興文齋書店で出会う。興文齋は台南の民族運動の拠点の一つで、経営者は荘の同志、林占鰲《りんせんごう》(一九〇一—七九年)だった。学究肌の石は二〇年代の民族運動に関わってはいないが、石と荘の二人は台南の歴史民俗研究において生涯の盟友となる。[18]三五年に前嶋信次と荘松林が出会うのも、この興文齋書店においてである。前嶋が『台南新報』に寄稿した随筆を読んでいた荘は、店を訪れた前嶋に声を掛け、その後交流を深める。[19]荘の過去の民族運動を前嶋がどれほど理解していたかは不明だが、台南・台湾の歴史を掘り下げる点において志を同じくした。

前嶋信次は石暘睢や荘松林を國分直一に紹介したので、後に石、荘と國分が共同で史跡の発掘に従事することがあった。荘は『民俗台湾』に創刊当初から注目し、当初は投稿者として記事に対する意見を寄せ、のち「台南特輯号」(前掲)では石と並び寄稿した。

台南市内在住の石暘睢や荘松林に対し、「塩分地帯」と呼ばれる、台南市北郊の台南州佳里街に住む呉新榮は、岡山の金川中学校や東京医学専門学校(東京医科大学)で学んだ後、一九三二年に帰台し、出身地に近い佳里で医院を営みながら、地元の青年たちと民族的色彩の濃い文化運動を展開していた。しかし当局の忌避するところとなり、活動はやがて文学に限定されたものとなる。三四年、台中で開催された第一回台湾全島文芸大会に出席した呉新榮は、ついで台湾文芸聯盟が結成されると加わり、翌三五年、地元の仲間らと佳里支部を設立し、盛んに文学活動を展開して全島へと発信した[20]。

一九三七年の日中開戦後は沈黙しがちだった呉新榮だが、台湾の文学活動が復活を見せる四一年以降、再び筆を執る。たまたま地元の平埔族について書いた、『台湾文学』掲載の随筆「飛蕃墓」(署名は大道兆行、第二巻第一号、一九四二年二月)が、國分直一の目にとまる。シラヤ族に強い関心を抱いていた國分が、佳里に呉を訪ねる形で、二人の交流が始まった。週末ごとに佳里周辺に通ってシラヤ族の壺を祭る習慣を調査した國分と、呉や、呉の盟友郭水潭《かくすいたん》(一九〇七—九五年)ら、塩分地帯の台湾人青年との間に交流が生まれた。

呉新榮も國分直一を通して、『民俗台湾』の熱心な寄稿者となる。戦争の時代、呉が情熱を注いだのは、塩分地帯の民俗研究で、その過程において、石暘睢や荘松林ら台南市内の研究者と交流が生まれた。『民俗台湾』の編集者で台北在住の池田敏雄も、やはり國分を通して、台南の郷土研究者である石・荘・呉と交流を持つ。一九四二年夏、池田が南部に来た時には、まず佳里に呉の医院を訪ね、つづいて台南市内に荘の玩具店を訪ねた。『民俗台湾』の中心人物だった金関丈夫も、台南へ来ると石と荘の二人を訪ねるのだった。

前嶋信次や國分直一・新垣宏一らの日本人は、台湾の民族運動に対し必ずしも理解を持っていたわけではない。しかし一九二〇年代の民族運動の余香を濃く残す荘松林や呉新榮の、文学活動や民俗研究は、台南の地層を掘ることで台湾を深く知る点において、これら日本人と共通点を持った。動機こそ異なれ、結果として両者は共鳴したのである。前嶋らの成果は荘らによって、民族運動のままならぬ時代の台湾研究に組み込まれた。彼らの研究は、台湾の歴史、漢族の民俗、シラヤ族を含む複雑な民族構成を対象としていた。

以上の台湾人と、下の世代の黄天横、王育徳、葉石濤は、戦前において深い交流はない。ただし黄天横は、『民俗台湾』が一九四一年に創刊されて以来の愛読者で、毎月雑誌が出ると熟読し、たまると合冊本に仕立てるなど、筋金入りのファンだった。紙面を通して、同じ台南に住む、石暘睢・荘松林・呉新榮の名前を承知していた。『固家黄家』では、「前嶋老師」と並んで、「荘松林」「石先生」「呉新榮」とそれぞれ章を設けて回顧していることから、敬意のほどが知れる。

王育徳も『民俗台湾』の愛読者だった。戦後、亡命して東京に住んだ王は、編集者の池田敏雄と面識を得て、家族ぐるみの親しい交流を持った。今度は池田が、王編集の『台湾青年』の愛読者となり、台湾人元日本兵士の補償問題では世話人として資料編集を手伝ってくれた。しかし『民俗台湾』の発行当時、旧制高校生だった王にとって、池田は、「とても足元にも近寄れない、偉い存在のように思えた」という。

> 「皇民化運動」が狂気のごとく強行されていたさなか、『民俗台湾』は実に楽しく、そして小気味よい雑誌であった。潰されなければよいがと、毎月ひやひやしながら発行日を待った人が多かったにちがいない。『民俗台湾』は良識派日本人の「反軍国主義」の牙城として台湾人の目に映った。だから多くの台湾人がこれに協力して、思わぬ「内台融和」の実を挙げたのであった。[21]

王育徳が雑誌の主要執筆者として列挙した中に、石暘睢、呉新榮、朱鋒（荘松林）、郭水潭の名前が見える。國分直一に親炙した葉石濤も、『民俗台湾』を手にし、荘松林や呉新榮らの名前を目にした可能性が高い。葉は当時、シラヤ族に対し関心を覚え、台南近郊の新市のシラヤ族集落を訪ねるなどしたが、これは國分や前嶋信次のシラヤ族に関する探訪記を目にしたからだと推察される。[22] 國分が深く関わる『民俗台湾』にも関心が及んだことだろう。

石暘睢は戦前、前嶋信次・國分直一・新垣宏一ら台南学派の面々にとって、台南研究の産婆役を務めたが、それは黄天横にとっても同じだった。石は戦前、台南市歴史館に勤務していたが、黄はしばしば資料を見に行き、石に質問するようになって、師と仰いだ。[23]

一方、黄天横が荘松林と知り合うのは、戦後のことである。しかし黄は『民俗台湾』を通して荘の存在を承知していた。年齢の一回り違う二人だが、戦後知り合ってからは、愛書家で趣味を同じくし、ともに前嶋信次に親炙し、『民俗台湾』の寄稿者と愛読者という関係もあって、フィールドワークのよい連れとなった。『民俗台湾』や『文芸台湾』に掲載された作品や金関丈夫・池田敏雄・國分直一らについてよく語り合ったという。「私たちが思っていたのは、皇民化の時代、彼らは日本の国策に背いて、『民俗台湾』を出した、実に良心的な日本の知識人ではないだろうか」[24]。

黄天横が呉新榮と交流を持つのも、戦後のことだった。ただし、呉は戦前、『民俗台湾』の寄稿者だっただけでなく、塩分地帯を代表する詩人として著名だった。『民俗台湾』とともに文芸雑誌の愛読者だった黄天横は、呉の著名な「亡妻記　逝きし春の日記」（『台湾文学』第二巻第三号、一九四二年七月）などでその名を承知していた。[25]

黄天横が何らかの影響を受けた団体として、伝統文学の結社である南社、及び『三六九小報』も見逃せない。南社は一九〇六年に台南で設立された旧派文人たちの団体で、趙雲石《ちょううんせき》（一八八五—一九六三年）や許南英《きょなんえい》（一八五五—一九一七年）、連横《れんおう》（連雅堂、一八七八—一九三六年）ら著名な文人や、黄天横の叔父黄欣《こうきん》（一八八五—一九四七年）や父の黄溪泉《こうけいせん》、呉新榮の父呉萱草《ごせんそう》（一八八九—一九六〇年）、モダニズム詩人楊熾昌《ようししょう》（一九〇八—九四年）の父楊宜緑《ようぎりょく》（一八七七—一九三四年）らが加わった。南社の集まりは黄家の固園で開催され、黄欣は第三代社長も務めた。[26]一九三〇年になると、旧派文人によって中国語の娯楽新聞『三六九小報』が台南で創刊され、下の世代の許丙丁《きょへいてい》（一九〇〇—七七年）らが加わった。三五年までつづいたこの新聞には、台湾史や台湾語の考証が数多く掲載された。年齢的に黄天横が南社や『三六九小報』から直接影響を受けたと思えないが、後日、その活動を身近に見ていたことに気づいたと思われる。

黄天横は台南一中を卒業後、短期の東京滞在をのぞけば、台南在住だったし、葉石濤も台南二中卒業後、台北で一年暮らしたが、その後台南で教員をした。二人には台南研究の先輩たちの仕事に触れる機会があった。一方王育徳は、台南一中卒業後、台北高校を経て、東京帝国大学で学び、戦争中帰郷して嘉義の役場に勤めたり、戦後台南一中（戦前の台南二中の改称）で教員をしたりしたが、期間は短く、地元の人々との交流は限られ、一九四九年の日本亡命以降は、二度と台湾の土を踏むことはなかった。王が荘松林らと交流を持った形跡はない。ただし、戦後の演劇活動中、戦前の文化協会の演劇関係者から助力を仰いだことがあり、その過程でもしかすると荘らの存在を知ったかもしれない。[27]また南社の文人趙雲石は、王が幼時に学んだ書房の師だった。[28]

戦後になると、石暘睢・荘松林・呉新榮らに導かれつつ、下の世代の黄天横も台南の郷土研究に従事する。やがて上の世代が一九六〇年代から七〇年代に亡くなると、黄天横らの世代が跡を継いで郷土研究を進めた。

豊かな知識を持つのみならず、名家に生まれ経済的に余裕のある黄天横は、後進に対し庇護者的な立場だった。日台の知識人による戦前の共同の経験はこうして戦後へとつながるのである。

三、戦後の台南における郷土研究

黄天横は戦前から石暘睢の教えを受けたが、荘松林と知り合うのは戦後である。黄家の経営する会社に対し、国民党政府派遣の監督者として、党員の荘が送り込まれてきた。親同士の交流を知って親しみを覚えた黄は、固園の書斎の壁面いっぱいに置かれた書棚を荘に見せた。会話を重ねる中で、黄が日本人経営の古本屋で躊躇して買い損ねた、キャンベル牧師の『Formosa under the Dutch』は、荘に先を越されたとわかると、二人は仕事そっちのけで郷土研究に没頭する仲となる。

一九五一年、台湾省政府の命により、各県市に文献委員会が設けられた。台南市でも「台南市文献委員会」が設けられた[29]。石暘睢や荘松林が委員だったが、恐らくは両者のはからいで、黄天横も若手委員の一人となった。同年一〇月に機関誌『台南文化』が創刊される[30]。『台湾風物』や『台北文物』と並び、郷土研究の拠点の一つとなった雑誌である。戦前『三六九小報』で活躍した許丙丁も委員の一人で、台南の民俗や芸能について考証を寄せ、またモダニズム詩人だった楊熾昌ものち委員に加わった。

台南市の文献委員会のメンバーは、週末になると連れ立って史跡の調査に出かけ、平日の夜も集まっては談じた。石暘睢が住んでいた赤嵌楼そばの蓬壺書院は格好の集合場所で、『中華日報』（戦前の『台南新報』『台湾日報』の改称）の記者だった連景初《れんけいしょ》（一九一八―九八年）をはじめ関心をともにする人々が石を囲み、文献や器物について語るのに耳を傾けた。黄天横は石を、「台南市文献会の創立初期の中心人物で、台湾文献界の最も早い時期の、最も経験豊かな郷土史学者だった」と称えた。[31] 石が一九六四年に逝去すると、今度は黄の「固園」の書斎がサロンとなった。著名な台湾史研究者の許雪姫の父、許益超も来客の一人だったという。黄の回想によれば、文献委員会の職員らは委員の活動に無関心で、両者に温度差があり、委員たちは宿泊を伴う調査も自費で出かけた。委員たちの情熱で活動はつづき雑誌は刊行されつづけた。[32]

一方、戦後、台南州のうち、台南市をとりまく地域が行政区画となった台南県には、「台南県文献委員会」が設けられた。市の雑誌『台南文化』に対し、県では一九五三年、『南瀛文献』が創刊された。中心人物となったのが佳里の呉新榮である。文献調査に詳しくなかった呉は、市内の石暘睢を顧問に迎え、『南瀛文献』には石や荘松林が毎号のように寄稿した。県の文献会の成立は市の文献会にとっても大きな刺激となった。県と市の文献委員は合同で盛んにフィールドワークを行った。五二年末以降、彼らは連れ立って毎週末のように台南各地を探訪し、その過程で黄天横は呉新榮に親しんだ。

『南瀛文献』は、日本統治期の台南における郷土研究の特徴である、歴史、民俗、民族への注視を、一九五〇年代においてもっとも継承した雑誌となった。創刊号（一九五三年三月）には、呉新榮・石暘睢・荘松林が記事を書いた。石の「明鄭営盤考」と呉の「郁永河時代的台南県」が歴史の考証で、荘の「『鯤鯓王』与『水守爺』」は南鯤鯓代天府に関する民間信仰の考証である。これらは台南の歴史や民俗と関わる考証だが、『南瀛文献』にはさらに平埔族に関する記事がしばしば掲載された。

一九五〇年代の『南瀛文献』を特徴づけるのは、台南各地を探訪し、文献やフィールド調査をした、呉新榮執筆の記録、「採訪記」である。呉・石暘睢・荘松林・黄天横らが打ちそろって出かけた、初回、一九五二年一二月六日の訪問先は、麻豆近くの茅港尾在住の郷土史家、黄清淵だった。『茅港尾紀略』の著者で、戦前には前嶋信次がその名を慕って訪問し、「枯葉二三を拾ひて」（『愛書』第一〇輯、一九三八年四月）にその篤実な学問を紹介した。黄清淵訪問を経て、荘は『南瀛文献』第一巻第三・四期（一九五三年一二月）に「有関黄清淵先生二三事」を記し、前嶋の文章を訳載した。荘は黄清淵を論じる中で、一九三〇年から三五年まで発行された台南の旧派文人による新聞『三六九小報』に触れ、連雅堂や黄清淵が執筆した台湾語の考証について、「過去に異民族による統治下にあって、深く故国への思いを抱き、民族の魂を寄せる言語――台湾語に対し、熱心に考証を加え、語源を探求したのは、民族精神の表現だった」と記した。実は荘が戦前に日本語で『民俗台湾』に寄稿した中で、異彩を放ったのも台湾語の考証だった。

つづく一二月一三日の採訪では、新化の知母義を通り、一帯にかつて平埔族の集落があったと思いを馳せる。一二月二七日には、平埔族の土地契約書を見学した。そもそも、黄清淵の文献学者としての仕事も、平埔族のうちシラヤ族の土地契約書、「新港文書」と関わるものだった。これ以降も、一九五六年二月六、七日に、関仔嶺や六重渓に居住する平埔族の阿立祖や公廨を訪ねるなど、シラヤ族探求はつづいた。呉新榮は本業に精を出さなくなっており、黄天横が医院を訪ねたとき、診察机には塵が積もっていたという。[33]

一九五八年、黄天横が戦後初めて日本へ商用で赴くこととなった。黄が前嶋信次を訪問するつもりだと話すと、荘松林は、一枚の写真を前嶋に届けるよう依頼する。その写真には、赤嵌楼に置かれた、前足を切られた石馬とともに、荘と石暘睢・黄天横の三人が写っていた。東京の書斎で写真を目にした前嶋は、懐かしさにたえず、台南時代の日記を持ち出し、荘と邂逅したいきさつを語った。[34] 再会の直後、前嶋は随筆「国姓爺の使者」に黄天横の来訪を描き、黄はこれを中国語に訳して発表した。[35]

台南市文献委員会は市政府に属する機関で、経費の不足や煩瑣な規則、職員の無理解もあって、活動に不便な点があった。そこで委員会の同志が集まり民間団体として、一九五八年「台南市文史協会」を設立し、一九五九年『文史薈刊』を創刊した。[36] 創刊に際し荘松林は黄天横に託して前嶋信次に原稿を依頼した。前嶋は第一輯（六月）に「嘉慶道光間台湾県学教諭鄭兼才年譜」を寄稿した。第二輯（一九六〇年一二月）には、國分直一の論文「環東海地区的考古学及民族学的幾個問題」（許成章訳）が掲載された。この文史協会には前嶋信次の教え子陳邦雄や金子寿衛男の教え子何耀坤らも加わった。

台南市文史協会の初期の中心人物は、何といっても荘松林と黄天横のコンビである。荘松林は探訪を好み、自転車で朝から晩まで出かけた。カメラを持った黄と二人で写真撮影に出かけることも多かった。黄の記録を見ると、例えば一九六五年は、荘と黄の二人が毎週末のように各地の廟を採訪して回っている。[37]

しかし、戦前から台南の地層を掘りつづけた郷土史家たちにも、晩年が訪れる。

一九六三年、まず石暘睢が不治の病に罹る。蒐集した貴重な資料書籍の散逸を恐れた荘松林の仲介で、黄天横が買い取り所蔵することとなった。翌年、石が逝去すると、黄は「石暘睢先生庋藏文献與史料」（『南瀛文献』第一〇巻第一期、一九六五年六月）をまとめた。その資料の一部は現在書籍で見ることができる。[38] 石死去の際には、『南瀛文献』第一〇巻（一九六五年六月）が「石暘睢逝世週年紀念特輯」を組み、長年の友荘松林が「懐念石暘睢先生」を書いて、業績のみならず、戦前の前嶋信次・國分直一・新垣宏一・金関丈夫との交流について詳しく語った。同誌には呉新榮が「追懐石暘睢先生」を、國分直一も「石暘睢先生的追憶」（呉新榮訳）を寄せてその人柄や学識をしのんだ。

つづいて一九六七年には呉新榮が死去する。佳里で葬儀が行われた四月九日、荘松林ら文献委員会のメンバーは打ちそろって近くの北頭洋を探訪し、シラヤ族の祭祀場を見学した。中には呉の作った、「一口檳榔祭阿立祖、千壺淳酒念先住民」という文字を記した門聯があった。[39]『南瀛文献』は「本会呉故編纂組長新榮先生紀念特輯」を組む（第一三巻、一九六八年八月）。黄天横は後年、呉の日記を台湾文学研究者の張良澤が中国語へ訳した（張良澤主編『呉新榮全集』第六／七巻、遠景出版事業公司、一九八一年）際には協力を惜しまなかった。[40]

一九七四年には、二〇年代の民族運動以来、長く台南の文化活動を支えてきた荘松林が逝去する。『台湾風物』で「悼念民俗学家荘松林先生特輯」が組まれ（第二五巻第二期、一九七五年六月）、前嶋信次が「哀悼朱鋒荘松林先生」（中国語訳、訳者不詳）を、池田敏雄が「朱鋒的回憶」（王詩琅訳）を寄せた。黄天横は石暘睢逝去のとき同様、その業績を称えて「荘松林先生著作目録」（『台湾風物』第二五巻第二期、一九七五年六月）を編む。

先達を見送り、かつて若手の一人だった黄天横が、今度は台南郷土研究を導く立場となった。台南市文史協会監事の葉瓊霞は、黄の存在について、「晩年は文化国宝と称され、九五歳の高齢で亡くなった黄天横先生は、我々文史協会の後輩にとって、時空を超える架け橋のような存在であった。先生によって、私達の台南史の知識は一〇〇年前まで遡ることができる」と称えた。[41] 黄は台南一中の師だった前嶋信次ら日本人研究者から薫陶を受け、さらに一九二〇年代の台南における民族運動の流れを汲んだ荘松林らの民俗研究を受け継ぎ、荘らの没後は後進の後ろ盾となって台南研究を長く支えたのである。

おわりに

一九八〇年代以降、民主化・本土化の澎湃たる波の中で、台南研究はさらなる発展を遂げた。民間の郷土史家のみならず、成功大学や台南師範学院（現在の台南大学）など高等教育機関、台南市や台南県政府の文化局や台南市立図書館の果たした役割は大きく、また二〇〇〇年代に入ると、南瀛国際人文社会科学研究中心、国立台湾文学館、国立台湾歴史博物館などの機関や施設が開設され、台南研究をさらに促進した。

台南市の『台南文化』と台南県の『南瀛文献』はその後も長年刊行された。だが二〇一〇年一二月、旧台南市と台南県が合併し、大台南市が成立したのに伴い、両誌も合併して二〇一一年『台南文化・南瀛文献合輯』を刊行し、さらに翌年から名称を『台南文献』と改め、刊行がつづいている。一方、台南市文史協会の『文史薈刊』は、創刊わずか二号で資金難ゆえに休刊したが、一九九六年に至り、荘松林の子息、荘明正ら下の世代によって復刊された。第一〇輯を刊行後しばらく途絶えていたが、二〇二〇年一〇月に復刊第一一輯を「台南市文史協会六十週年紀念特刊」として発行し、協会の歴史を回顧しつつ新たな出発を遂げている。

以上の三種の雑誌には、戦前と戦後の台南研究の継承が見られる。前嶋信次の教え子黄天横や陳邦雄、金子壽衛男の教え子何耀坤らが筆を振るい、かつての師の貢献を称える文章を記した。前嶋については、黄天横編の「前嶋信次先生之略譜及中国台湾関係著作目録」(『台南文化』新二〇期、一九八五年一二月)に加えて、陳邦雄が「前嶋信次博士和台湾郷土歴史」(『文史薈刊』復刊第一輯、一九九六年五月)、「熱愛台湾郷土的傑出学者　巴克禮博士和前嶋信次博士」(『文史薈刊』復刊第二輯、一九九七年八月)を書いた。陳は前嶋を、「台湾を深く愛し郷土文化を開拓する上で極めて大きな貢献をした先駆的学者」と呼び、教師と生徒として細やかな交流のあった師への敬意を語った[42]。

國分直一については、金子寿衛男の教え子何耀坤が「國分直一博士与台湾考古及民俗学」(『台南文化』第五九期、二〇〇五年一一月)を、師の金子については「金子寿衛男対台南自然文化史的貢献」(『台南文化』新第五四期、二〇〇三年三月)を記した。國分の仕事はたびたび中国語に訳されており、例えばシラヤ族の信仰について記したエッセイ、「阿立祖巡礼記」上下(『民俗台湾』第二巻第七／八号、一九四二年七―八月。のち、「Soulang社の末流を伝へる地方」と改題して『壺を祀る村』前掲に収録)は、中国語訳されて『南瀛叢刊第四輯　南瀛雑俎』(台南県政府、一九八二年)に収録された。

戦前戦後の台南研究を支えた、石暘睢・荘松林・呉新榮らについても、その貢献を称える文章がくり返し書かれた。石については、連景初「暘睢先生的風義」(『台南文化』第八巻第三期「海嶠偶録上」、一九六八年九月)、謝碧連「石暘睢」(『文史薈刊』復刊第六輯、二〇〇三年一二月)などがある。荘については、『文史薈刊』復刊第七輯(二〇〇五年六月)が「荘松林先生台南専輯」(葉瓊霞・蔡銘山総編集)で、民俗研究の成果を集大成した。近年では『文史薈刊』に朱子文「荘松林先生生平事績」(復刊第六輯、二〇〇三年一二月)などの論文が掲載されて、その仕事の意味が問い直されている。[43]

このように、戦前の台南で郷土研究に従事した日本人や台湾人の仕事は、一九五〇年代から六〇代へと継続され、さらに八〇年代以降の民主化・本土化が進む時代もくり返し参照された。橋渡しをしたのが、黄天横をはじめとする二〇年代に生まれた郷土史家たちである。彼らの紹介により戦前の業績は忘れ去られることなく参照されつづけた。二〇年代の民族運動の延長線上で結実した、台南の歴史や民俗研究、平埔族のシラヤ族の研究が、戦後の郷土研究へと継承され、さらに一九八〇年代以降の本土化の動きへも流れ込んだのである。

＊　本稿は令和二年度科学研究費助成事業・基盤研究(C)「台南文学の研究　日本統治期の中国語文学を中心に」(課題番号18K00363)による研究成果の一部である。

＊注

1 拙著『台南文学 日本統治期台湾・台南の日本人作家群像』(関西学院大学出版会、二〇一五年)、『台南文学の地層を掘る 日本統治期台湾・台南の台湾人作家群像』(関西学院大学出版会、二〇一九年)、『台湾の歴史と文化 六つの時代が織りなす「美麗島」』(中公新書、二〇二〇年)。

2 戦前から戦後にかけての、台南研究者・団体の関係については、江明珊総編輯『南方共筆 輩出承啟的台南風土描絵特展專刊』(鳳気至純平・汪怡君訳、国立台湾歴史博物館、二〇一八年一一月)に掲載の、「近現代台南文史研究団体関係簡図」(葉瓊霞・莊永清・陳怡宏作成)が参考になる、一〇九頁。

3 黄天横の叔父、黄欣は、明治大学で学んだ経験のある、台南の名望家であり、邸宅「固園」にはしばしば文人らを招き催しを開いた。黄欣や黄天横の父、黄渓泉らについては、春山明哲「黄欣:台南の「固園主人」 植民地近代を生きたある台湾人の肖像」(松田利彦・陳姃湲編『地域社会から見る帝国日本と植民地 朝鮮・台湾・満洲』思文閣出版、二〇一三年)に詳しい。

4 黄天横口述『固園黄家 黄天横先生訪談録』(何鳳嬌・陳美蓉訪問、陳美蓉記録、国史館、二〇〇八年)には、黄の郷土研究を中心とした著作目録が掲載されている。

5 黄天横、前掲書、引用は拙訳による、以下同じ、一二六頁。

6 黄天横、前掲書、一二八頁。

7 前嶋信次の台南研究については、拙著『台南文学』(前掲)の第二章「前嶋信次の台南行脚 一九三〇年代の台南における歴史散歩」を参照。

8 黄天横、前掲書、一三二頁。同じく一中で学んだ王育徳も、教師の中で「とくに印象深いのは歴史の前嶋先生と地理の内田先生」だと回想する、王育徳『「昭和」を生きた台湾青年 日本に亡命した台湾独立運動者の回想 1924-1949』(草思社、二〇一一年)、一二四頁。内田の残した仕事については、江明珊総編輯『南方共筆』(前掲)に紹介がある。

9 王育徳、陳邦雄、上原和の前嶋に対する回想については、拙著『台南文学』(前掲)の第二章「前嶋信次の台南行脚」に記した。

10 國分直一の考古学研究や平埔族研究については、拙著『台南文学』(前掲)の第五章「國分直一の壺神巡礼 ハイブリッドな台湾の発見」を参照。

11 葉石濤が金子壽衛男や國分直一から受けた影響については、拙著『台南文学の地層を掘る』(前掲)の第五章「平地先住民族の失われた声を求めて 日本統治下の台南における葉石濤の考古学・民族学・文学」を参照。

12 新垣宏一の民俗研究や文学活動については、拙著『台南文学』(前掲)の第六章「新垣宏一と本島人の台南 台湾の二世として台南で文学と向き合う」を参照。

13　若き日の王育徳の台湾語に対する関心については、拙著『台南文学の地層を掘る』（前掲）の第四章「「歌仔冊」と「歌仔戯」　王育徳の台湾語事始め」を参照。
14　黄天横、前掲書、一八八頁。
15　岡崎郁子「王育徳の戦後初期思想と文芸」（『吉備国際大学社会学部研究紀要』第一二号、二〇〇二年三月）。
16　石暘睢については、謝碧連「石暘睢」（『文史薈刊』復刊第六輯、二〇〇三年一二月）を参照。郷土史学界で「台南活字典」と尊称されたという。
17　荘松林の民俗研究については、拙著『台南文学の地層を掘る』（前掲）の第三章「台南の民俗と台湾語　荘松林の文学活動と民俗研究」を参照。
18　荘松林「懐念石暘睢先生」（『南瀛文献』第一〇巻、一九六五年六月）。
19　前嶋信次「哀悼朱鋒荘松林先生」（中国語訳、訳者不詳、『台湾風物』第二五巻第二期、一九七五年六月）。
20　呉新榮の文学活動については、拙著『台南文学の地層を掘る』（前掲）の第一章「植民地の地方都市で、読書し、文学を語り、郷土を描く　日本統治下台南の塩分地帯における呉新榮の文学」を参照。
21　王育徳「台湾人を愛し通した池田敏雄さん」（『台湾青年』第二四七号、一九八一年五月）。
22　拙著『台南文学の地層を掘る』（前掲）の第五章「平地先住民族の失われた声を求めて」を参照。
23　黄天横、前掲書、二三七―八頁。
24　黄天横、前掲書、二一三―四頁。黄天横「文献導師荘松林与我」（『文史薈刊』復刊第八輯、二〇〇六年一二月）にも同様の回想がある。
25　黄天横、前掲書、二六六頁。
26　黄天横、前掲書、七〇／九八頁。
27　王育徳、前掲書、二三九―四三頁。
28　王育徳「台湾語講座第十回　書房の話」（『台湾青年』第一三号、一九六一年一二月）。
29　台南市文献委員会については、陳奮雄主編『台南市文献半世紀』（台南市文献委員会、二〇〇三年）所収の、鄭喜夫「祝福与感激為台南市文献委員会成立五十週年作」、黄天横「台南市文献委員会成立以来的回顧」、謝碧連「台南市文献委員会五十年回顧」などに詳しい。
30　『台南文化』については、創刊当時、台南市文献委員会の総務組長だった謝碧連の回顧、「別矣！市刊《台南文化》」（『台南文献』第二輯、二〇一二年一二月）に紹介がある。
31　黄天横、前掲書、二一二三頁。

32 黄天横「台南市文献委員会成立以来的回顧」(陳奮雄主編『台南市文献半世紀』前掲)、七四七頁。
33 黄天横、前掲書、二六七頁。
34 黄天横、前掲書、一二九頁。
35 前嶋信次「国姓爺の使者」(『三色旗』第一四三号、一九六〇年二月)、黄天横訳「国姓爺之使者」(『台湾風物』第一七巻第一号、一九六七年二月)。
36 『文史薈刊』復刊第三輯(一九九八年八月)には、黄天横「回首台南市文史協会」や謝碧連「文史協会四十年 回憶二、三事」など、文史協会に関する記録が掲載されている。
37 黄天横「台南市文献委員会成立以来的回顧」(陳奮雄主編『台南市文献半世紀』前掲)、七四一-三頁。
38 黄天横・呉毓琪著、林佩蓉主編『固園文学史暨石暘睢庋蔵史料図録選』(国立台湾文学館、二〇一四年)。
39 黄天横、前掲書、二六七—八頁。
40 黄天横、前掲書、二六八頁。
41 葉瓊霞「風土、そして人」(江明珊総編輯『南方共筆』前掲)、四二頁。
42 陳邦雄「熱愛台湾郷土的傑出学者 巴克禮博士和前嶋信次博士」(『文史薈刊』復刊第二輯、一九九七年八月)、五一—二頁。
43 王美恵「荘松林的文学歴程及其精神(一九三〇—一九三七)」(『文史薈刊』復刊第八輯、二〇〇六年一二月)、荘永清「以文学介入社会「台南芸術倶楽部」作家群初探」(『文史薈刊』復刊第一〇輯、二〇〇九年一二月)など。

第十章　台湾華語の現在と行方

――台湾人アイデンティティの一要素としての可能性を探る

林　初梅

はじめに

一九八七年に、数十年にわたる戒厳令が解除されて以来、台湾は権威統治体制から徐々に民主化社会へと変わってきた。その後、台湾では多くの知識人が台湾本土言語文化の復興に尽力し、数々の台湾本土化理論が提起され、構築されてきた。しかし、台湾史と台湾のエスニック言語（閩南語、客家語、原住民諸語）の理論構築については、いずれにも活気と意気込みを感じられるが[1]、台湾で最も普及している中国語（近年、華語とも呼ばれる）は、今なお理論構築されていない。言語学者の何萬順によれば、それはその外来性が問題とされ、エスニック言語文化推進者によって除外されてきたからである[2]。

しかし留意したいのは、今日の台湾において、若い世代の多くが、第一言語も母語[3]も中国語となっているることである。すなわち、台湾では、中国語の外来性が日増しに薄くなり土着性が顕著になっているのである。にもかかわらず、中国語は台湾アイデンティティを構築する要素とされず、依然として台湾本土言語理論からは排除されている状況が発生している。理由として、中国語が長年「国語」の立場で台湾のエスニック言語文化を圧迫していたこと、及びその「中国性」を排除し難いことを挙げることができる。

この点については後述するように戦後台湾の紆余曲折した歴史に起因しているが、ここでまず在米華人研究者・史書美が唱える「華語語系」理論の観点から、台湾の中国語の問題を考えたい。史書美は、（1）中国以外の中国語話者、及び（2）中国国内の少数民族の中国語話者を「華語語系」（sinophone、中国語訳は華語語系）の研究対象とし、理論構築している。[4]つまり、台湾、東南アジア、北米の華人社会も同様に「華語語系」文化の一員と見なしている。

周知の通り、様々な地域で話されている華語は同じ中国語と見なされているが、移住先で現地語との接触による変化が生じており、中国の中国語と異なる特徴を持っているばかりでなく、相互に異なる語彙や文法がある。史書美は、これらの華語は、各地域の言語・文化の特色と融合して多様かつ混淆的となっており、そのため音声上・表現上多様であると述べ、これが中国の中国語と異なる点であると強調している。またその異質性は脱中心的であることによるため、中国本土を基準とする必要はなく、自らを辺境とする必要もないとしている。すなわち、華語語系文化の構成員は移住先においても華語を使用し続けるが、その言葉はすでに移住先の土地に結びついた特色に染まっており、中国文化アイデンティティから日に日に異質化・現地化し、独特な文化経験を加え、新たな様相が展開されていくのだとしている。[5]

この理念は、大きな反響を呼び、また多くの研究者に注目されている。[6]これら華語語系コミュニティは長い間、周縁的な存在であるとされてきた。その華語は、北京語を判断基準にして、中国普通話から外れたものと位置づけられ、すべて標準的でない言語と考えられてきた。史の提唱する「華語語系」文化論は、中国普通話に中心を置かず、世界に広がる脱中心の華語の有りようを示すものであり、また華語語系の現地性・異質性・自主性の理論化を促すものでもある。この発想は、現在の台湾の中国語を考える際の重要な理論的根拠の一つになると筆者は考える。

しかしながら、史は台湾の特殊性をも指摘している。台湾特有の現象として、中国の中国文化と中国以外の華語語系文化が同一視されていることを問題としているのである。史によれば東南アジア、北米などの移民漢人社会やコミュニティでは、すでにその「中国性」と彼らの離散、遷移とについて、歴史化・理論化がなされてきた。すなわち、自らの中国性は、文化的伝統からのみくるものと捉え、現地に生まれている文化と今日の中国の中国文化との間に必ずしも関係があるとは限らないと考えている。[7]

それに対して、台湾の問題は華語語系文化と中国文化の混淆にある。これは、国民党が遷台にともなって、台湾を中国文化の保持者・継承者と位置づけた歴史的経緯の産物で、その意識の在り方が現在まで引きずられた末の、不自然な帰結であるといえる。そのために、台湾人には華語語系文化と中国文化との区別が曖昧になり、一九八〇年代、九〇年代において台湾と中国の文化的差異に関する度重なる理論構築を経ても、両者の差異性がなお理解されていない。この現象について、史は「中国に別れを告げるのは、思ったより難しい[8]」と述べ、台湾における中国性の残存現象を説明するのである。

以上から分かるように、史の主張する「華語語系」文化の向かう先には、現地化だけではなく、主体性の確立も含まれている。その主体性は、文化的中国の伝統という束縛からの決別によってこそ完成する。台湾の中国語は、中国性との葛藤があり、また本土化理論（本土は台湾を指す、以下同様）も構築されていないため、史書美らから現地化と主体化が今なお未完成と認識されているのである。

ただし、二〇〇〇年以降の変化についてまだ議論の余地があると筆者は考える。というのも台湾社会は一九九〇年代から民主化の洗礼を受け、台湾本位志向の教育改革が進められ、状況がかなり変化してきたからである。近年、台湾意識の高まる中で、一部のエスニック言語推進者は、国語至上主義の価値観に対抗して、従来「国語」と呼ばれてきた中国語を「華語」という呼称に改め、エスニック言語と同等の位置に置き直そうと運動している。また、言語教育に関する様々な新しい動きも現れている。

上述の問題意識に基づき、本稿は台湾社会における二〇〇〇年以降の台湾華語の位置の変化の分析を行う。それを読み解くために、まず、現地化の側面として、戦後初期国民党の推進した「標準国語」から、今日の「台湾華語」に至るまでの、言語接触による現地化の歴史的経緯について述べる。次に主体性の側面から、台湾における華語語系の現状と台湾人の言語意識の変化について検討し、同時に台湾人が華語を自身の台湾文化の資産として共有する可能性について考察を行う。

一、「離散中国人」から「天然独世代台湾人」へ

一九四五年、五〇年間の日本統治が終わると、台湾は国民党に接収され、中華民国統治時代が始まった。その後、国共内戦に敗れ、台湾に撤退した国民党政府は、自らこそ正統中国の代表者であり、台湾が中国文化を守る要塞であると主張し続けることになった。また権威統治とよばれる体制の下で言語教育と歴史教育を中国化した。国語至上の言語政策は、台湾人に国語として中国語を押し付けるものであった。早くも半世紀以上になるその政策によって中国語が台湾に浸透することになった。

台湾には元々、原住民、客家人、閩南人（客家人と閩南人は合わせて本省人と呼ばれる）という三大エスニック集団が居住しており、戦後中国から移住してきた百二十万人にも達するといわれる外省人の集団が加わって

四大エスニック集団となった。最初の三大エスニック集団は、日本統治時代に日本語教育を受けていたため、日本語とエスニック言語を併用できる人も少なくなかった。

四つ目のエスニック集団である外省人は、中国の様々な地域から集まった集団で、国民党とともに来台したが、共通の母語がない。しかし中国大陸から来たという点で同質性があり、共通の母語は中国語であると誤解されがちな傾向にある。さらに他の三大エスニック集団の言語文化との差異性から、彼らは一つ独自の集団として強い凝集力を持った。また彼らには中国に対して、無限の未練と郷愁がある。そのため、長く台湾に居住していてもなかなか台湾に根を下ろすことがなかった。それが外省人第一世代には特に顕著で、いわばディアスポラの離散中国人である[9]。

しかし、こうした幻想の中国意識を有するのは、外省人第一世代に限らない。学校教育の影響を受けて、多くの本省籍や原住民の子供たちと外省人第二世代も、訪れたことのない中国に対し、強い憧れと懐かしさを抱いていたのである。

先述したように、国民党は中国を代表する正統性を自覚させるため、歴史教育、地理教育を中国中心としたのみならず、言語も同様に中国語を唯一絶対とし、他の台湾のエスニック言語を排除する政策を一貫して執り続けた[10]。エスニック言語は低俗な方言と位置付けられ、学校での使用を禁じられたばかりか、学校では、罰金をとったり、方言札を掛けたりすることがかなり広く行われた。国語教科書に掲載された作品は、ほとんどが外省籍作家のものであった。これらの作品は、多くの児童生徒に郷愁を育み、中国こそが自分のふるさとであり、台湾は「反攻大陸」するための踏み台に過ぎないのだという意識を植え付けることになった。

転機は、一九七〇年代に入って訪れた。一九七〇年代から八〇年代にかけては台湾知識人の覚醒した時期と言ってよいであろう。それは一九七二年の台日断交、一九七九年の台米断交といった国際情勢の動揺に付随して進行したと思われる。正統中国の代表者を自任する国民党が主張してきた政治的に中国を代表する、という幻想はもはや説得力がなくなり、代わりに中華文化の継承者という「文化中国」の論調で、自身の正統性を取り繕うことしかできなくなってしまったのである。

しかし、その「文化中国」の論調にも多くの知識人は異議を唱えるようになった。彼らは台湾本土の言語文化理論の構築に取り組むと同時に、学校教育の内容にも改革を促した。中国語と中国史に偏っていた教育内容は、一九九〇年代に入って大きく改められ、一部の小学校は放課後の課外活動の時間を利用して、母語教育を行うようになった。小中学校のカリキュラムにも郷土教育の三教科が追加された。それは（1）小学校中高学年「郷土教学活動」、（2）中学一年生「郷土芸術活動」、（3）中学一年生社会科「認識台湾」（歴史篇、地理篇、社会篇）の三科目であった。このときから、歴史や言語文化に関する台湾本位の教育内容がようやく学校教育に正式に現れ始めたのである[11]。

ただし、今日の目から見ると、これら台湾の歴史や言語文化に関する教育内容はいずれもまだ萌芽的なものであったといえるだろう。授業時間の比重も高くなく、これらが本格的に教育内容の一環となったのは、二〇〇〇年代になってからである。中国語教育は相変わらず「国語」として行われているが、エスニック言語のカリキュラムが小学校で週一回加わり、また台湾文学作品や台湾史、台湾地理の内容も大幅に増えた。

エスニック言語とは、先述したように原住民諸語、客家語、閩南語（台湾語ともいう）を指す。本土言語、郷土言語とも呼ばれ、二〇〇一年以降に学校教育に導入された。児童はこの中から自由に一つの言語を選んで学ぶ。授業は週一度（四十分）しかないうえ定期試験もないため、言語能力の向上にはあまり効果が見込めないのも事実だが、正規の科目として台湾全土に導入された影響は注目に値する。

今日の「天然独世代」（独立ネイティブ世代、つまり生まれたときから台湾を独立国家として認識している世代）[12]の形成は、この教育改革と大きく関係するからである。彼ら世代の学校教育では中国に関する学習内容が大幅に減少したために、文化的中国との葛藤は少なくなったと考えられる。

そのため、若い世代の台湾人のエスニック言語教育に対する態度にも変化が見られ、またエスニック言語は低俗であると考えることも少なくなった。このことは後に取り上げる中国語の台湾化を加速させた要因の一つでもあると考えられる。離散中国人から天然独世代台湾人への変化は、台湾的要素を受け入れやすい社会環境を作ってくれたといってよいであろう。

二、「標準国語」から「台湾華語」への道のり

では、今日の台湾華語はどのような過程を経て形成されたのか。以下のように国民党政府が中国で制定した言語規範と、遷台後の台湾のエスニック言語との接触が、台湾華語形成の二大要因と捉えられる。

（一）「標準国語」時代からの連続性

国民党政府は、遷台以前にすでに中国で国語の標準化に取り組んでいた。発音や文字など、あらゆる規範が定められたが、その過程については『国語運動百年史略』に詳しい。同書によれば、当時の中国では、いくつもの方言音が存在していたが、中華民国建国後、国民党政府は国語の標準音選定作業を行うため、各地域代表を集め、「読音統一会」を開催した。それにより六千五百字ほどの標準国音が定められ、『国音字典』（一九一九）も刊行された。しかし、地域代表がそれぞれの漢字に対し、一人一票で決めたこれらの人工的

「国音」は反対意見も生み、後に「国音言語論争」にまで発展した[13]。論争が続く中、『国音字典』の改訂作業が行われ、『国音常用字彙』(一九三二)も北京音主張派によって編集され、刊行された。北京音が決定的な優勢を見せたのは、一九三二年に教育部長の朱家驊が発布した「教育部布告三〇五一号」であった[14]。この布告では『国音常用字彙[15]』に基づく言語の使用規範が発表され、また北京音系が標準国音とも定められている。このときを以て、中国語は一九二〇年代の国音言語論争から脱し、標準化へと進み始めたと言われている。

一九四五年、来台後の国民党は、その「標準国語」を推進するため、「台湾省国語推行委員会」を設置したのみならず、来台以前に制定した『国音常用字彙』を基準として『国音標準彙編[16]』(一九四七)も編集した。

『国音標準彙編』の序文には、台湾行政長官の陳儀が、書物の中国語表記はすべてこの『国音標準彙編』に従うよう指示したと書かれている[17]。同書は台湾の中国語に多大な影響を与えたことが分かる。これこそが日本統治終了後の台湾における国語推進の重要な拠り所であり、また今日よく知られる台湾華語の文字表記(繁体字)と発音記号(注音符号)の規範の源でもある。というのも、国共内戦に敗れた国民党は、中国から台湾まで撤退したが、依然として中国を代表する正統性を保持するものとして、『国音常用字彙』の規範を遵守することを選んだからである。

その後、国民党内では簡化漢字が学習効率を向上させるとの理由から、漢字の簡略化を導入しようとする声もあったが、最終的には一九五〇年代に中国で行われた文字改革から距離をとるため、否決という結果になった[18]。また台湾の中国語も、これによって繁体字と注音符号が用いられ続けることとなった。その後一九八〇年代末期の冷戦終結まで、台湾と中国との間にはほぼ交流の機会も場所もなく、互いに影響を与える可能性もなかった。つまり、台湾華語と中国の普通話の間にある差異の主たる原因は、それぞれの言語規範の違いと、数十年にわたって交流がなかったという歴史背景とにある。

そのため、中国の普通話との差異のうち最大のものは繁体字、注音符号である。また、それら以外にも、一部の語彙で発音が異なる。例えば、研究（台：yánjiù、中：yánjiū）、認識（台：rènshì、中：rènshi）、垃圾（台：lèsè、中：lājī）、質量（台：zhìliàng、中：zhìliàng）などである。多くの単語の発音が民国初期に中国で制定された規範に基づいているからである。

学校の教員は政府の指導により、この「標準国語」の規範に従って、子供たちの台湾語なまりや文法誤用を正すことを徹底してきた。筆者自身の経験だが、小学校時代、クラスメイト間の喧嘩が多く、いつも先生のところに行って泣きながら「老師，他給我打（先生、彼が私を叩いた）」と言いつけるクラスメイトがいた。実際のところ、泣きながら言いつけに来た子は叩かれた子であるということは聞かなくてもわかるのだが、先生はいつも「是誰打誰啊？（誰が誰を叩いたの？）」と揶揄して言っていた。それは文法誤用を認識させるためであった。正しい言い方は「他打我」であるはずだが、台湾語の影響を受け「他給我打」に変化していたのである。[19]

そのような文法の誤用は正され、残らないものもあれば、そのまま生き残って台湾華語の特徴となったものもある。しかし、当時の台湾ではエスニック言語が劣った言語と見なされ、その影響を受けた中国語の発音や文法もすべて否定的に捉えられていた。民主化した二〇〇〇年以降でも、中華民国が中国にあった時分に制定された言語文字規範が唯一絶対の基準として使い続けられている。例えば前総統の馬英九は総統時代に簡体字を使用してはならないと表明したことがあり、さらに繁体字こそが正統中国の伝統を象徴するものであり、「正体字」と呼ぶべきだと呼び掛けたこともある。[20]これは離散中国人の保持する中国性を非常によく表した代表的な例である。

長くこのような国語教育を受けて育った台湾人は、月日が経ち、知らず知らずのうちに「標準国語」の言語規範を継承し、また中国語を呼ぶとき、「国語」という表現を使用する習慣も身に付け、「国語」は中国語の代名詞のような存在となった。「国語」から「華語」という呼称に替わる傾向が現れ始めたのは二〇〇〇年以降のことである。[21]後に説明するように、それは台湾意識の顕在化による変化である。

(二) 言語接触による異質性の出現

中国語はこのように台湾で使用され、普及してきた。しかし「標準国語」の規範による実践は容易ではない。中国語は台湾にやってきたのち、「標準国語」の規範から強い影響を受けたとはいえ、日本語や台湾のエスニック言語の要素をも吸収した。日本語要素の吸収とは台湾語経由による日本語の二次借用（弁当や看板など）といった現象であるが、分析は今後に委ねたい。エスニック言語の影響については（1）台湾音の形成と（2）台湾語文法、単語の浸透、などがあげられる。

(1) 台湾音の形成

先述のように、「標準国語」の発音は北京音に基づいたものである。しかし台湾にはこれまで北京語を母語とするコミュニティは存在しなかったため、国民党政府が目指した「標準国語」の発音の浸透は、非現実的な目標に過ぎなかった。

外省人は中国出身ではあるが、全員が北京語を母語として話すとは限らなかった。一九五六年の台湾戸籍調査資料に基づいた先行研究[22]の指摘によれば、当時の外省人のうち、北京出身で北京語を母語とした人は一％に満たず、天津まで範囲を拡大したとしても一・五％しかいなかった。当時の外省人は、仮に中国語によって意思疎通をしていたとしても、北の訛りであったり南の訛りであったりと雑多であり、一つの標準的中国語を話すコミュニティなどは存在しなかった。

つまり台湾における中国語の普及は、国語推行委員会や学校教育による高圧的な推進がなければ、達成は難しかったと考えられる。高圧的な推進によって国語教育は台湾において顕著な成功を見せたが、一般の本省人や原住民は、家で両親や祖父母と話すときにはやはりエスニック言語を使用し、学校では中国語、家ではエスニック言語を話すというのが一般人の普通の生活様式であった。そこで中国語の普及という目的は達成されたが、台湾本土の言語と接触したことで、「標準国語」との異質性は顕著になっていったのである。

社会言語学研究者である許慧如は、台湾人の話す中国語音を以下の三種に分類している。[23]つまり「①外省人第二世代の中国語、②本省人の台湾国語、③台湾華語」の三つである。許によれば、①と②は、戦後の一時期に多く見られたが、言語の接触によりこの両者は合流して、③の台湾華語を形成している。これが近年最も普遍的な発音となっており、エスニック集団によらずに現れるため、均質化現象の一つであると指摘されている。[24]

筆者の観察によれば、許のいう「外省人第二世代の中国語」は、現在でもしばしば見られる。それはテレビニュースのアナウンサーの発音である。彼らの中国語の発音は「標準国語」に非常に忠実であり、一般人の発音とはやや異なる。本省人の「台湾国語」も、年配の本省人の話し方などにはまだその特徴が残されており、今でもよく耳にすることがある。

但し「台湾国語」は標準的でない台湾訛りの中国語を指しているため、差別用語でもある。前述のように、一九四五年以降の台湾では、中国語が日本語に取って代わり、台湾の「国語」となった。これは多くの台湾人にとって、初めて触れる中国語経験であった。すでに日本語と台湾語を使うことに慣れきっていた本省籍の台湾人、特に閩南人は、巻舌音に限らず、いくつかの音がどうしてもうまく発音できなかった。例えば、「我」（wǒ）を「ǒ」と発音したり、「台風」（tái fēng）を「tái hōng」、「橘子」（jú zi）を「jí zi」、「是」（shì）を（sì）と発音したりした。

このような台湾音の特徴を持った「台湾国語」は、実際のところアメリカ英語とイギリス英語の違いと何ら変わらず、社会言語学の視点からいえば、一つの言語現象に過ぎない。しかし台湾では、これがマイナス評価の対象となってしまった。テレビ番組によって「台湾国語＝本省人＝低学歴」、「標準国語＝外省人＝高学歴」であると印象付けられており、これがこのような偏見を助長し、より深めたのである。

近年、若い世代の台湾人の話す台湾華語は、巻舌音が緩いという特徴は残るものの、他の特徴はほとんど聞かれなくなった。台湾華語の特徴は「外省人第二世代の中国語」と「台湾国語」の中間にあり、巻舌音は曖昧であるが、多くの外国人が誤解しているように台湾人の中国語には巻舌音が存在しないわけではない。

（2）台湾語の文法、単語の浸透

発音のみならず、文法や語彙などもエスニック言語、特にマジョリティの台湾語（閩南語）の影響を受けている。

動詞の前に「有」を付けるのは、非常に代表的な例である。例えば「妳有去過台北嗎？」という用法は、筆者が小学生のころに先生が繰り返し間違いであることを強調していた例である。しかし今や台湾人による使用率は極めて高く、一般には動詞の前に「有」を付けることで強調していると考えられており、不適切だといわれることはあまりない。

また「明天你會去台北嗎？」という用法は、中国人からすると「會」が余計であると感じられる。しかし台湾では台湾語の影響により、「會」がある方がよいと考えられている。なぜなら、「會」があってこそ「未来」を表すことができると意識しているからである。[25]

上述の例は言語接触による文法の変化であるが、これ以外に、中国語文に台湾語語彙が現れるという現象も注目に値する。このような現象は一九六〇～七〇年代、当時の台湾社会を描いた郷土文学作品が会話の中にしばしば台湾語を挟み、市井の人物の土着性を描写していたことに遡るとされている。「小説言語の実験者[26]」と呼ばれる王禎和の『嫁妝一牛車』はその代表例である。作中には、「頭家（店主），來一個當歸鴨」「報給（知らせる）你一個好消息」（傍線部は台湾語）[27]といった台湾語がよく見られ、これらによって、作品に生き生きとした台湾的色彩が生み出されている。

これらの作品には、多くの台湾語の単語や言い回しが現れたが、基本的には中国語が中心であった。言語学者の鄭良偉はこのような郷土文学の文体を「台語化的中文（台湾語化した中国語文）」と呼んだ。郷土台湾を描くため、台湾語を交えて創作するのは必然的な現象だと考えられ、このような文体は台湾社会で段々と定着していった。

一九七〇年代以降、次第に増えてきた郷土文学作品は、一九八〇年代に入ると、作家の省籍によらず、一致して「郷土台湾」を描こうとする傾向が顕著となった。[28]作家の林良は八〇年代を振り返り、柳丁（ネーブル）、牽手（妻）、攏總（全部）などの単語使用例を引用し、八〇年代にはこうした台湾語の語彙が中国語の文章に組み込まれた郷土文学の文体がほぼ定着したと指摘している。[29]

近年、中国語文に台湾語を挟むという現象は益々普遍的になり、テレビや新聞にも頻繁に現れるようになった。「新型肺炎疫情持續擴大，政府下令居家隔離，確診患者竟到處趴趴走。」（新型肺炎の感染拡大が続く中、

写真１　誠品書店（台北信義店）内のポスター（2019 年、筆者撮影）

政府は自宅で隔離するよう命令を下したにもかかわらず、感染確定の患者があちらこちら出歩く）などがある。「趴趴走」というのは、あちこち動き回る、遍く各地を移動するという台湾語を語源とする言葉で、台湾語の借用語と言ってもよい。これは中国語語彙が不足しているということもあるが、ある特殊な心情や状況を表現するために使用されているとも考えられる。

「凍蒜」も台湾語から来た言葉である。意味は当選、中国語の「當選」に相当する語である。中国語と同じ漢字を用いて表記しても問題ないが、わざわざ当て字の「凍蒜」を使用するのは、台湾語発音であることを強調するためである。台湾において、選挙のたびに支持者に叫ばれるのは「凍蒜」であり、それは「凍蒜」の持つ発音の響きが「當選」より力強く、選挙戦の台湾らしいスローガンにふさわしいと感じられるからだと筆者は観察している。

この他、「喬時間」（時間を調整する）、「奥歩」（狡い手段）、「A銭」（横領）、「揪甘心」（感動的）、「菜奇仔」（市場、写真1）、「肖年頭家」（若店主、写真1）などの台湾語語彙も、台湾のニュースや新聞や広告にしばしば見られるようになり、郷土文学文体の定着の確かさが感じられる。

これらは、台湾の民主化によるエスニック言語の台頭の結果であり、つまり、一九八〇年代以前なら否定的に見なされていたものが、今日になって積極的に受け入れられるようになった。台湾の中国語は「標準国語」の影響を受けながらも、言語接触による現地化を経て、今日のような「台湾華語」となったのである。

三、転換期を迎える台湾華語の現在

このように、台湾における中国語の現地化の特徴は、近年顕著に現れている。そのため「台湾の中国語はすでに台湾本土言語の一種であり、エスニック言語の敵とみなす必要はない」[30]というような言語観も現れている。しかし後述のように、言語の名称をめぐる議論も、未だに解決されず、多くの問題が存在する。本節では以下の二点を通し、台湾における中国語の位置づけはすでに台湾志向への転換期にあり、しかし未だ確実なものになってはいないことを説明する。

(一) 台湾人による台湾華語の受容とその普遍性

ここではまず台湾における中国語の使用状況と台湾人の言語態度の変化について説明を行う。言語学者である黄宣範は一九九〇年の人口調査をもとに、当時の台湾において人口の八二・五%が中国語とエスニック言語のバイリンガルであったことを指摘している。[31]同時に、異なるエスニック集団別に生活使用言語の比率についての調査を行い、閩南籍のインフォーマントについて、約半数が中国語を、もう半数が閩南語を日常的に用いており、また客家籍では、日常生活において中国語を使用するインフォーマントの比率は六七・四八%にも上ったことも明らかにした。

この結果から黄は、将来、おそらく中国語を日常言語とし、エスニック集団を越えた意識を持つ人々が多く現れるだろうと予測していた。[32]実際、この研究は、一九九〇年代当時の台湾においてのみならず、今日の台湾社会で中国語が普遍的に用いられる現象についてもよく合致している。

表1　2010年台湾国籍保有常住者の家庭内使用言語の比率

	総人口	中国語	閩南語	客家語	原住民諸語	その他
6－14歳	2,418,610	96.0%	69.7%	3.8%	1.0%	0.8%
15－24歳	3,146,521	94.9%	78.6%	4.8%	1.3%	1.0%
25－34歳	3,799,930	91.9%	83.2%	5.6%	1.3%	1.8%
35－44歳	3,531,622	90.4%	84.1%	6.4%	1.5%	2.3%
45－64歳	6,068,715	78.9%	86.3%	8.1%	1.5%	2.6%
65歳以上	2,441,837	45.3%	81.7%	10.1%	1.3%	3.1%
総計	21,407,235	83.5%	81.9%	6.6%	1.4%	2.0%

注：回答者の家庭内使用言語は一つとは限らない。
（出典：行政院主計総処編（2012）『99年人口及住宅普査―総報告統計結果提要分析』）

二〇一〇年の行政院（日本の内閣に相当）主計総処実施の国勢調査[33]に基づくと、表1の通り、台湾総人口の八三・五％が家庭内で中国語を使用している。そして三十代以下の台湾人の中国語使用率が九〇％を超えていることも確認されている。エスニック言語に関しては、若い年齢層の高い使用率も示されているが、回答者の家庭内使用言語は一つとは限らないと注釈されていることから、中国語とエスニック言語を併用又は混用していることは明らかである。

そのほか、数種類の中国語訛音についての聞き分けの能力調査も行われている。若い世代の台湾人にアンケート調査を行った許慧如の研究結果によれば、台湾人はそれらの差異を聞き分けられることが判明し、このうち勉学、社会的名声、言語能力などの面で最も有利であるものを順に並べると、外省人第二世代の中国語＞台湾華語＞中国人の普通話＞台湾国語であることが分かった。しかし、社交面における親近感や魅力の順位は、台湾国語＞台湾華語＞中国人の普通話＞外省人第二世代の中国語であった[34]。つまり、「台湾国語」は社交面における魅力は最も認められているが、マイナスのイメージも依然として存在するということである。一方、台湾華語は、社交面の親近感と言語イメージのいずれもがプラスに評価されている。この分析からは、台湾人の台湾華語に対する言語態度は非常に良いものであることが分かる。

この指摘について筆者はさらに以下の社会現象からも検証できると考える。

台湾のテレビニュースのアナウンスや多くのドキュメンタリーのナレーションには、いずれも長い間、外省人第二世代の中国語発音が採用されている。しかし、興味深いのは、ドキュメンタリー映画『看見台湾』(二〇一三年に公開)(日本語版『天空からの招待状』)では、劇作家の呉念真をナレーターとして起用したことである。このドキュメンタリー映画は公開後、大きな反響を呼び、未曾有の興行成績を収めた。台湾ではよく知られている通り、呉念真の中国語には若干の「台湾国語」訛りがある。彼のナレーションはおそらく、このドキュメンタリーを台湾らしい作品にするための効果があったと考えられる。ドキュメンタリー映画のナレーションで標準的な発音が追求されなくなった理由は、台湾人の言語意識の変化にあると考えられる。

一方で新鋭作家・楊富閔の「瞑哪會這呢長」(夜はなぜこんなにも長いのか)が「全国台湾文学営創作小説賞」[35]を受賞したことも、中国語文の変化と台湾人の言語意識を表している。この作品は対話だけでなく、叙述部分や書名にも多くの台湾語が用いられており、先述した郷土文学文体よりも台湾語の要素が多く取り入れられている。この作品が受賞したことは、台湾人が台湾語要素を吸収した中国語文を高く支持し、受け入れていることを示している。さらにこの作品は、のちにテレビドラマ化、映画化もされている[36]。

これらの例からは、中国語の台湾化が多くの台湾人の普遍的な支持と容認を獲得していることが窺える。

(二)「華語推進派」と「国語支持派」の綱引き

しかし中国語の台湾化が顕著に現れた一方で、中国語に対する「華語推進派」と「国語支持派」の志向性の対立があり、また言語の名称をめぐる齟齬も存在する。その原因は結局のところ、台湾性と中国性の争いにある。以下ではそれを、この二〇年来の言語法推進の過程及び「課程綱要」（日本の学習指導要領に相当）の改訂を通してみていきたい。

表２　台湾諸言語に関する法案の動き

2003 年 2 月	立法院で「語言平等法」が提案される
2008 年 9 月	立法院で「国家語言発展法」が提案される
2017 年 6 月 14 日	「原住民族語言発展法」が公布実施
2018 年 1 月 31 日	「客家基本法」が公布実施
2019 年 1 月 9 日	「国家語言発展法」が公布実施

（１）言語法案における「華語」の登場と曖昧な結末

ここでまず言語法案に関する近年の動きを表２のように整理し、言語名称の変化を説明する。以下、法案の名称について「　」を付ける場合は中国語原文のままである。

二〇〇三年の言語平等法は、台湾で初めて中国語を「国語」から「華語」へ改称するよう提案した言語法草案である。この法案は草案のまま、審議されなかったものの、台湾の知識人が言語のための立法を積極的に求める嚆矢となったことで注目に値する。一部の条文を抜粋すると、以下のとおりである。

◎言語平等法草案（二〇〇三年）

第二条（用語定義）

三、国家言語とは国内で使用されている各原住民の言語（アミ語、タイヤル語、ブヌン語、カヴァラン語、プユマ語、ルカイ語、ツォウ語、サイシャット語、ヤミ語、サオ語）、客家語、ho-lo語（台湾語）、華語を含む。

華語は元来、台湾の海外向けの中国語教育で用いられていた用語であり、中国の対外漢語教育との区別をつけるための呼称でもあった。しかしこれに二〇〇三年に変化が生じたのである。提案者は、当時の教育部国語推行委員会・主任委員を務めた言語学者の鄭良偉であった。その第二条第三項の条文は、台湾人が一般に呼び慣れた「国語」を「華語」へと変更するというものであった。これには名称の変更により、エスニック言語の地位を引き上げながら、中国語の地位を引き下げるよう両方のバランスをとろうとする期待があった[37]。さらに中国語を中華民国の「国語」という文化中国の仮想世界から切り離して、「華語」という姿で現実世界の台湾諸言語の一員に変身させるという狙いもあったのではないかと筆者は捉えている。

しかしこの提案は、未審議となったため、かわって二〇〇八年、国家言語発展法が提案され、国家言語は改めて「我が国における各エスニック集団の使用する自然言語」と定義された。以下は国家言語発展法の草案による国家言語の定義である。

◎国家言語発展法草案（二〇〇八）

第二条　国家言語とは、我が国における各エスニック集団の使用する自然言語を指す（傍線は引用者）。

当時、十四種に上る言語[38]がこのように曖昧な名称の下にあったが、おそらく曖昧な用語を用いることで、法案への支持を勝ち取るという狙いがあったのであろう。しかし国家言語発展法の草案も棚上げにされ、二〇一七年に「原住民族語言発展法」、二〇一八年に「客家基本法」が制定されるまで言語法の制定に関する動きはなかった。これら少数エスニック集団言語の立法ののち、二〇一九年にようやく転機が訪れるのである。

二〇一九年、国家言語発展法はついに立法院の決議を通過し、公布、実施されることとなった。言語法の名称は二〇〇八年の草案と同一であるが、内容には大幅な修正が加えられている。しかし国家言語の定義に関しては、以下に示すように大きな変更はほぼ見られない。

◎国家言語発展法（二〇一九年）
第三条　国家言語とは、台湾における固有の各エスニック集団の使用する自然言語、及び台湾手話を指す。（傍線は引用者）

筆者の見るところ、「台湾における固有の各エスニック集団の使用する自然言語」とは、華語を含むと解釈することができるが、華語を除外するという解釈も可能である。それは「固有」という表現に曖昧さがあるからである。いわゆる「固有」は一般的に「元から」という意味で理解されており、外省人と外国人移民のいずれも包含されていないように思えるが、外国人移民のみ対象外という解釈もあり得る。「華語」の位置づけは二〇〇八年の国家言語発展法草案よりも曖昧である。実際のところ、この法案（第九条第二項）[39]により、二〇二二年から中学校にも高校にもエスニック言語の授業が導入されるようになり、台湾のエスニック言語の地位向上が一層進むと予想されるが、中国語への配慮が見られず、エスニック言語のための法案のイメージが強いと筆者は観察している。すなわち、「国語」から「華語」への名称変更の提案は、今でも棚上げにされており、次の法令改正を待たねばならない状況にある。

（2）「華語」と「国語」に隠された台湾性と中国性の争い

実は「国語」から「華語」への名称変更はこれまでにも一度、二〇〇八年の小中学校「語文課程綱要」改訂版（日本の「国語科」学習指導要領に相当）の条文[40]に反映されたことがあり、その際は広く注目され、多くの議論を巻き起こした。

すでに拙論[41]で論じたことであり、詳述しないが、「華語」という表現が支持された理由は、言語を国家から切り離されたものと位置づけようとしたためである。すなわち、華語推進派が追求しているのは台湾のエスニック言語と華語の平等な地位と、中国語文に内包される台湾性である。その理念は脱覇権、脱中心の華語を提唱し、多元文化主義を以て世界と向かい合うことにあり、史書美の提唱する「華語語系」文化の具現化と見なすこともできる。

これに対し、反対派（国語支持派）は、「国語」を「華語」に変えるという一種の脱中国化の手法を批判した。彼らは、台湾の継承する美しい繁体字の伝統は、中華文化を発揚するうえで中華人民共和国よりも優位にあるとし、言語に内包される文化中国の中国性を強調する。ここからわかるように、文化的中国を懐かしむ離散中国人にとって、華語という言葉は未だに受け入れられないのである。

議論が続く中、国民党執政下の二〇一一年に行われた「語文課程綱要」の改訂では、「華語」の名称は「国語」に戻された。その後、華語推進派の積極的な動きが見られないため、「語文課程綱要」における中国語の文言は「国語」のままで今日に至っている。

両派の名称についての争いは、如何にナショナルアイデンティティを構築するかの問題に帰するものである。同一言語について、中国を源流とするか、台湾に根を下ろしているかのどちらを強調するにせよ、繁体字表記、注音符号、台湾的要素がすでに台湾華語独自の特徴となっていることは疑いない。

しかし国語支持派は、来台後の言語に生じた異質性、現地性を考慮せず、台湾の中国語は文化的中国の代表であると強調し続け、幻想の中の伝統的中国文化に自身のアイデンティティを求め続けているように思える。華語推進派は華語という名称を推進する一方で、中国語を自身の台湾文化資産へと転じることには困難を感じており、「国語」としての中国語の外来性が現地性より大きいのか否かに迷いを抱いているように思える。双方が平行線を辿っているために、中国語が台湾自身の文化資産となるとの主張はすでに提起されていながらも、未だに定着していない現実があるのである。

四、結び

本稿は現地化、主体化という二つの側面から、台湾華語が台湾人アイデンティティの一要素となる可能性について検討を行ってきた。

本稿はまず、史書美の提唱する華語語系文化の論述を引用し、台湾華語と中国性の葛藤について説明した。次に実際の例について分析を行い、台湾華語が他地域の華語の特性と異なる原因について、①「標準国語」の延長であること、②言語接触の結果であることを指摘した。前者は「標準国語」の制定時期に生じた中国性、後者は移住地文化との融合による台湾性であり、特に前者の中国性は台湾特有の現象であるといえるであろう。後者の台湾性は、他の華人社会における華語語系の現地化過程と概ね同様である。

またこの台湾性に富む華語は、一九九〇年代以降の台湾民主社会における自由な雰囲気の中で台湾本土文化の影響を受け、更に台湾性を増したことも指摘した。本稿ではいくつかの実例を基に台湾華語が普遍的に使用され、広く台湾人に受容されていることを説明した。

しかし台湾本土言語について語られる際、華語は依然として除外され、外来言語であるとみなされている。その原因は、閩南語、客家語、原住民諸語などのエスニック言語が中国語至上政策により抑圧されてきた経験が記憶に新しいことにある。しかし、華語が若い世代にとっての母語や第一言語となっていることは、まごうかたなき事実である。一部のエスニック言語推進者はこの事実を受け止め、言語法の制定に尽力し、「国語」を「華語」に改め、全ての言語に平等な地位を与えようとした。しかしながら、その後議論が起きたように、国民の合意を得ることができない側面もあり、言語法案や「課程綱要」の修正過程においてこの目標を達成することはできなかった。

立法の面では、二〇一九年に国家言語発展法という名の法案が公布されたが、果たして国家言語とは何か、その定義は曖昧なままにされ、「国語」は結局如何なる法令、条文においても正式名称を「華語」へと変更することはできなかった。華語はすでに台湾という土地の特色と融合しているが、「標準国語」時代以来の外来性は払拭し難く、一部の台湾本土派の知識人にとって、華語を自身の台湾本土文化の資産として共有することには、依然として抵抗があることが感じられる。

このように現段階の台湾華語は、台湾人の共通資産とまでは考えにくい。しかし、戦略的資源として共通資産へと発展する可能性を秘めていると考えられる。筆者は、全ての台湾人が台湾華語を台湾本土文化の一つであるとみなすには、それに内包される中国性の歴史化が必要であり、また台湾華語の主体性の構築なしには完成しないと考える。

最後に、華語語系の主体化過程にみる曖昧性も台湾の特徴の一つであることを述べておきたい。筆者はこれまでに他の著作[42]で、台湾本土文化の構築においては常に曖昧な中での協議が行われてきたと論じてきた。曖昧さは主体性の構築を妨げるものと思われがちであるが、これには存在意義があるとも考えられる。なぜなら曖昧さは、寧ろ機会を掴み取るための戦略的手段であり、華語を台湾の文化的アイデンティティの要素とするまでの曖昧模糊な実践の過程において、その可能性を失わせることがないからである。

本稿で述べた言語の名称をめぐる対立や議論の展開は、恐らく言語の独立への展開の一段階であり、言語の主体性を確立する過程で経なければならない揺らぎである。台湾華語の現在は台湾のエスニック言語との対等関係という微妙なバランスの上に位置し、国民的合意への道を模索していると考えられる。

＊注

1 詳しく、以下の文献を参照されたい。蕭阿勤『重構台湾―当代民族主義的文化政治』聯経、二〇一二年。林初梅『「郷土」としての台湾―郷土教育の展開にみるアイデンティティの変容』東信堂、二〇〇九年。

2 何萬順「台湾華語与本土母語：衝突抑或相容？」『海翁台語文教学季刊』第三期、金安、二〇〇九年春季号。

3 「母語」とは「母なる言語」のように精神的な意味合いで捉える見方があるが、ここでは「親の言語」という意味を指す。戦後の中国語教育を受けた親世代は、子供との会話は中国語を使用する人が多いためである。

4 史書美『視覚与認同―跨太平洋華語語系表述・呈現』聯経、二〇一八年（初版二〇一三年）。史書美『反離散：華語語系研究論』聯経、二〇一七年。史書美「何謂華語語系研究？」『文山評論：文学与文化』第九巻第二期、二〇一六年六月、一〇五頁―一二三頁。史によれば、華語語系の研究対象は二つに分けられる。一つは中国以外の、つまり台湾や中国返還前の香港、東南アジア、アメリカ華人といった華語コミュニティである。もう一つは中国国内において虐げられている少数民族であり、ウイグル族、チベット族などの華語文化生産コミュニティが挙げられる。

5 史書美（二〇一八）、前掲書、十七頁。

6 例えば、日本では山口守の研究がある。山口守「アフター・バベル―華語語系文学が聞き分ける声」『三田文学 特集：主張するアジア』第九六巻第一三一号秋季号、三田文学会、二〇一七年、一七四―一八七頁。

7 史書美（二〇一八）、前掲書、一八四頁。

8 史書美（二〇一八）、前掲書、一八五頁。

9 最も象徴的な例は蒋介石父子であり、二人の棺は未だ臨時安置のままである。「宙に浮く蒋介石父子遺体」『産経新聞』（二〇二〇年十月八日）に詳しい。

10 林初梅「国語と母語のはざま―多言語社会台湾におけるアイデンティティの葛藤」（〝LANGUAGE AND LINGUISTICS IN OCEANIA〟(Special Issue: Languages in Taiwan) Vol.10 July 2018, THE JAPANESE ASSOCIATION IN OCEANIA. pp.1-20）。

11 台湾の郷土教育の展開について林初梅（二〇〇九）、前掲書に詳しい。

12 「天然独」について以下の文献を参照されたい。林泉忠「総統選と「天然独」パワー―台湾社会と中台関係の方向を握る鍵」『東亜』五八五号、二〇一六年、二二―三一頁。

13 世界華語文教育会編『国語運動百年史略』国語日報、二〇一二年、二〇―二一頁、一二二―一二三頁。

14 世界華語文教育会編（二〇一二）、前掲書、一二九頁。

15 『国音常用字彙』の初版には一二二一九字、四一一音（声調は含まない）が収録され、その後も増訂版が出された。世界華語文教育会編（二〇一二）、前掲書、一三一頁を参照。

16 台湾省国語推行委員会編『国音標準彙編』台湾省国語推行委員会、一九四七年。

17 世界華語文教育会編（二〇一二）、前掲書、一五二―一五三頁。

18 菅野敦志『台湾の言語と文字―「国語」・「方言」・「文字改革」』勁草書房、二〇一二年、一〇一―一四四頁。

19 「他給我打」は台湾語の「i kā guá phah」からの直訳である。

20 「馬英九：推広漢字美　官方用正体字」『大紀元新聞網』二〇一一年六月十七日。
https://www.epochtimes.com/b5/11/6/17/n3288466.htm（閲覧：二〇二〇年一一月十二日）。

21 林初梅「〈華〉という概念のもつ意味合い―台湾小中学校言語教育をめぐる〈華語〉〈国語〉論争からみて―」大阪大学中国文化フォーラムディスカッションペーパー、二〇一四年に詳しい。
https://ir.library.osaka-u.ac.jp/repo/ouka/all/48814/dp2014-3linchumei.pdf

22 何萬順「論台湾華語的在地化」『澳門語言学刊』（MACAO JOURNAL OF LINGUISTICS）第三五期、二〇一〇年。

23 許慧如「後国語運動的語言態度―台湾年輕人対五種華語口音的態度調査」『台湾語文研究』第十四巻第二期、二〇一九年、二一七―二五三頁。

24 許慧如（二〇一九）、前掲論文。

25 簡靖倫「時間概念的語言範疇化：論台湾華語的非現実体標記「会」」大阪大学大学院言語文化研究科言語社会専攻博士論文、二〇一六年三月。

26 許素蘭「小説言語の実験者―王禎和」『台湾文学・トップ一〇〇』国立台湾文学館、二〇一二年、一一八―一一九頁。

27 王禎和『嫁粧一牛車』洪範書店、一九九三年、(初出『文学季刊』一九六七年)、七一―九七頁。音読するとき、個人差によって、①文全体を台湾語で読む、②傍線部だけ台湾語で、それ以外は中国語で読む、③文全体を中国語で読む、の三通りが考えられる。

28 姚栄松「当代台湾小説中的方言詞彙―兼談閩南語的書面語」『台語文摘』一九九〇年一月号、一―一三頁。

29 林良「閩南語在当代文学作品中的出現方式及対北方方言的若干影響」『台語文摘』一九九〇年六月号、一七―二一頁。

30 何萬順「語言与族群認同：從台湾外省族群的母語与台湾華語談起」《LANGUAGE AND LINGUISTICS》二〇〇九年、三七五―四一九頁。

31 黄宣範『語言、社会与族群』文鶴出版、一九九五年、二二九頁。

32 黄宣範(一九九五)、前掲書、二二八頁。

33 行政院主計総処編『99年人口及住宅普査―総報告統計結果提要分析』二〇一二年、二六―二七頁。本資料は一橋大学大学院言語社会研究科博士課程の吉田真悟氏の教示による。

34 許慧如(二〇一九)、前掲論文では五種類の中国語訛音が取り上げられている。つまり、台湾国語、台湾華語、外省人第二世代の中国語、中国南方華語、中国北方華語の五つである。本稿では中国南方華語と中国北方華語を一つのものと見なして中国人の普通話とした。

35 「瞑哪會這呢長」は二〇〇八年に「全国台湾文学営創作小説奨」最優秀賞を受賞。

36 改編ドラマ「花甲男孩転大人」は二〇一七年に放送(日本語版「お花畑からきた少年」)、改編映画「花甲大人転男孩」は二〇一八年に公開された。

37 鄭良偉(二〇〇三)「華語及台語之語言名称的誤会及誤導」『共和国』第三一期、四二―四五頁。

38 言語平等法草案の十三種類の言語に、二〇〇四年政府に認定されたタロコ族の言語も加わっている。

39 「国家語言発展法」https://law.moj.gov.tw/LawClass/LawAll.aspx?pcode=H0170143(閲覧日二〇二〇年一一月三日)。

40 条文の変化は以下の通り。
「正確な発音ができ、標準国語を話すことができる」(二〇〇三年改訂版)。
↓「正確な発音ができ、標準華語を話すことができる」(二〇〇八年改訂版)。
「閲読の過程で、中国語文の美しさを理解することができる」(二〇〇三年改訂版)。
↓「閲読により、華語文の美しさを知ることができる」(二〇〇八年改訂版)。

41　林初梅（二〇一四）、前掲論文。

42　林初梅（二〇〇九）、前掲書、三三一―三三二頁に詳しい。

編集後記

黄　英哲

一九七七年八月一六日、台湾基督教長老教会は「人権宣言」を発表し、当時の国民党政府に向け、台湾人民の独立及び自由への願望達成のため、現実と向き合い、効果的な対策をとって、台湾が一つの新しい独立した国家となるよう要求した。同年一一月、台湾統一地方選挙において、国民党は桃園県長選挙に欧憲瑜を候補者に指名し、台湾省議会議員の許信良は国民党の指名を得られぬまま立候補した結果、国民党から除名処分を受けた。一一月一九日の投票日当日には、不正選挙疑惑が発生し、群衆が桃園警察局中壢分局に押し寄せ、処理を要求したが、当局が聞き入れなかったため、大勢の民衆の抗議を引き起こした。歴史にいう「中壢事件」である。「中壢事件」は、台湾の戦後民主化運動史上重要な事柄であり、この事件が国民党の「権威主義体制」を揺るがし、台湾が徐々に民主化へと向かう道を切り開いた。「台湾民主化の重要な道標」とも言える。また、「人権宣言」は当時の大部分の台湾人民の声を代弁するものであった。

二〇一七年、私と大阪大学の林初梅先生は、台湾と日本から各研究分野の学者を一堂に集め、この四十年来台湾が進んできた民主化と本土化の道について、十分に検証すべきという意見で一致し、台湾行政院教育部と文化部にそれぞれ助成金を申請し、また台湾国立政治大学台湾研究所（大学院台湾研究科）薛化元先生のご協力を得て、大阪大学大学院言語文化研究科・外国語学部（台湾研究講座）、愛知大学国際問題研究所、台湾国立政治大学台湾史研究所による、合同国際シンポジウム「台湾人が歩んだ民主化・本土化の道─台湾民主化運動の40年」を二〇一七年六月二五日、大阪大学中之島センターにおいて開催した。

この国際シンポジウムの盛況については、同年七月二六日の朝日新聞夕刊（三版四頁文化面）に、「台湾の民主化40年の歩み語り合う」の見出しで、竹端直樹記者により詳しく報道された。

昨年、林先生より、さらに合同で、二〇一七年の国際シンポジウムでの台日研究者の報告論文を整理し出版することを提案された。そこで、我々は手分けして台湾と日本の研究者に連絡をとり、当時国際シンポジウムで発表した論文をあらためて見直し、より完成度の高い研究論文にしてほしいと伝えたところ、研究者の方々の賛同と支持を得られ、私と林先生も自身の論文を書き加えた。また、我々は「台湾民主化」と題する研究には、文学側面も欠かすことができないという考えで一致し、台湾文学、特に台湾現代詩の研究と翻訳の大家である三木直大先生に執筆をお願いし、玉稿を頂戴することができた。この場を借りて特に三木先生に謝意を表する。

論集を編集していくなかで、台湾は非常に包容性と多元性に富んでおり、伝統的な台湾要素、歴史に由来する漢民族要素、戦前戦後から伝わる日本要素、戦後「外省人」が持ち込んだ中国要素、ひいては西洋の要素に至るすべてを並存させ、重んじていると強く思った。台湾の民主化の過程は、島のすべての住民がともに努力した結果であり、台湾の民主化は更に前進し、止まることなく、より成熟したかたちへと向かうだろう。

本論集の出版にあたり、ご執筆いただいた台湾と日本の研究者、翻訳者、訳稿の確認に協力してくれた岡野翔太さん、飯田直美さん、李碩珞さんに感謝するほか、風媒社の劉永昇編集長のご協力にも感謝したい。

編著者紹介

林　初梅（りん・しょばい）

大阪大学大学院言語文化研究科准教授。専門は言語社会学、アイデンティティ研究、近現代台湾研究。

主著に『「郷土」としての台湾―郷土教育の展開にみるアイデンティティの変容』（単著、東京：東信堂、二〇〇九年）、『小川尚義論文集［復刻版］―日本統治時代における台湾諸言語研究』（東京：三元社、二〇一二年）、「湾生日本人同窓会とその台湾母校―日本人引揚者の故郷の念と台湾人の郷土意識が織りなす学校記憶」（『台湾のなかの日本記憶』、東京：三元社、二〇一六年）など。

黄　英哲（こう・えいてつ）

愛知大学現代中国学部・大学院中国研究科教授。専門は台湾近現代史、台湾文学、中国現代文学。

主著に『越境するテクスト―東アジア文化・文学の新しい試み』（共編著、東京：研文出版、二〇〇八年）、『漂泊与越境―両岸文化人的移動』（単著、台北：台湾大学出版中心、二〇一六年）、『歴史と記憶』（共編著、名古屋：あるむ、二〇一七年）、「『願做一個敗北者』―両位台湾詩人的『1949』」（『中国現代文学半年刊』第三三期、台湾・中国現代文学学会、二〇一八年八月）など。

執筆者紹介（掲載順）

薛　化元（Hsueh, Hua-Yuan）

台湾・国立政治大学台湾史研究所教授兼文学院院長。専門は台湾史、憲政史、近代思想史。

主著に『晩清「中体西用」思想論（1861―1900）：官定意識形態的西化理論』（単著、新北市：稲郷、一九九一年）、『民主憲政与民族主義的弁証発展：張君勱思想研究』（単著、新北市：稲禾、一九九三年）、『《自由中国》与民主憲政』（単著、新北市：稲郷、一九九六年）、『民主的浪漫之路：雷震伝』（単著、台北：遠流、二〇二一年）など。

所澤　潤（しょざわ・じゅん）
慶應義塾大学大学院社会学研究科訪問教授、群馬大学名誉教授。専門は教育史、教育方法学、オーラルヒストリー、記録史料学。
主著に「大学進学の始まりと旧制高等学校教育の起源―明治七年三月のモルレーの建言のもたらしたもの―」『東京大学史紀要』一四号（東京大学史史料室、一九九六年）、『台湾のなかの日本記憶―戦後の「再会」による新たなイメージの構築』（共編著、東京：三元社、二〇一六年）など。台湾人オーラルヒストリーも多数。

李　福鐘（Li, Fu Chung）
台湾・国立政治大学台湾史研究所副教授、専門は戦後台湾史、中華人民共和国史。
主著に『世紀中国革命―中華人民共和国史』（単著、台北：三民書局、二〇一八年）、『台湾全志・巻七　外交志・国際組織篇』（南投：国史館台湾文献館、二〇一五年）、『国統会与李登輝大陸政策研究』（単著、台北：五南図書公司、二〇一〇年）など。

李　衣雲（Lee, I-Yun）
台湾・国立政治大学台湾史研究所副教授。専門は漫画研究、消費文化、台湾近代社会文化史。
主著に『辺縁的自由人』（共著、台北：游撃文化、二〇一九年）、『台湾における「日本」イメージの変化、1945―2003：「哈日（ハーリ）現象」の展開について』（単著、東京：三元社、二〇一七年）、『変形、象徴与符号化的系譜：漫画的文化研究』（単著、新北市：稲郷、二〇一二年）など。

西村　正男（にしむら・まさお）
関西学院大学社会学部・大学院言語コミュニケーション文化研究科教授。専門は中国語圏の文学、メディア文化史。
主著に『移動するメディアとプロパガンダ（アジア遊学247）』（共編、東京：勉誠出版、二〇二〇年）、『越境する中国文学―新たな冒険を求めて』（共著、東京：東方書店、二〇一八年）など。訳書に郭強生『惑郷の人』（名古屋：あるむ、二〇一八年）など。

三木　直大（みき・なおたけ）
広島大学大学院総合科学研究科名誉教授。専門は中国語圏の近現代文学、台湾文学。主著に『台湾近現代文学史』（共著、東京：研文出版、二〇一四年）、『アジアから考える』（共著、東京：有志舎、二〇一七年）など。訳書に林亨泰『越えられない歴史』（東京：思潮社、二〇〇六年）、鴻鴻『新しい世界』（東京：思潮社、二〇一一年）など。

李　明仁（Lee, Ming-Jen）
台湾・国立政治大学台湾史研究所兼任教授。専門は清代台湾史、中国中世研究、北亜史。主著に『中国古代君主継承制之研究』（単著、新北市：稲郷、二〇一二年）、『清代嘉義地区保生大帝信仰与祖籍之研究』（単著、新北市：稲郷、二〇一〇年）、『嘉義的宗教信仰、聚落与族群』（単著、新北市：稲郷、二〇〇九年）など。

大東　和重（おおひがし・かずしげ）
関西学院大学法学部教授。専門は日中比較文学、台湾文学。主著に『台湾の歴史と文化―六つの時代が織りなす「美麗島」』（単著、中公新書、東京：中央公論新社、二〇二〇年）、『台南文学―日本統治期台湾・台南の日本人作家群像』（単著、西宮市：関西学院大学出版会、二〇一五年）など

訳者紹介（掲載順）

村上　享二（むらかみ・きょうじ）
愛知大学国際問題研究所客員研究員、同大学現代中国学部非常勤講師。専門は中国の対外関係。主著に「その後のタンザン鉄道――中国の関与を中心として」『愛知大学国際問題研究所紀要 一五〇号』（二〇一七年一〇月）、「１９６０年代前半における中国とアフリカの関係――第二回アジア・アフリカ会議と第二回非同

盟首脳会議の開催をめぐって――」『中国研究月報』第六九巻第五号（二〇一五年五月）、「コンゴ動乱における中国の反政府組織支援」『愛知大学国際問題研究所紀要 一四七号』（二〇一六年三月）など。

石田　卓生（いしだ・たくお）
愛知大学東亜同文書院大学記念センター研究員。専門は近代日中関係史、中国語教育史、近現代中国文学。
主著に『東亜同文書院の教育に関する多面的研究』（単著、東京：不二出版、二〇一九年）、「戦前日本の中国語教育と東亜同文書院大学」（『歴史と記憶』名古屋：あるむ、二〇一七年）など。

野口　武（のぐち・たける）
愛知大学非常勤講師。専門は中国近代史。
主著に「日清戦争期山東財政の財源獲得策について」『現代中国研究』第三三号（二〇一三年一〇月）、「日清貿易研究所出身者の「立身」と教育機会（2）」『愛知大学国際問題研究所紀要』第一四八号（二〇一六年一〇月）など。

ISBN978-4-8331-0589-7
Printed in Japan

大阪大学台湾研究プロジェクト叢書 2
民主化に挑んだ台湾　台湾性・日本性・中国性の競合と共生

2021 年 3 月 31 日　第 1 刷発行　（定価はカバーに表示してあります）

編　者　林 初梅　黄 英哲

発行者　山口 章

発行所　名古屋市中区大須 1-16-29
振替 00880-5-5616 電話 052-218-7808
http://www.fubaisha.com/
風媒社

＊印刷・製本／モリモト印刷　乱丁本・落丁本はお取り替えいたします。
ISBN978-4-8331-0589-7